高频交易

|原书第 2 版|

HIGH-FREQUENCY
TRADING

［美］艾琳·奥尔德里奇（Irene Aldridge） 著
顾律君 丁鹏 译

机械工业出版社
CHINA MACHINE PRESS

图书在版编目（CIP）数据

高频交易（原书第2版）/（美）艾琳·奥尔德里奇（Irene Aldridge）著；顾律君，丁鹏译. —北京：机械工业出版社，2018.1（2025.3重印）

书名原文：High-Frequency Trading

ISBN 978-7-111-58630-2

I. 高… II. ① 艾… ② 顾… ③ 丁… III. 计算机应用 - 证券交易 - 研究 IV. F830.91-39

中国版本图书馆CIP数据核字（2017）第293256号

北京市版权局著作权合同登记　图字：01-2013-4454号。

Irene Aldridge. High-Frequency Trading, 2e.
ISBN 978-1-118-34350-0

Copyright © 2013 by Irene Aldridge.

This translation published under license. Authorized translation from the English language edition, Published by John Wiley & Sons. Simplified Chinese translation copyright © 2018 by China Machine Press.

No part of this book may be reproduced or transmitted in any form or by any means, electronic or mechanical, including photocopying, recording or any information storage and retrieval system, without permission, in writing, from the publisher. Copies of this book sold without a Wiley sticker on the cover are unauthorized and illegal.

All rights reserved.

本书中文简体字版由John Wiley & Sons公司授权机械工业出版社在全球独家出版发行。

未经出版者书面许可，不得以任何方式抄袭、复制或节录本书中的任何部分。

本书封底贴有John Wiley & Sons公司防伪标签，无标签者不得销售。

高频交易（原书第2版）

出版发行：机械工业出版社（北京市西城区百万庄大街22号　邮政编码：100037）	
责任编辑：岳小月	责任校对：李秋荣
印　　刷：北京盛通数码印刷有限公司	版　　次：2025年3月第1版第7次印刷
开　　本：170mm×242mm　1/16	印　　张：21.25
书　　号：ISBN 978-7-111-58630-2	定　　价：65.00元

客服电话：（010）88361066　68326294

版权所有·侵权必究
封底无防伪标均为盗版

译者序

如果说量化投资是投资领域的王冠,那么高频交易就是这顶王冠上的明珠。国外的顶尖量化大师,如西蒙斯、德邵等,均有优秀的高频交易策略,在市场上赚取了大量稳定的收益。高频交易最大的特点就是收益非常高,而风险却非常小,当然作为代价,资金容量不会太大,所以这种策略一般都不会对外募资扩大规模。对于高频交易的策略,宽客们也往往不愿意分享,所以当《高频交易》这本书的第一版出来后,引起整个市场的轰动,也就不足为怪了。

本书从高频交易的原理、市场微观结构、交易系统、交易策略和做市商等多个角度对高频交易进行了完整的阐述和分析。

第1、2章是基础性的知识介绍,包括高频交易的由来、高频交易的参与者,在现代IT系统支持下的市场结构和软件的支持等,读者可以对高频交易的基本概念有一个初步的了解。

第3章是本书的重点之一,对市场的微观结构进行了详细的讨论,包括限价订单、激进执行/被动执行、复杂订单和各种交易品种的分化。高频交易本质上就是对市场微观结构进行研究,从而找出其中的规律。

第4章是关于高频数据的分析,做高频交易的人,对tick级的数据必须有非常好的把握,比如高频数据的分布特征、时间间隔规律、属性等。

交易成本也是高频交易非常敏感的一个参数,除了佣金之外,买卖价差、滑点、延迟成本、机会成本、冲击成本,都是吞噬高频交易利润的因素,对于这些交易成本的精确估算对高频交易策略的最终盈利有着非常重要的作用。本书的第5章专门就这个问题进行了探讨。

高频交易的绩效评估与传统的策略差不多,主要有投资收益、波动性、回撤、胜率、Alpha和Beta等。但是,对于高频交易这种资金容量不大的策略来说,市场深度和资金容量是一个关键因素,这在第6章有详细阐述。当然为了提高资金利用率,有必要经常杠杆化,以及对竞争对手进行分析等,这些在第7章有说明。

第8～12章对高频交易的各种策略进行了深入的分析。统计套利就是利用具有相关性的不同资产之间的价差关系,在价差突破正常区间的时候进行双向开仓,回归后双向平仓的过程,包括跨期、跨品种、跨市场等多种统计套利模式;方向性策略是另外一类主流的高频交易策略,比如可以有传统的趋势追踪,也可以有事件驱动类。新闻量化是这方面的重要应用,当重要的新闻出现时,市场往往有剧烈的波动,这就给了高频交易很好的机会;自动化做市策略是高频交易中的重头戏,其主要原理是利用不同交易委托单的时间差来赚钱。

第13章介绍了其他一些高频交易策略,包括价差剥头皮、回扣获取、分层挂单、价格嗅探等。这些很多是细节层面的技术,与其他的交易策略结合起来效果会更好。

当然,由于高频交易确实对市场结构和交易规则有所利用,所以很多国家对高频交易会从法规程度进行考虑,比如一些监管措施、稳定性措施、风险管理等。有关这方面的内容在第12、14章有所介绍。

实际交易中,还有一个重要的方面,就是冲击成本的最小化,这涉及一些买卖订单算法、执行成本最小化、获取最优价格、交易痕迹最少化等。当然交易系统的实施也是一个非常重要的问题。本书的第15、16两章对此进行了详细的阐述。

  当然，国外的市场情况和国内还有些差别，特别是国内都是自上而下设计的市场结构，使得高频交易的市场空间远远不如国外充足，所以国内的高频交易更多的是短线方向性交易，这也是国内很难诞生巨头型高频交易投资公司的原因。不过，对于市场微观结构的研究和理解，也极大地有助于非高频交易类策略的开发，这也是翻译本书并将其引进国内的原因，它对读者有着重要的参考价值。

丁鹏

中国量化投资学会（CQIA）理事长

目录 High-Frequency Trading

译者序

| 第1章 | 现代市场不同于过去市场 | 1 |

媒体、现代市场和高频交易 ········· 8
高频交易由交易方法论演化而来 ····· 8
什么是高频交易 ················· 16
高频交易员做什么 ··············· 18
有多少高频交易商 ··············· 20
高频交易主要参与者的空间 ········ 21
本书结构 ······················· 21

| 第2章 | 技术创新、系统和高频交易 | 23 |

硬件简史 ······················· 23
信息 ··························· 28
软件 ··························· 36

| 第3章 | 市场微观结构、订单和限价订单簿 | 41 |

市场类型 ······················· 41
限价订单簿 ····················· 44
激进执行与被动执行 ············· 48

复杂订单 49
  交易时间 51
  现代微观结构：市场趋同和分歧 51
  股票的分化 52
  期货的分化 57
  期权的分化 57
  外汇的分化 57
  固定收益的分化 58
  掉期的分化 58

第4章 高频数据 60
  什么是高频数据 60
  高频数据如何被记录 62
  高频数据的属性 65
  高频数据是巨量的 66
  高频数据受交易波动的影响 67
  高频数据不是呈正态或对数正态的 71
  高频数据的时间间隔不规则 74
  大多数高频数据不包含买卖标识符 81

第5章 交易成本 86
  执行成本概要 86
  透明执行成本 87
  隐性执行成本 90
  背景和定义 94
  市场冲击的估计 98
  永久性市场冲击的实证估计 102

第6章 高频交易策略的绩效和容量 112
  衡量绩效的原则 112

　　　　基本的绩效衡量指标 113
　　　　有可比性的比率 121
　　　　绩效归因 127
　　　　资金容量评估 128
　　　　Alpha 衰减 133

第7章　高频交易业务 134
　　　　高频交易的关键过程 134
　　　　适合高频交易的金融市场 139
　　　　高频交易的经济学 140
　　　　市场参与者 148

第8章　统计套利策略 151
　　　　统计套利的实际应用 153

第9章　围绕事件的方向性交易 168
　　　　开发基于事件的方向性策略 169
　　　　什么构成了一个事件 170
　　　　预测方法 172
　　　　可用于交易的新闻 175
　　　　事件套利的应用 178

第10章　自动化做市Ⅰ：朴素存货模型 188
　　　　引言 188
　　　　做市：关键原理 190
　　　　模拟做市策略 191
　　　　朴素做市策略 192
　　　　做市作为一种服务 197
　　　　有利可图的做市商 201

第11章 自动化做市II：信息模型 ········· 205
数据里隐含的内容 ················· 205
订单流里的建模信息 ·············· 209

第12章 额外的高频交易策略、市场操纵和市场崩溃 ······ 223
潜伏套利 ·························· 225
价差剥头皮 ······················ 226
回扣获取 ·························· 227
报价撮合 ·························· 228
分层挂单 ·························· 229
点火 ································ 230
试盘/狙击/嗅探 ················ 230
塞单 ································ 231
幌骗 ································ 231
拉高出货 ·························· 232
机器学习 ·························· 237

第13章 法规 ································ 240
全球监管机构的主要举措 ······· 240

第14章 高频交易的风险管理 ··········· 257
度量高频交易风险 ················ 257

第15章 市场冲击最小化 ················· 280
为什么选择执行算法 ············· 281
订单路由算法 ···················· 282
基础模型的问题 ·················· 295
高级模型 ·························· 299

最优执行策略的实现……………………………307

第16章　高频交易系统的实施……………………309
　　模型开发的生命周期………………………………309
　　系统实施……………………………………………311
　　测试交易系统………………………………………324

High-Frequency Trading

第1章

现代市场不同于过去市场

对交易而言，金融工具的结构性改变并不是新事物。事实上，正是这种源源不断的创新，驱动了现代金融机构的领导地位。在过去几年，高频交易（High-frequency trading，HFT）已经进入公众的视野，并为市场带来相当大的操作化改进，这种改进导致了低波动、高稳定性、更高的市场透明度，以及对交易商和投资者而言更低的手续费。本章对证券市场历经50年发生的巨大变化进行了概述，同时定义了高频交易及其内部的核心策略。

过去20年，消费市场对计算机技术的需求导致了整个领域硬件价格的明显下滑，本书第2章，我们将更进一步讨论这个问题。硬件价格的下滑导致了电脑技术辅助型交易的性价比提高，对软件的投资使得交易平台更易于使用也更强大。此外，通过计算机代码，实现了更低的信息传输和数据输入错误率、更高的订单执行可靠性，以及业务的连续性，这也提供了一个金融机构越来越依赖其技术系统的商业案例佐证。制度规则的日益复杂同样要求更高的订单申报能力，如果没有稳定的平台，费用会相当昂贵。更低的成本也进一步压缩了利润空间，这给传统的全方位服务模式带来了压力。图1-1和图1-2显示了金融服务在20世纪70年代以及现在的概况。

图1-1　20世纪70年代的金融市场，在金融电子化之前

图1-2　当今的金融市场

在20世纪70年代之前，市场的参与者为组织和个人，他们被认为是"传统"参与者。如图1-1所示，对投资管理方或"买方"而言，市场参与方包括：

- 委托资产管理者，包括养老基金、共同基金和对冲基金。
- 零散资金，包括个人"家庭"投资者，以及其他小资金。
- 手工操盘的投机者，他们为自己的个人账户或者他们的银行账户进行自营盘操作。

在市场中为交易提供便利、中间商或"卖方"包括：

- 手工操盘的做市商（其代表为股票经纪人），他们承担短线库存风险，为买方提供报价，通常促成买方交易后获得费用。
- 每个资产类别的非营利交易所，都希望遏制交易所会员的盲目投机，降低投资者的交易成本。

高度的手工操盘导致了金融行业劳动力的密集，因而20世纪70年代金融行业的特点为高交易成本，低证券周转率，手工处理单据使得订单出错率高。由于交易商主要依靠他们的经验和直觉，而不是在市场上科学地进行"下注"，因而交易风险相对高。然而，20世纪70年代的市场利润也很高，经纪人可以以佣金的形式，得到"投资战利品"的很大一部分收益，以及后来被人们称为"有钱有势的人"（fat cat）奖金，它们的数量可以有数千万美元。

快进到当今的市场，如图1-2所示，新进入者在市场竞争中成功了，他们用精湛的和先进的技术构建出精确的投资模型，并在这个过程中改变了市场：

- 量化投资经理，比如共同基金和对冲基金，精准地使用经济学、金融学以及最先进的数学工具，日益精确地预测证券价格，提高其投资盈利的能力。
- 自动做市商，比如股票经纪商和对冲基金，利用最新的技术、市场微观结构的研究成果以及高频交易，提供低成本的交易，进而将市场份额从传统经纪商那里抢夺过来。
- 自动化套利者，比如利用统计套利的对冲基金和自营盘交易商，利用量化算法交易，包括高频交易，来获取短线交易的利润。
- 多种可供选择的交易场所，比如新的交易场所和暗池交易，如雨后春笋般冒出来，解决了市场需求，即高质量下价格适中的金融服务。

这些创新使得市场的关键特征发生了变化，这些变化大部分都向好：

- 市场参与者极大地享受到民主权利，由于低成本技术的普及，任何人都可以在市场中交易、报价，以前这些权利专属于经纪商组成的"关系俱乐部"。
- 交易成本暴跌，这使得投资者能够把资金留在自己的口袋里，后面会详细解释这个问题。
- 自动交易，自主下单，并且出错率低。

市场新进入者和市场原有参与者之间的竞争异常激烈残酷，这也导致了股票经纪商的利润降低，将技术无效的参与者淘汰出局。

交易方式随着时间的推移而改变，这些创新的方法都影响着机构和客户之间的相对实力。在20世纪70年代的市场中，通常有如下交易过程。

1. 经纪商会一次性告知买方客户的交易思路，这些思路通过打无数次电话来传达，并建立在经纪商实时观察市场的独特能力的基础之上，而且往往以"软美元"[⊖]的方式支付。也就是说，如果客户决定用这种思路进行交易，他们通常会通过建立该思路的经纪人来交易，客户会为这种交易思路支付更高的佣金。

2. 如果客户决定采用某种交易思路，他们会打电话给经纪人或经纪人的助手来执行订单，这样的口头下单经常导致错误，比如交易大厅中的噪声常常会影响经纪人正确理解客户的交易指令。

3. 收到一个客户的订单之后，经纪人的下一个步骤由订单的大小来决定。如果是一个大额订单，那么它会马上被发送到市场执行（很可能会被拆分为小订单）；如果是小额订单，则会被搁在经纪人的桌上，直到其他相似的订单累积成一个批次的资金规模——这个资金规模是交易所规定执行订单的最小额度。因此，小客户通常处在不利形势之中，在等待他们的订单被执行时，最优的市场价格悄悄溜走了。

4. 一旦一个订单或连续几个订单累积的大小到了经纪商可以下单的资金规模大小，经纪商就会把订单报送给合适的交易所。

5. 接下来，交易所代表，即大家所熟知的交易"专家"（specialists）会撮合买卖的订单，并将交易确认信息发还给经纪商。所以我们不难理解，交易"专家"会以牺牲一部分订单为代价，来为与他们相关联的订单创造优先条件。这种行为鼓励人们为构建亲密的关系网络投资，也导致了华尔街独有的派系——当客户处在这个小圈子内时就会有价格优势，而处在圈外就会有极大的价格歧视。即使交易所是一个以非营利形式运行的组织，

⊖ 软美元（soft dollar）出于对监管当局所制定规则的遵守和防止价格恶性竞争，经纪商通常都会保持交易佣金水平，但是为了吸引客户进行交易，往往私下里为客户提供一定的优惠，如提供研究报告及其他优惠等。这种优惠一般采取非现金形式，因此被称为"软美元"。——译者注

以权谋私也很常见，而交易所显然离一个交易商在所有的项目上都能够平等竞争的竞技场还有很大的差距。

6. 经纪人通知客户订单已经执行完毕，同时收取佣金和不菲的奖金。他们掌握着市场的力量，并且获得犹如国王般丰厚的报酬。

图1-3说明了大约20世纪70年代盛行的传统投资过程。

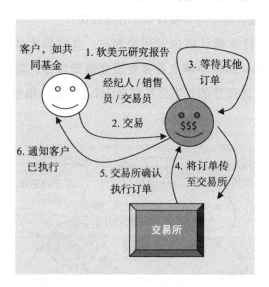

图1-3　电子化交易之前，以经纪商为中心的普遍投资过程

时间回到40多年后的现在，市场力量的平衡已经被打破。客户的量化分析技能得到提升，甚至大多数情况下他们的分析研究工具比经纪人的更好。经纪人的专业领域已经从包罗万象的卖方研究，缩减到证券行为，再到一个更窄但非常重要的领域——算法执行。它能帮助客户在波涛汹涌的日内交易（T+0）中把握住交易的方向。由于这样的买方投资者，市场的发展按照图1-4所示的过程在不断进化。

1. 客户而非经纪商，会基于证券走势预测以及他们现有的资产进行研究，这些研究均在量化投资组合管理的框架之中。

2. 客户通过电子网络来下订单，大大减少了出错率和经纪人对报单产生误解的情况，所下订单能瞬间传送到经纪商手中。

3. 客户或经纪商选择经纪商的最优执行算法交易，这种算法的目的是最大限度地减少客户的交易成本和风险，尽可能地提高执行速度，并尽量使得客户的交易行为不被观测到。

4. 通过电子化，所选择的算法交易会将客户的订单分割为几个部分，并且将这些零散的订单按线路发送到相关的交易所或其他交易场所。

5. 交易场所撮合客户的零散订单，并确认执行。

6. 经纪商将订单确认回执发还给客户，并收到大幅缩水的佣金（在1997年，美林证券提议小额交易需要设立最低佣金，数额为每笔交易为70美元。今天盈透证券的每笔交易佣金为0.7美元，相当于客户的成本减少了100倍）。

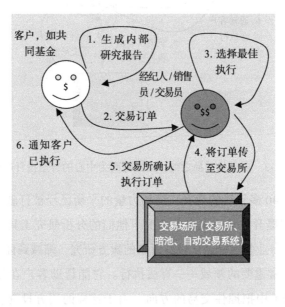

图1-4　现代投资过程（场景1：经纪人为客户提供最优订单执行）

有些客户甚至更进一步，他们更乐于完全跳过经纪商的中介服务，建立自己的执行交易算法，来确保更高的利润额。技术成本的直线下降，使所有感兴趣的参与者都能够快速获取分笔数据（tick数据）。现在，不仅是经纪商，客户也能够观察市场并择时做出市场行为的短期预测。这些很大程度上独立于经纪商线路的客户，是通过"直接接入"进入市场，他们的订单执行流程由以下步骤组成：

1. 经纪商同意给予该客户直接访问交易所的特权，费率由双方协商，比如每笔交易付多少，或一定交易量付多少。为了接入交易所，经纪商允许客户在特定的交易所使用经纪商自己的通道，客户的报单执行线路系统使用经纪商的通道，与交易所进行订单和信息的传递。

2. 客户的计算机系统或人工分析师做出一个高频或低频的投资组合决定，该组合包含一个或多个交易指令。

3. 客户使用自己的订单分割和线路算法，来优化他直接在交易所或其他交易场所所下的订单。

4. 单个或多个交易所撮合这些订单，并直接向客户确认执行订单。

5. 经纪商收到结算信息，并向使用直连通道特权的客户收取佣金。

图 1-5 简述了这些步骤。

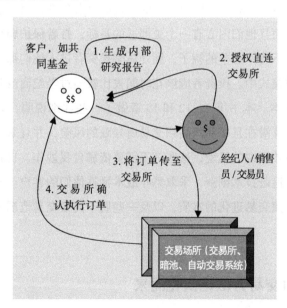

图 1-5　现代投资过程（场景2：客户在市场中直接决定最优订单执行）

媒体、现代市场和高频交易

虽然市场整体的改变搅乱了经纪商的自营端业务，并将很多经纪商挤出了业务市场，但这些改变对于整个社会来说，绝大多数属于积极的影响，而节约下来的成本直接进入了投资者的口袋。在过去，经纪人光靠打电话下订单，在他们的电脑屏幕上观察市场，就能够获得数以百万美元的高额奖金，现在这种好日子已经一去不返了。资金重新流向了银行股东和终端投资者（end investor）。

显而易见，并不是每个人都愿意见到这种行业变化，其中最不乐意的群体就是因自动化交易而失去业务收入的经纪商。他们失去了从投资者的口袋里轻松获取报酬的能力，所以经纪商成了呼声最高的高频交易反对者。例如，经纪人阿努克和萨卢齐⊖（2012）就曾公开谴责自动化交易，并为当年手工交易经常出错而激烈辩护，当时交易商不允许在交易所内交易，经纪商是世界上有钱有势的人。

一些经纪商的盈利模式因为技术的出现而显著降低，因而他们试图妖魔化高频交易，而且他们内心有一个更邪恶的目标：打着保护弱小投资者不会成为高频交易下待宰羔羊的幌子，到处诱骗投资者进入他们那种依然靠收取高额交易费的模式中。投资者应该花时间去比较通过经纪商或其他可行方式进行交易的成本。本书第5、12和15章做了一些详细说明，有助于低频交易的投资者估算潜在且不利的高频交易所导致的风险，并且采取受过训练的措施来管理刚才所说的风险，这些都不需要依靠自我炒作、自私自利的经纪商，他们拒绝追赶技术创新，采取恐吓战术牺牲他们的客户。本章接下来的部分将解释高频交易进化的本质，以及一些属于高频交易范围的定义和策略概述。

高频交易由交易方法论演化而来

那些倾向于依靠技术分析决定何时进入或离开某个头寸的经纪商，对高

⊖ 阿努克（Arnuk）和萨卢齐（Saluzzi）是美国股票经纪商塞密斯交易公司（Themis Trading）有限公司的负责人。——译者注

频交易的反对声最高。技术分析是最早的交易技术之一，受到很多交易商的青睐，从很多方面来看，技术分析是今天复杂计量经济学和其他高频交易技术的先行者。

技术分析师最早兴起于1910年早期，他们力图识别证券价格重复出现的模式。技术分析中所使用的很多技术，是测量当前价格水平和移动平均价格的相关性，或者移动平均价格和价格标准差之间的组合关系。例如，技术分析中有一种比较著名的指数平滑异同移动平均线（MACD），它使用三个指数移动平均线产生交易信号。高级技术分析师会结合当前市场活动或一般市场条件来看待证券价格，以此来更全面地了解市场价格未来的波动。

在20世纪上半叶，技术分析出现繁荣景象。当时交易的技术方式还处在电报和气动输送管时代，主要证券的交易复杂性比今天低得多。由于信息无法快速传递，故而限制了股票转手的手数，信息变化无法快速地影响价格，使得当时潜在的证券供求情况依靠图表来显示。前一天的交易情况在后一天早晨的报纸上才能看到，这足够技术分析师基于发布的信息，成功地推测出未来的价格走势。在第二次世界大战后的十几年里，交易技术开始蓬勃发展，分析技术成了一个自我实现的预言。

例如，如果足够多的人认为，在一个特定的工具中，"头肩"（head-and-shoulders）形态之后将会是大幅抛售，那么所有相信的人，在看到"头肩"形态后都会抛盘，从而真实地实现了预测。随后，机构投资者发展到使用超级计算技术的高频计量经济模型，卖掉了技术形态模型。现在，低频交易的技术分析，如日间隔或周间隔，被边缘化到只用于最小、流动性最低的证券，因为它们的交易频率非常低———一天或一周才交易一两次。

一些技术分析，如动量或布林线指标，已经被现在宽客成功采用，并扩展到所有的投资频率中。一直以来，投资者的人性倾向于把资金放入几个月内就能见效的策略中。因此，过去几个月有效的策略，在接下来的几个月中很可能也有效，形成一个交易的动量，这个动量靠使用简单的移动平均线指标或更复杂的量化工具能够被发现。同样地，布林线检测了预先设定的价格和标准差与均值的偏离。统计套利的概念扩展了布林线，比如检测价格与长期价格均值之间的偏离。在被称为配对交易的交易实操中，交易商就是用这种方式辨别价格被高估和低估的金融工具——当其中一种金融工具的价格超过另一种，而且差值超过预定数量的标准差。更常见的是，宽客用布林线的概念来测定均值回归过程以及交易金融品种，他们希望测定的均值能够保持稳定，用统计的概念来说就是"平稳性"。

另一个重要的投资和交易技术就是大名鼎鼎的基本面分析，该技术起源于 20 世纪 30 年代的股票市场，当时交易商注意到，未来的现金流（如股息），影响市场价格水平。从那时起的现金流被贴现到当下的时间点，从而得到证券合理的市场现价。格雷厄姆和多德（1934）是基本面分析法最早的提出者，他们的方法至今仍深受欢迎。多年来，"基本面分析法"这个专有名词的含义已经被扩展，比如没有明显现金流的证券定价现在也包含其中，该现金流基于预期的经济变量。例如，今天汇率的基本测定暗含着基于宏观理论的汇率均衡估值。

基本面分析在 20 世纪的大部分时期都在发展壮大。今天，基本面分析是指基于价格会移动到供给需求关系（经济学理论的基础）预期上的交易。在股票市场中，微观经济模型是适用的，股票价格仍然常常通过未来现金流的现值来确定。在美国以外的交易所，宏观经济模型最盛行，模型通过使用通胀、不同国家间的贸易均衡，以及其他宏观变量的信息来确定预期的价格水平。衍生品通过先进的计量模型进行交易，这些模型包含了基础工具价格变动的统计特性。基础商品交易分析并匹配现有的供给和需求。

与市场微观结构一样，基本面分析的不同因子也是许多高频交易模型的输入项。例如，对于事件套利中的交易，动量的反应伴随着证券价格由于基本面信息更新而产生的调整。新事件发生的时间和日期通常是提前就为大家所知的，而且新闻的内容通常在公告新闻时被揭示。在高频事件套利中，基本面分析可以用来预测经济变量在被公布时的基本面价值，这是为了能不断完善高频交易过程。

与一些精选出的技术模型一样，宽客也采用一些基本面模型，他们提升了自己模型的精准度并且大幅度加快了模型对相关数值的计算过程。当一家公司发布利润公告时，宽客会快速重新计算出其股票的公允价值并从中获利，而基本面分析交易员只能在 Excel 电子表格中进行普通的分析。

在宽客的竞争中，速度无疑是最显著的一个方面。谁的数量模型运行得最快，谁就能第一个识别出基于市场无效的交易，并且获取最大的收益。为了提高交易速度，交易员开始依靠高速计算机来做出交易决定并执行。技术的发展使得交易所可以适应新的科技驱动型氛围，并且为交易提供方便的对接。从计算机系统开始处理大量的实时运行数据，做出并执行买卖的决定之后，计算机化交易就以系统化交易为人们所熟知了。

高频交易在 20 世纪 90 年代开始发展，这得益于计算机技术的迅速进步，以及交易所采用的新技术。从一开始的基本订单执行，到现在最尖端且涵盖面极广的交易系统，高频交易已经发展成为百亿美元级别的产业。

为了保证系统化交易执行的最优化，算法按照模仿传统交易员所设立的执行策略来进行设计。直到今天，算法交易常指自动化的"最优执行"过程，也就是说，一旦买卖决定是由系统化交易过程的另一个部分或基金经理做出时，这些买卖决定就是最优化的。根据当前市场的情况，算法交易可以决定如何处理一个订单：是激进地执行（按照一个接近市价的价格），还是被动地执行（按照一个远离当前市价的限价）；是以一笔交易，还是拆分成多个小的交易来执行。正如前面所提到的，交易算法并不总是做出资产组合配置的决定，关于何时买卖何种证券的决定是被设定成受外因影响的。

过去几十年中，由于计算机技术的快速发展，高频交易变得全自动化，这使得交易柜台的利润飞速增长，并且激励人们进一步将技术发展下去。交易柜台把昂贵的交易员替换成便宜一些的交易算法以及其他高级计算机技术，并通过这种替换实现了成本的节省。同人类交易员相比，机器执行的直接、准确以及果断的特性在银行从传统交易切换到系统性交易的决定中发挥了很大的作用。没有隔夜头寸可以直接节省隔夜头寸的持有成本，在危机事件驱动的信贷紧缩情况以及高利率的环境下，这是一个特别值得重视的问题。

因为买方投资者的需求，银行也开始采用并发展高频交易。反过来，对于机构投资者，大量资本的进入、更短的锁定期限以及日常信息的披露，也使得它们需要采用高频交易。机构以及零散投资者发现，基于日内量化交易的投资产品与传统的购买持有策略有着很小的相关性，这可以为他们的资产投资组合增加纯回报，也就是阿尔法。

在《多德-弗兰克法案》[⊖]下，银行被迫关闭许多自营业务，但其中不包括高频交易。在一些特定的银行，原来主营高频交易的做市商功能仍然非常活跃。在做市功能中，现在运行所动用的资金是客户的资本，而非银行自己的资本，它常被称为交易前对冲（prehedging）。

随着计算机技术的不断发展且价格不断降低，高频系统一定会在市场中扮演一个更加活跃的角色。然而，为了区别高频交易、电子化交易、算法交易以及系统化交易，我们需要特别谨慎。图1-6展示了高频交易、系统化交易以及传统长期投资风格之间的区别。

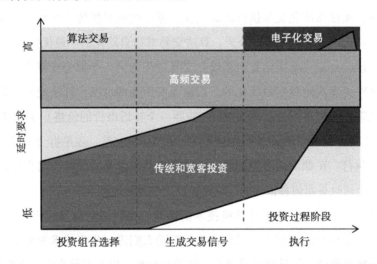

图1-6　高频交易与算法（系统化）交易和传统长期投资风格之间的区别

系统化交易指的是计算机驱动的交易决策，其有效期可能是一个月、一天或一分钟，因此其可能是也可能不是高频的。一个系统化交易的典型例

⊖ 《多德-弗兰克法案》被认为是"大萧条"以来最全面、最严厉的金融改革法案，是与《格拉斯-斯蒂格尔法案》（《1933年银行法案》）比肩的又一块金融监管基石，是全球金融监管改革树立新的标尺。该法案的核心内容就是在金融系统当中保护消费者。——译者注

子：一个计算机软件每天、每周甚至每个月运行一次，接收每天的收盘价，输出投资组合配置的矩阵，并且发出买进或卖出的指令。这样的系统不是高频系统。

另外一个常与高频交易一并提及的概念是电子化交易，但它们不是同义词。电子化交易指的是通过电子化的方式来传送委托订单的能力，与其相对立的是通过电话、邮件或个人亲自来传送订单。在当今金融市场中绝大多数的委托订单都通过计算机网络来进行传递，因此电子化交易的概念已经迅速变得过时了。

算法交易比电子化交易更复杂，它包含各种各样的算法，覆盖了订单执行过程和高频投资组合配置决定。执行算法的设计目的是，无论何时何地一旦做出买进和卖出的决定，最优化地执行交易。算法执行做出的决定包括：将委托订单传送给交易所的最优方式；如果一个提交的订单不要求马上执行，算法执行将选择一个最优的时间点来执行这个订单；订单按照规模大小的顺序进行的最优处理。算法产生高频交易的信号，以做出投资组合配置以及进入或结束一种特定证券头寸的决定。例如，当收到一个要求购买 100 万 IBM 股票的订单时，算法执行决定以 100 股为一个单位来按单位逐步购买，从而防止价格突然急剧上涨的风险。当然，执行算法所做出的决定可能是也可能不是高频的。然而，一个算法如果被设定用来产生高频交易信号，则它也会做出购买 100 万 IBM 股票的决定。接着，高频信号会被传送到执行算法中，从而决定订单最优的执行时间和传送路径。

成功实现高频交易需要两种类型的算法：产生高频交易信号的算法和最优执行交易决策的算法。本书包含了两组算法：为产生交易信号所设计的算法（参见第 8~11 章），以及为执行命令设计且隐藏信息的算法（参见第 15 章）。第 14 章也包括了高频交易操作中管理风险的最新算法。

2012 年《自动交易》(*Automated Trader*) 杂志进行的调查结果阐述了算法执行的目的，图 1-7 展示了全面的调查结果。除了之前提到的和采用算法交易有关的因素，如绩效管理和报告，买方和卖方经理也声称交易决策和投资管理需求驱动了他们对于算法的使用。

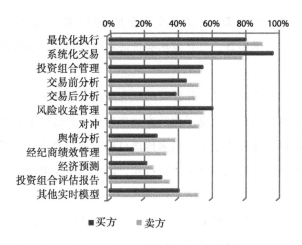

图1-7 使用算法交易的原因

资料来源:《自动交易》调查(2012)。

真正的高频交易系统能做出全面的决策,通过最优投资组合配置,识别出定价过低或过高的证券到最优执行。高频交易与众不同的特点是,空头头寸持有时间为一天或更短的时间,通常持有头寸不超过一个晚上。因为它们快速执行的特点,大多数高频交易系统是全系统化的,并且也具备系统化交易和算法交易的特点。然而,所有系统化交易和算法交易平台都不是高频的。

执行一个算法命令的能力对于一个给定金融工具里的高频交易来讲是先决条件。正如第3章将要讨论的,一些市场还不适用于高频交易,因为这些市场交易大多数是场外交易(OTC)。根据艾特集团(Aite Group)⊖进行的研究,在所有资产类别中,股票是运用算法执行最多的。截至2010年,超过总数50%的股票由算法操作。如图1-8所示,紧随股票之后的是期货。在算法执行中,外汇、期权和固定收益类也在发展,但并不如前两者明显。固定收益类金融工具的发展迟缓,可以归因为电子化交易发展的相对落后,其原因是很多固定收益类交易通过场外交易进行,因而很难实时同步执行。

⊖ 艾特集团是一家地处美国且有日资背景的金融咨询分析公司。——译者注

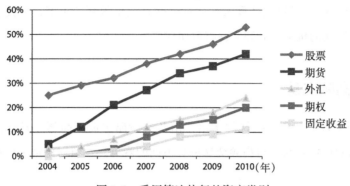

图 1-8 采用算法执行的资产类别

资料来源：艾特集团。

而致力于高频交易业绩的研究，很少有数据涉及长期买进并持有策略，大量证据表明，大多数计算机驱动的策略是高频交易策略。系统化交易和算法交易能够满足交易应用程序执行速度快、精度高以及高频的大量分笔数据分析的需求。系统交易在多个主要绩效指标上比人工交易表现出色。例如，Aldridge（2009）表明，以詹森指数（Jensen's Alpha）公式①（Jensen，1968）计算系统交易基金一直比传统交易操作的业绩优异，该指标用来衡量交易剥离了市场宏观影响后的盈利能力。Aldridge 还表明，在危机时期，系统性交易基金的收益率也优于非系统性基金。这可以归因于与情感驱动的人类交易员相比，系统化交易策略不存在影响交易的内在情绪。

此外，计算机在基础任务，如信息收集、快速分析大量报价和新闻上，也比人类表现出色。从生理上而言，肉眼无法捕捉每秒 50 多条数据，电影艺术这个与交易完全无关的产业可证明这一点。现代电影中，肉眼如果看每秒 24 帧，大多数观众就觉得流畅无缝接。而且，大多数的图像显示在连续帧中，包括不断移动的物体。相比之下，现代金融信息包含了剧烈的跳跃式报价，仅仅一个金融交易品种，每秒可以轻松超过 1000 条。检测跨金融品种的信息更是多得溢出，涉及多个资产和资产类别的数据处理，在本书第

---

① 詹森指数（Jensen's Alpha）= APR − EPR，APR 为实际投资组合收益率，EPR 为证券组合期望收益。——译者注

15章也会讨论。有效地处理大量信息是交易获得盈利的关键，反技术的人几乎没有成功的机会，高频交易将取而代之。

什么是高频交易

高频交易是一个总括性的术语，由几类策略组成。高频交易的范围较广，不同的市场参与者对高频交易持有不同的观点。本节讨论常见的高频交易定义。

高频交易是指包括所有利用快速算法执行的活动

例如，美国商品期货交易委员会（CFTC）的技术小组委员会，负责确定工作高频交易的定义，2012年6月使用了以下草案来定义。

高频交易采用自动化交易：

- 决策制定、委托订单启动、产生、发送或执行的算法，每一项都非人工指导。
- 低延迟技术，旨在最大限度地减少响应时间，包括毗邻主机（proximity）和协同定位（co-location）服务。
- 为委托订单高速连接市场。
- 高信息速率（委托订单、报价或撤单）。

这类定义中也含有高频交易员，还包括95%的投资者使用算法技术来执行订单。甚至是一个"夫妻店"（mom-and-pop）散户投资者，也委托他的经纪商以最有效的算法来执行委托的形式，在CFTC的这种定义下，也是一个高频交易员。毫不奇怪，许多委员会成员自己也对这个定义有强烈的反对声。

高频交易的定义是延迟敏感的算法交易的子集

Gomber、Arndt、Lutat和Uhle（2011）提出了挑战高频交易的概念，如图1-9所示。在这种定义下，高频交易是算法交易员的"兴奋剂"，在超音速的时间内，利用超快技术加速算法流程和驱动模型。有趣的是，在这种定义下，高频交易不参与投资组合的构建或管理，但生成交易信号，验证模型，并且执行任意证券的交易。

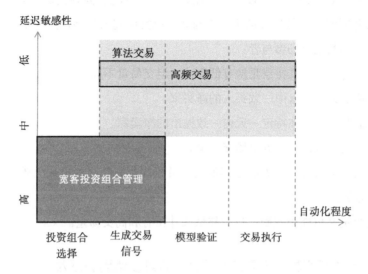

图 1-9　高频交易 vs. 算法交易与宽客投资组合管理

资料来源：Gomber, Arndt, Lutat and Uhle（2011）.

高频交易的定义基于资本量的持有时间

根据 2009 年 FINalternatives 对冲基金经理的调查，[⊖]对高频交易的定义如下所述。

高频交易包含：

- 系统化；
- 宽客基础模型；
- 持有时间从几分之一秒到一天，无隔夜头寸。

这项调查由近 300 个订阅 FIN alternatives 的对冲基金经理来回答（大约发出了 10 000 份问卷）。同样值得注意的是，当时一家规模在 10 亿美元，有格林尼治背景的基金，发行了一个高频基金产品，该产品的平均头寸持有期为三天，离高频交易通常的亚微秒频率差之甚远，后来这个基金产品被撤消了。

⊖　FINalternatives 为一家对冲基金和私募股权信息网站。——译者注

高频交易的定义基于观察到的市场活动

Kirilenko、Kyle、Samadi 和 Tuzun（2011）认为，高频交易商是生成高市场容量并同时保持低库存的市场参与者。此类研究人员使用这项定义来区分高频交易和其他市场参与者：

- 中介机构，其特点是持有低头寸，但交易量不高。
- 基本买盘，盘中一致买入的净买家。
- 基本卖盘，在特定一天内一致抛出的净卖家。
- 小交易员，产生低市场交易量。
- 机会交易员，此处泛指其他交易员，即非高频交易员或上述类别的交易员。

这个定义可能被武断，仅依靠低头寸持有和高交易量。

高频交易的定义基于人类的市场参与者难以达到的行为

经纪人所使用一个共同的高频交易的定义来区别高频交易和非高频交易的客户，这个定义需要将每个特定账户的交易活动分为人工操作可行和不可行。例如，一个账户每秒产生200个订单会被视为高频交易，同样地，一个账户每分每秒都持续锁定小额盈利，也是高频交易。

本书对以上定义均会予以讨论。

高频交易的具体定义是一个挑战，大多数市场参与者熟知的高频交易范围内的策略部署，如图1-10所示。

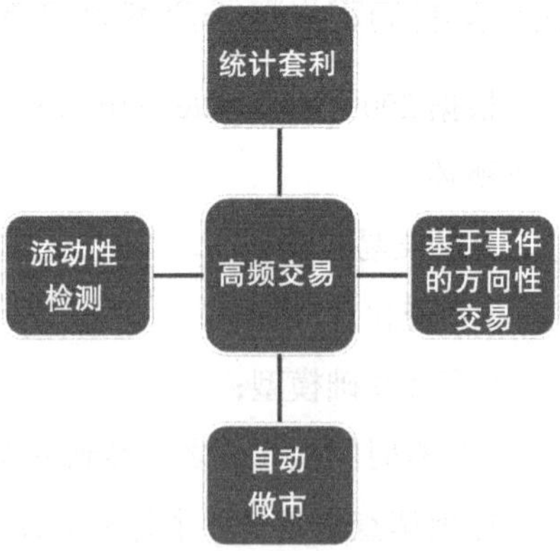

图1-10　主要高频交易策略分类

高频交易员做什么

尽管对高频交易的确切定义有分歧，但大多数市场参与者认为高频交易策略分为以下四大类别：

1. 套利；

2. 基于事件的方向性交易；

3. 自动化做市；

4. 流动性检测。

套利策略能够消除价格偏离长期均衡或相对资产的错误定价，包括多个资产类别以及多个外汇品种。很多高频套利策略能在多个证券间探测到价格差异，本书第 8 章会对此进行讨论。同一个资产在不同交易所之间的价差套利，被称为延迟套利策略，会在第 12 章讨论，大多数套利策略基于资产价格会均值回归的假设。

统计套利模型包含一系列模型，其中包括跨资产模型，因为金融证券有很强的统计关系。本书中的所有模型都有深厚的经济理论根基，没有使用纯开发数据挖掘的虚假统计关系，这种所谓意大利面原则的建模（Spaghetti Principle of Modeling），就像把一盘沾满数据的意大利面倒在统计的墙上，有些东西就会粘在上面。然而到底黏上了什么，可能没有一个合理的理由，甚至可能导致崩溃。例如，债券和利率期货已被证明具有相当大的相互依赖性，因此它们的价值变动往往一致。当债券价格或利率期货价格没有显著的原因却偏离其长期均值，一种可行的统计套利交易就是买入比预期价格低的相关金融工具，可以多种，卖出比预期价格高的一种或多种相关的金融工具。第 8 章有许多详细的金融模型，包括模型预估技术和已知的结果；方向性策略用来判断短期趋势或动量，这类高频策略包括事件驱动策略，将会在第 9 章讨论；其他基于短期价格变动的预测会在第 11 章讨论；第 12 章会讨论一直存有争议的点火策略（ignition strategy）。事件套利模型显示了通过新闻报道的预测性和周期性影响进行交易的方法和业绩情况。第 9 章会列举使用套利的各种类型的新闻事件，其中还包括最新相关研究以及具体的应用实例。

自动做市策略包含了可能最传统的交易策略，包括自动做市商市场，这对人工经纪自营商来说是一个成本效益高而且又精确的策略选择，我们会在第 10 章详细讨论。自动做市和提供流动性的分类范畴，包括库存驱动和信息驱动两种方法。库存驱动的方法倾向于关注库存风险和市场风险共同最小化，确保特定市场条件下，交易员的头寸风险在承受能力范围内，并适当予以对冲。信息驱动的做市模型建模的目的，在于减少逆向选择的风险，减少来自消息方对冲方向头寸的风险。为了把这些损失的头寸数量降到最低，高频交易商可以部署一个大范围的模型，帮助预测短期市场的方向，跟踪在市场上试水的消息灵通的市场参与者的数量，甚至帮助预测即将到来的分析报盘和流动性短缺，这在第11章会进行讨论。这些技术使得交易商根据盈利预期或流动性缺失，来确定他们订单的数量和激进度。

也许获利最少的低频投资者会采取流动性检测的策略，如试盘（pinging）⊖[也称为嗅探（sniffing）和狙击（sniping）]、塞单（quote stuffing）和幌骗（spoofing），在第12章会阐述这一问题。虽然本书着重解释可靠有效的高频交易策略，但也希望站在一个公正的立场上，包括具有争议的高频交易背后的方法论。试盘已经被证明存在于特定的场所，这个策略在暗池（dark pool）中被发现。其他策略，如"点火策略"的本质是投机，时至今日，迄今为止还没有产生战略存在的可靠证据。不过假设策略（如点火策略）包括完整性，及其可行性、特性和对整体市场的影响的主要分析。

有多少高频交易商

高频交易商的数量，很大程度上取决于高频交易的概念。如前文提到的，在美国商品期货交易委员会2012年6月制定的草案中所使用的高频交易定义，19/20或95%的投资者和交易商可以被称为高频交易商。Kirilenko、Kyle、Samadi和Tuzun（2011）认为，高频交易商在低库存的同时产生巨大的交易量，那么高频交易占电子迷你标准普尔500指数（S&P 500 E-Mini）市场大约30%的成交量。Aldridge（2012a）估计，高频交易仅占欧元/美元外汇期货交易量的25%～30%，流动性最好的交易所交易基金，标准普尔500指数SPDR（纽约证券交易所代码：SPY），高频交易商占市场参与者通常少于20%。

⊖ 试盘指的是输入小市场订单（通常为100股）的策略，以便了解暗池或交易所中的大型隐藏订单，常被用来找到隐藏的"猎物"。——译者注

高频交易主要参与者的空间

许多高频交易的参与者喜欢在产生很大利润的同时，避开众人的瞩目。最知名的高频交易机构包括全球电子交易公司（Getco）、文艺复兴资本科技有限公司和德·肖基金（DE shaw）。致力于高频交易的参与者也包括专业公司，鲜为人知但获利颇丰的有 IV 资本（IV Capital）、DKR 聚变（DKR Fusion）和世界宽客（WorldQuant）。然而，高频交易与其他形式的交易的界线可以很模糊。如前所述，高频交易特别是自动做市，正在成为主要银行大多数交易柜台上的主要业务。这种发展的优点显而易见：新的自动做市"机器人"比他们的人类同行更准确、更便宜，而且可靠。同样，高频交易可以无缝地融入统计套利中。例如，在加拿大，银行通常会把统计套利分类中的大多数高频交易列入银行的年度报告中。

本书结构

撰写本书的目的在于，为有兴趣着手或想提升高频交易操作的管理者和雇员们，提供最新的已经应用和将要实施的高频交易知识。同时，也包括想避开高频交易并保护他们自身及其客户交易活动的个人和机构，以及想要更好地理解现代金融市场的业余观察者。

本书第 2～5 章，解释了当代前沿金融市场。第 2 章描述了算法交易和高频交易的技术革命；第 3~5 章，通过描述现代市场微观结构、高频数据和交易成本，为分析奠定基础。

第 6、7 章深入研究了高频交易的经济学。第 6 章描述了评估高频交易策略的绩效和资金容量的方法；第 7 章概述了高频交易的业务案例。

第 8～12 章以及第 14～16 章致力于高频交易的实际应用。第 8~12 章剖析了当今高频交易策略的核心模型；第 14 章侧重于高频交易以及资产组合构架风险的度量和管理；第 15、16 章讨论了高频交易系统的具体细节，以及运行和监测高频交易系统的最佳实践。

第13、15章专注于高频交易的监管和缓解外部效应。第13章总结了当前对高频交易的监管思想，讨论了监测高频交易市场操纵的模型，以及数学预测全市场的活动，如"闪电崩盘"；第15章为担忧高频交易影响的低频交易商提供了解决方案，探讨了最新的订单切分技术及其避免高频交易信息被窥探的能力，这也可以证明其对高频交易商寻求进一步扩大资金容量的交易系统有所帮助。

| 总　结 |

- 高频交易是一个生物进化的交易技术。
- 金融市场的技术进化，用成本效益高的技术，创造了取代人为中介功能的能力，向终端投资者和银行股东返还经纪商报酬。
- 高频交易策略被很好地定义，大部分都有利于市场。

| 章末问题 |

1. 描述当今市场群体的主要参与者，他们扮演的是什么角色？如何相互作用？
2. 什么是高频交易商的战略部署核心组？
3. 高频交易策略如何与其他交易策略相关联，如技术分析、基本面分析和量化策略？
4. 金融市场在过去40年里发生了哪些重大变化？
5. 算法交易是什么？
6. 终端投资者如何受益于高频交易？

High-
Frequency
Trading

第2章

技术创新、系统和高频交易

技术创新在金融市场的运作中留下了最持久的标志。当引入新的金融产品时，例如1999年的欧元兑美元汇率（EUR/USD），对市场运行造成了一次大规模的冲击，但技术变革确实对市场产生了微妙和持续的影响。多年来，技术已经改善了信息传播的方式、金融分析的质量和参与者之间沟通的速度，然而不断下降的成本大大有助于采用改进的金融服务技术。本章探讨了过去几十年在促进现代金融发展的背景下技术的主要发展。

硬件简史

英语 bench ⊖或意大利语 banca 是今天银行（bank）的直接前身，当货币第一次在指定地点兑换时，贸易就在罗马帝国时期制度化了。潜移默化地

⊖ 最初的货币兑换商都在长凳上展开交易，于是 banca，即"长凳"就成了"银柜"的代名词，后来演变为"银行"。

改变和引导着贸易公司的运作,直到 20 世纪,技术革命使信息交换快速化,从而改变了那时的交易状态。如图 2-1 所示,在过去 100 多年,交易商使用计算机使得计算速度呈指数增长,而计算的成本自 20 世纪 80 年代以来一直下降,达到峰值。

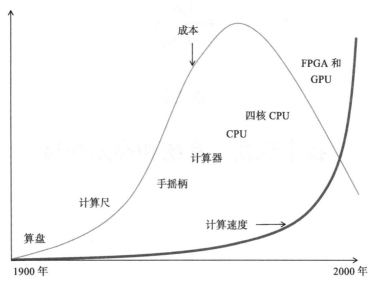

图 2-1　20 世纪技术速度和价格的演化

在过去 20 年里,计算机技术的价格下降是惊人的。具有 2000 兆字节存储器(RAM)、300 千兆字节硬盘空间和 2000 兆赫中央处理器的计算机系统在 1995 年要花费几百万美元,并且大到需要专门的房间来安置。在 2012 年,具有相同规格的计算机不仅适用于标准的机箱,也可以在百思买或其他计算机商店找到,而且只需 400 美元。

计算成本的下降很大程度上可以追溯到海外计算机芯片生产规模的效率。令人惊讶的是,对越来越易得和便宜的技术的需求不是金融服务从业者驱动的,而是由钱包干瘪的业余计算机使用者所驱动的。在过去 20 年里,后者群体中对高性价比技术有着强烈需求的恰恰是视频游戏玩家,他们的人群规模和对栩栩如生的图形的渴望推动了大规模生产的激增和技术价格的快速暴跌。金融公司获得了视频游戏行业创新和成本效益的好处。

如图 2-1 所示，当今的先进技术包括多核中央处理器（CPU）、现场可编程门阵列（FPGA）、图形处理器（GPU）和所谓的大规模并行架构芯片。CPU 是计算机的大脑，决定如何在存储器中存储信息。多核 CPU 使用共享内存来进行多 CPU 间快速的通信，而每个单独的 CPU 在给定的进程分支或"线程"上调取任务和执行计算。多核 CPU 的示例体系结构如图 2-2 所示。在写本书时，多核 CPU 可能花费 100 美元或更高一些。

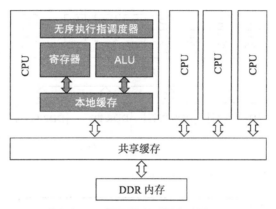

图 2-2 多核 CPU 的示例结构

资料来源：Thomas, Hower and Luk（2009）.

CPU 芯片上的大部分空间被存储器和调度程序功能占据，GPU 则不同，GPU 上的空间主要用于所谓的算术逻辑单元（ALU）中执行计算操作。为了进一步使得每个芯片的效率最大化，进程线程以相同大小并行批处理执行。这些批处理的线程被称为 warp[⊖]。为了使延迟最小化，应该注意确保进程的线程在循环数和退出条件方面是相似的。换句话说，就是需要用专业编程来确保 GPU 以最高效率运行。图 2-3 说明了 GPU 的示例架构。通用的 GPU 型号是 Nvidia GTX 系列，每个零售价在 100~700 美元。

FPGA 是完全不同类型的芯片，没有任何固定指令集架构。相反，FPGA 提供了可以被编程以创建任何需要的电路或处理器的逐位功能单元的空白板。一些 FPGA 包含多个专用功能单元，如乘法器和内存块。然而，

⊖ warp 是 GPU 执行程序时的调度单位，同在一个 warp 的线程，以不同数据资源执行相同的指令。——译者注

FPGA 的大部分区域专用于路由基础设施，FPGA 运行时连接功能单元。图 2-4 显示了 FPGA 芯片示例的架构。

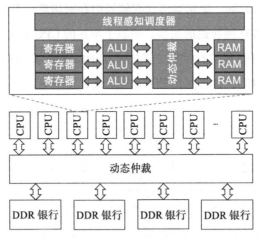

图 2-3　GPU 的示例结构

资料来源：Thomas, Hower and Luk（2009）.

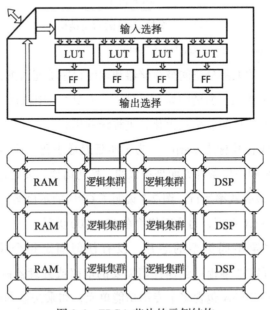

图 2-4　FPGA 芯片的示例结构

资料来源：Thomas, Hower and Luk（2009）.

FPGA 的主要区别在于，编程代码从一开始就直接写在芯片上。FPGA 使用特殊的编程语言，如 Verilog 或 VHDL。这些语言与 C 语言类似，并且易于学习。特殊的 FPGA 编程设备将 Verilog 或 VHDL 转换为 FPGA 芯片所理解的汇编语言。在没有 FPGA 的情况下，和 CPU 一样，程序运行期间需要编译交易程序，并在将其翻译到计算机芯片上时，也需要额外的计算机操作和进入延迟。编程 FPGA 的过程是相当简单和便宜的。虽然空白 FPGA 芯片和 Verilog 或 VHDL 编译器和模拟器的成本存在显著变化，但通常价廉物美，能够满足视频游戏者的需求。空白 FPGA 芯片的成本在 4000～5000 美元。Verilog 软件和模拟器可以是免费的（"开源"）或 20000 美元。然后用芯片制造商的特殊步骤，将软件下载到芯片上。FPGA 芯片的编程通常在本科电气工程程序中教授，并且往往易于学习。然而，实现现有技术的 FPGA 系统可能需要以被称为大规模并行处理器阵列配置来调配，这要求具有对硬件和软件优化的超高理解。

在性能方面，FPGA 往往优于 GPU 和 CPU，特别是当用于同时处理有限数量的时间序列时。图 2-5 显示了关键硬件模型的效率图形比较。图的横轴显示出了"输入"大小，或者同时提供给算法的独立变量的数量；纵轴显

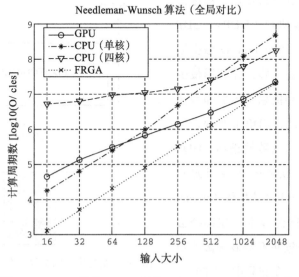

图 2-5　GPU、单核 CPU、四核 CPU、FPGA 的性能比较

示了执行给定数量的输入操作所需的计算机"周期"数量。如图 2-5 所示，当输入数小于 2000 时，FPGA 表现最佳；当输入数量超过此阈值时，FPGA 的速度变得与 GPU 的速度相当。

芯片本身不是计算机程序运行速度的唯一决定因素。每个计算机运行的周期由每个机器内的所谓晶体振荡器（oscillator crystal）确定，并且最重要的是，程序算法的体系。

信息

硬件只是实现成功交易所必需的许多计算机技术的组件之一。另一个关键组件是信息传递，即实现市场参与者的各种硬件和软件模块之间的通信。正如速度在硬件中很重要，它在信息传递中也很重要。事实上，信息的传播速度是交易通信的障碍或者说瓶颈。

信息传递协议

交易信息由三个级别的协议组成，如图 2-6 所示。最基本的通信级别使得数据流能够进行传输，被称为用户数据报协议（UDP）。UDP 是"准系统"（bare bones）数据通信协议，精益实施，并利用最少数量的字节和信息来识别和传递数据流。因此，UDP 非常快，但不能保证发送的数据送达。UDP 是与用于互联网的在线流游戏（stream games）和流媒体（stream movies）相同的技术，在某处丢失一个数据包并不会显著影响观看者的体验。在交易中，UDP 有

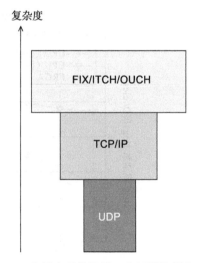

图 2-6　交易中通信协议三个级别的复杂度

时用于传输报价、连续刷新的数据,因此不会对丢失的信息非常敏感。如果从交易所发送的特定报价未能到达交易商,则所产生的影响可以被认为是最小的——新的修订报价已经在传输中,在到达交易商的账户时替代丢失的报价。

然而,报价过程的完整性在交易模型开发中很重要。交易算法开发者可以依靠报价流的特性来生成即将到来的市场动态预测信号。如果模型开发中使用的历史报价流的结构,与交易商在"开市"环境中遇到的报价流的结构明显不同,则计算的预测可能停止工作。应注意确保在算法的模拟和回测中使用的数据在结构上与实际开市环境中接收的数据兼容。至少,算法设计者应该确定实际开市中接收的报价的频率与回测中使用的历史数据的频率相匹配。此外,还可以执行更复杂的数据测试。例如,可以对两组数据计算滚动式自相关度量(rolling autocorrelation metric),并且结果度量的分布与成功的算法设计和实现应该是类似的。

复杂度更高一级的通信协议是传输控制协议/互联网协议(Transmission control Protocol/Internet Protocol,TCP / IP)。TCP / IP 是另一种标准互联网通信协议,目前用于大多数电子邮件和网络浏览通信。与 UDP 不同,其中单独的信息数据包不携带任何识别标记,TCP / IP 传输的所有分组按照顺序编号,每个数据包内的字节总数会被计数,并且未传递或损坏的数据会被重新发送。因此,TCP / IP 为信息传递提供了更安全的框架,被用于传输委托订单、订单确认、执行确认、订单取消以及类似的重要信息。作为平衡,TCP / IP 的速度往往比 UDP 慢三倍。图 2-7 总结了 UDP,TCP / IP 和 FIX 在交易通信中的常见用法。

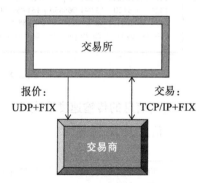

图 2-7 交易通信中常用的协议

然而,UDP 和 TCP/IP 都需要额外的通信层,使得交易过程的信息标准化。像 FIX^㊀ ITCH^㊁、OUCH^㊂和 FAST^㊃（FIX Adapted for STreaming）在 UDP 和 TCP 顶层使用，以标准化机器可读取的格式来传输数据。FIX 协议是一个免费的基于 XML 的文本规范，用于报价、下单、交易和相关信息传输。FIX 协议包括数据字段定义、枚举和各种组件，构成信息。每个信息单元都会被用户生成的数据填充。信息的每个字段，包括所使用的 FIX 的版本、时间戳^㊄和其他信息，通过二进制 1 与以下字段分开。

图 2-8 为一个 FIX 信息示例，传送美元/加元汇率的报价。显示的报价包含以下信息：

- FIX 版本，"FIX.4.2"（字段编号 8）；
- 信息的时间戳记，"20070731-15：25：20"（字段编号 52）；
- 安全标识符，"USD/CAD"（字段 55）；
- 安全类型，"FOR"用于外汇（字段号 167）；
- 基本货币，美元为"USD"（字段 15）；
- 最高买价和最低卖价（分别为字段 132 和 133）；
- 最高买价和最低卖价的大小（字段 134 和 135）。

```
8=FIX.4.2 | 9=309 | 35=S | 34=5015 | 52=20070731-15:25:20 |
131=1185895365 | 301=0 | 55=USD/CAD | 167=FOR | 15=USD |
132=1.065450 | 133=1.065850 | 134=5000000.0 | 135=5000000.0 |
647=2000001.0 | 648=2000001.0 | 188=1.06545 | 190=1.06585 |
60=20070731-15:25:20 | 40=H | 64=20070801 | 10=178
```

图 2-8　FIX 信息示例

通信信息的传输速度取决于几个因素：

- 信息大小；

㊀ FIX 指金融交换协议，是 1992 年发起的电子通信协议，该协议用于国际证券交易和市场的实时信息传输。——译者注
㊁ ITCH 是一种和 TCP、UDP 一样的直接数据反馈协议。——译者注
㊂ OUCH 是一种电子通信协议，允许纳斯达克的客户在期权市场中进行交易。——译者注
㊃ FAST 是由 FIX 开发的标准化技术，是高容量市场数据实时分布优化的二进制压缩算法。——译者注
㊄ 时间戳是一个时间标记，用以表明该信息的唯一性。——译者注

- 连接带宽；
- TCP/IP 和 UDP "窗口"大小，即市场参与者愿意指定在每个信息"片段"上发送和接收的字节数。一旦一个市场参与者的系统发出信息，则将信息分成单个数据包的指定窗口长度，每个数据包都附加信息标题，并在其线路上发送。UDP 信息头（message header）通常标识目的地，并且仅由 8 个字节组成。TCP/IP 信息头包括发送方和目的地标识，包裹序号和组成该信息的包裹总数，以及其他变量。标准 TCP/IP 信息头为 20 字节。FIX 信息头可以更复杂，并且通常超过 100 字节。

虽然 FIX 被广泛使用，与纳斯达克著名的 ITCH 和 OUCH 协议相比，它速度比较缓慢。ITCH 和 OUCH 的二进制特性确保信息以机器可读取的格式到达，不用耗费时间将它们从文本转换为二进制再转换回来。除了二进制格式之外，ITCH 和 OUCH 的信息具有固定的信息长度，使其能够更快地传输。OUCH 是订单输入协议，而 ITCH 是输出报价和交易数据的传播规范。然而，ITCH 和 OUCH 仅支持有限数量的信息。OUCH 提供了以下平台：

- 订单输入；
- 更换和取消；
- 接收执行确认。

ITCH 是为快速和精准报价而建立的，过往的交易数据传递能够发送：

- 订单级数据；
- 交易信息；
- 处理订单不平衡数据；
- 管理信息；
- 事件控制，如开始日、结束日和紧急市场暂停/恢复。

对于更复杂的信息，能使用 ITCH 和 OUCH 的市场中参与者通常需要使用 FIX。

核心信息架构

分笔信息在市场参与者之间传输时，使用一个或多个报价信息规则。FIX、ITCH、OUCH 和 FAST 只是一些能够传输关键交易信息的信息语言，尽管它们是复杂的首字母缩略词，但是信息传递是建立在非常简单的架构之上的，如图 2-9 所示。

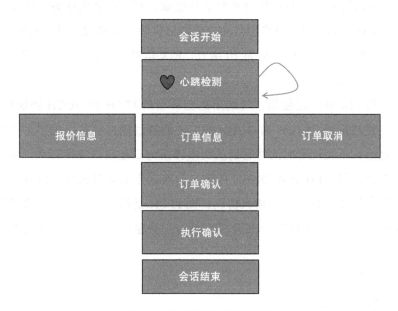

图 2-9　交易的核心数据结构

如图 2-9 所示，每个报价和交易通信流包括以下关键信息：

1. 会话开始是在每个通信会话开始时发送的信息，有时每天只有一次。会话开始信息会通知相关的市场参与者，其本质是为交易敞开门，并建立通信流。

2. 心跳检测是一个常用的信息，通知参与者的通信方，参与者在线，且处于良好的技术健康状态，并能开展交易业务。未能在预设的时间段内接收其通信对象的心跳信息的那一方，往往会关闭通信信道。然后可以使用"会话开始"序列来恢复通信信道。

3. 报价信息是携带报价的信息，如最高买价、最低卖价和数量。二级数据，如最高买价、最低卖价背后的市价订单深度，也可以使用报价信息传送。

4. 订单信息用于传输实际订单的信息。典型的订单信息包括买卖标识符、订单类型——市场、限制或其他详情、订单大小，以及在限价订单的情况下期望的执行价格和有效期（终止日期或一直有效）。

5. 订单取消信息包括先前设置好但现在需要取消的订单的唯一标识符。

6. 订单确认和订单取消确认信息，分别包括订单设置或订单取消的确认。

7. 执行确认信息说明了执行的详细信息：执行时间、获得价格和执行数量。

8. 会话结束信息通知各方，给定的交易实体已停止当天的交易和报价。

所产生的交易信息流包含了一种直观的方法，用以提供有效、可靠和可追溯的通信。大多数的全套交易设备会记录日常通信，以便于协调和快速识别潜在问题，如网络连接问题、算法错误等。

速度和安全

TCP / IP 或 UDP 都不包含加密。换句话说，大多数 TCP / IP 和 UDP 信息都已以纯文本形式，通过互联网发送。FIX 可以提供可选的加密，代价是相当大的延迟。当 ITCH 和 OUCH 以二进制格式发送信息时，大多数纳斯达克交易所的信息仍然通过互联网不加密地发送。

发送未加密的消息，市场参与者面临什么样的风险？为了回答这个问题，需要考虑互联网流量的当前布局和流量。今天，世界上大多数互联网流量流经大约 80 个"核心"节点。这些节点，例如，像 Verizon 之类的主要互联网服务供应商（ISP），在恰当的位置具有一些安全措施，限制了在这些节点处间谍行为的发生率。同时，节点可能相当拥塞，减缓消息流量，而不考虑其紧急性。

如果核心节点出现故障，70%的互联网流量将流经对等网络（peer-to-peer networks），在冗余备份结构中，流量将以分散的方式，从一个本地用户跳到另一个本地用户。虽然对等网络配置允许网络参与者观察彼此的流量内容并且完全读取未加密的消息,但是对等通信被充分地随机化,以防止任何对等方积聚整个信息流。然而,对等网络可能易受恶意攻击,并且订单流的潜在劫持可能破坏市场并对所有市场参与者造成巨大损失。

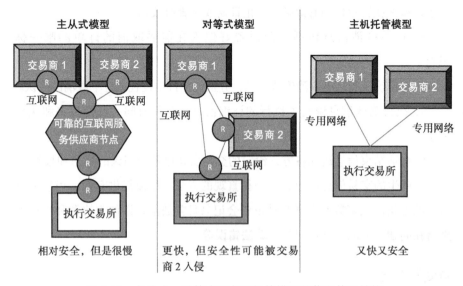

图 2-10 主从式、对等式和主机托管模型的信息传送结构

图 2-10 描述了交易中三种常见的互联网通信模型,包括所谓的主机托管模型。在主机托管模型中,交易商的服务器被安置在与交易所的匹配服务器相同的安全设施中。在主机托管的情况下,交易商的服务器能够使用交易所服务器的专用网络接入。专用网络接入包括从交易服务器直接到交易所的私有安全通信线路,使恶意干预的风险最小化,并且确保所有市场参与者的环境安全。主机托管还提供了如下速度优势:例如,纽约和芝加哥之间的距离较远,此外,主机托管交易连接的安全性节约的巨大成本,可以使在纳斯达克托管主机的芝加哥交易商,在一轮往返下单中,减少 17~22 毫秒的延迟。图 2-11 总结了世界各地主机托管中心的延迟时间。

	纽约	华盛顿	多伦多	芝加哥	伦敦	法兰克福	圣保罗	东京
纽瓦克	0.314	3.400	9.470	15.175	65.763	74.383	109.414	141.640
纽约		4.057	9.784	15.291	65.533	74.153	109.100	141.756
华盛顿			13.270	14.175	69.083	78.164	111.960	140.640
多伦多				10.795	75.233	83.853	118.884	136.910
芝加哥					80.740	89.360	123.485	127.595
伦敦						8.620	183.253	215.825
法兰克福							183.253	215.825
圣保罗								249.950

图 2-11 电子信号通过光纤网络在成对位置之间传输导致的延迟

在大多数主机托管数据中心内，服务器被放置在离交易所服务器本身不同的距离处，自然引起了主机托管于给定设施中的所有交易商对连接"公平性"的关注。小到 100 英尺⊖的物理距离差可以导致在发送和接收的每个消息上一微秒（一百万分之一秒）的时间延迟，使得将主机托管于交易所服务器附近的交易商具有潜在优势。为了解决这些问题，纳斯达克主机托管中心保证了从服务器到交易所再到位于纳斯达克设备的每个交易商服务器等距离的光纤电缆。电缆长度在物理上精确到了毫米，即使是靠近交易所服务器的交易商服务器，电缆也会盘绕起来。

虽然一些市场参与者认为主机托管的价格昂贵难以承受，但实际数据恰恰相反。例如，位于新泽西州斯考克斯市的数据中心，一家私人公司 Equinix 提供与主机托管效果相类似的服务，最低月费如下：

- 配备了生物识别安全扫描仪和空调的商业硬件机柜每月 1500 美元。
- 20 安 120 伏主电源每月费用 350 美元。
- 额外的 20 安 120 伏电源用于冗余，每月额外增加 175 美元。
- 最后，连接到世界各地数据中心的超快速通信网络的连接，每月额外支付 325 美元。

整套类似设备总计每月只需 2350 美元，成本对于任何认真的投资者来说都可以忽略不计。

⊖ 1 英尺 = 0.3048 米。

网络吞吐量

消息传输架构是所有市场参与者都可利用的资源,但它并非对所有人都免费。例如,交易所必须不断地增强基础设施,以确保其连接的带宽足够大,使所有感兴趣的交易商之间可以不受限制地传输消息流量。也许对交易所和其他订单交易地的最大挑战是订单取消的绝对量。根据 Hautsch 和 Huang(2011)所说,在纳斯达克,95% 的限价订单在发出后一分钟内被取消。Hasbrouck 和 Saar(2011)报告了类似的行为,将其分为快速下单和取消"运行"。虽然这种行为对一个不知情的观察者可能是恶意的,但是对其解释很简单:如第 10 章所详述,制造商需要以接近市场的价格报价——"处于主动地位",以成功和迅速撮合,从而确保稳定的收入流。一旦市场脱离了做市商的报价,取消订单并以新的最高买价和最低卖价重新提交订单符合做市商的最大利益。此外,如第 12 章所述,关于限价订单簿的时间价格优先权的交易,市场参与者可以挂单,然后不痛不痒地取消过多的数量限价订单,以确保其执行优先级,这在实际操作中被称为"分层"(layering)。

在这种动力下,许多交易场所陷入恶性循环:一方面,它们互相竞争吸引做市商;另一方面,许多取消订单的做市商正在侵蚀网络资源,导致报价出错和其他贻误所有市场参与者的行为。甚至主机托管也无法完全解决带宽问题,因为主机托管空间也面临着容量限制:纳斯达克在新泽西州莫瓦市的主机托管的机库中有很多需求,据说已经无法为对主机托管感兴趣的人提供足够空间。如第 3、12 章所讨论的,目前已经在选定的交易所开发和实现了对网络带宽问题的有前景的解决方案,称为按比例执行(pro-rata execution)。

软件

高频交易系统最终是通过上述硬件和信息传输部署的软件应用程序来实现。与任何软件系统一样,高频交易系统从一个概念开始,即被称为算法的计算机科学术语，随后以所选的计算机语言编码成完全成熟的软件程序。术语算法被正确地定义为逻辑或一系列高级活动，用于向计算机解释如何实现给定的任务。该算法不深入到系统的实际编码或编程的细节，但是仍然可以考虑最终实现算法的硬件和消息结构的特性。算法通常在图中可视化。算法图的关键要素总结在图 2-12 中。

图 2-12　算法的常见元素

图 2-12 中所示的算法元素将在整本书中用于解释常见高频交易策略的算法设计。图 2-13 说明了以下简单的做市算法的分步过程。

1. 开始程序。

2. 检测市场情况：市场条件是否适合做市。

3. 如果是，开始做市。

4. 如果否，等待一分钟。

5. 重复步骤 2。

图 2-13 中呈现的算法是"嵌套的"，或者包括图 2-13 中标为"检测市场情况"和"开始做市"的两个附加算法。嵌套任务可能是区别高频交易系统好坏的关键"秘密武器"。通常，任务是在先进的研究基础上设计的，其中任务是对几个竞争性的想法进行严格测试并取得积极结果后，精选得出的。图 2-13 中所示的两个嵌套任务将在第 15 章详细解释。

"算法"这个专业术语通常与术语高频交易、系统交易、电子交易和低延迟交易同义使用。然而，术语之间也有足够明显的区别。系统通常指过程高度条理化的方法。因此，系统交易遵循一些严格的框架，但不必完全自动化。如果交易商在某些指标形成特定模式时手动交易，则被认为是系统化。"系统"这个术语之所以被创造，是用来区分系统化配置的交易商和凭直觉或主观判断进行配置的交易商，后者被称为随意型交易商（discretionary traders）。所有高频和算法交易商都是系统交易商。

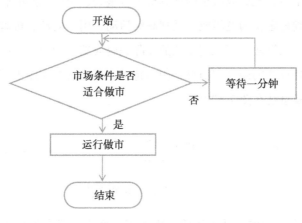

图 2-13 做市算法案例

"电子"这个术语描述了交易商的执行偏好:是否选择以电子方式或者可能通过电话发出订单。所有高频交易、算法交易和低延迟交易都必定是电子的,但系统交易可能涉及非电子部分。相反,许多仅使用电子交易系统线路的订单,既可以用也可以不用算法。然而,由于大多数市场和交易商正在转向电子平台,"电子交易"一词变得隐式和过时。

"低延迟交易"是指利用交易商和交易所之间的快速连接开展的交易。如上文所述,延迟测量了交易商和交易所之间的时间差。大多数延迟的测量值以微秒为单位记录。高频交易系统通常也是低延迟,但反之不然:低延迟系统通常由低频交易商配置,以获得更好的交易价格。

一旦算法被设计,它被分解成多个部分并且以计算机理解的语言编码。编码的目的是将算法的逻辑准确地翻译成计算机"说",并且在该过程中,当计算机读取和解释代码时,在"运行时间"期间创建尽可能小的延迟。直接写入 FPGA 芯片的代码是目前最快的算法。然而,许多高频交易商部署非 FPGA 架构也非常优秀,并依赖于 C ++ 和 Java 之类的语言来对他们的系统进行编码。虽然 C ++ 仍然是人类容易理解的最快的计算机语言,但许多系统都是用 Java 编写的,它是最慢组件的变通解决方法。因此,如著名的纳斯达克 OMX 系统据报道用的就是 Java 编码，禁用 Java 垃圾收集，并用 C++ 替代，如直接访问存储器以提高速度。第 16 章描述了编码实现的最佳实践方式。

算法的实际交易逻辑代码的概述往往相当短。在许多成功的情况下，交易逻辑只包括 50 行的代码。除了实际的买入和卖出的决定之外，每个高频交易系统还包括支持报价的数据检索功能，可以在 10 000 多行代码情况下实现和多达 5000 行代码，以及发送交易和确认收到的应用程序下的同样效果。也许，每个高频交易系统中最冗长但最强制的组成部分是其风险管理的相互制衡⊖，它总共可以有 50 000 多行代码。高频交易的风险管理将在本书第 14 章详细讨论。

| 总　结 |

算法执行与当今的市场不可分割。这是一个相当必要的功能，它为所有投资者，无论大小，带来相当可观的价值。随着技术成本的大幅下降，目前大多数投资者可以负担建立和使用先进的算法，包括为高频交易设计的算法，以前只有少数市场参与者才能使用，如主机托管提供的安全和速度等额外益处的服务。

| 章末问题 |

1. 你可以在将交易订单通过互联网传输到交易场所之前进行加密吗？解释原因。
2. 史密斯先生看了关于金融业的内容，了解到计算机技术"军备竞赛"，并决定投资最新的超级计算机，以提高快速订单传输的概率。史密斯先生的投资是合理的吗？今天大多数消息拥塞发生在网络空间的哪里？
3. 什么是主机托管？

⊖ 相互制衡（checks and balances）系美国三权分立体制。——译者注

4. 平均来说，与报价信息相比，交易订单信息的传输速度要慢多少？

5. 什么是心跳检测？

6. X 仪器在交易所 A 的最低卖价包含 300 单位，交易所 B 的最低卖价包含 500 个单位，交易所 C 的最低卖价只包含 100 个单位。客户希望你代表他购买 550 台仪器，你如何分拆客户的订单并将它们在影响最小算法的情况下发送到交易所？

High-
Frequency
Trading

第3章

市场微观结构、订单和限价订单簿

市场微观结构的研究源于40多年前，如今核心原则依然如此：大多数市场参与者依靠限价委托和市价委托下单。尽管各种类型衍生品的订单层出不穷，但这两类依然是主力，即使这些存续至今的核心原则也发生了不少变化。1980年，人们会观测并区分动态的日线、周线分笔数据的细微差别，但没有办法将这些差别构建一个交易策略。如今，人们可以轻松获取分笔数据并迅速交易，也能够按照市场的微观结构来构建交易策略。本章深入分析了现代市场的微观结构，描述了委托订单、撮合过程和回扣结构等问题来定义当今的市场。

市场类型

在金融市场中，投资者和其他市场参与者在买卖证券时，都有这样一个想法，所有的交易都会被妥善地处理和解决。但在这个方面，金融市场其实不同于其他非金融市场，比如隔壁的杂货店。当一个顾客进入杂货店，他希望能快速执行他的交易，用他的钱去换商品——食物。杂货店的收银机能够完成这项结算功能：收据逐条列出了顾客购买的产品和杂货店收到金额的总数，现在通常通过顾客的账户收取，而非以现金的形式。

此外，杂货店的客户希望，他获得的食物状态新鲜良好，交易可以持续进行：杂货店的老板拥有全权卖给顾客产品的权利。大多数集中式金融市场包含类似金融产品的质量控制：在每个市场的现场提供购买和销售的产品往往是标准化的，可以通过上市前开展彻底的尽职调查，以及通过实时数据分发给所有的市场参与者，来确保它们的质量。例如，在交易所交易的期货合约有一个特定且定义明确的结构。首次公开发行股票（IPO）往往需要认真详细审查。然而，就如零售商不对每一个特定食物对每一个人进行适用性评估，交易员自身离开风险投资决策，金融市场也不知道客户的风险状况和认证。

自交易历史的伊始，大多数金融和非金融市场已经由产品类型来构成。在非金融的情况下，运送木材的商店不同于卖衣服的商店。食品市场过去一直按类别高度分散组成：如果不分区，鱼贩子、屠夫、面包师和冰激凌制造商都曾经有自己的商店。同样，金融市场历史上也是由不同类型的交易工具组成，交易股票、期货、期权或其他证券。然而最近，非金融市场开始针对大型百货商场，利用共同的配送渠道和采购框架以及技能来增加效率。同样，许多交易场所现在敢于在资产交叉领域，如传统的外汇交易商英国毅联汇业集团（iCAP）推出固定收益交易产品，股票交易商 BATS 考虑进入外汇交易领域。

金融交易所的历史并非一直一成不变。比如纽约证券交易所（NYSE），在18世纪末成立时，一开始作为一个营利实体，当时20多名股票经纪人签署协议，停止互相之间压低佣金，代之以保留每笔交易至少0.25%的佣金。在接下来的几年里，随着美国经济的增长，更多公开上市变得可能，而且投资也逐渐得到美国公众的兴趣，股票经纪商越来越有利可图，坐在纽交所里等着价值增值。

然而，在严重的经济衰退期间，生活方式奢侈的股票经纪人受到亏损的投资者和监管机构的审查。在1934年大萧条时期，纽交所被要求登记，并接受新成立的美国证券交易委员会（SEC）的监督。1971年，在越南战争后期的经济衰退中，纽交所被转化为一个非营利实体，用以限制获取过度报酬的经纪人，将他们的收入转移给一些给投资者。这个非营利组织使命未能履行其期望，而且还在交易所为交易所注册经纪人创造了二级市场的座位，到了20世纪90年代，这些座位达到了多个百万美元的标价。

过去20年我们目睹了交易所之间日益激烈的竞争，而这些竞争市场力量似乎已经成功地帮助投资者从经纪商手里更多地保留他们的收益。新的交易所，如纳斯达克，开发技术代替了收取额外奖金的人类交易员，由此将一些节约出的钱转移到投资者的口袋，并在这个过程中带来了其他好处。技术降低了错误率，减少了执行时间，或许最重要的是，提高了投资者投资过程的透明度。其他早期的交易所，如芝加哥商品交易所，也沿着类似于纽约证券交易所的轨迹发展，如今面临着相对新的交易所竞争者，如洲际商品交易所（ICE）。

今天的股票市场包括十几个不同的交换场所，目前，产业支柱如纽约证券交易所和纳斯达克，以及相对最近的进入者，如BATS、DirectEdge等。因为所有股票交易所都受到美国证券交易委员会的监管，并交易标准化产品，所以交易所目前的竞争由产品的竞争变为流动性和成本的竞争。如何吸引流动性在本章后面会有更多内容介绍，大多数交易所已经废除了会员费，现在提供免费注册。此外，股票交易所在其价格结构上也发生分化，不仅对大型交易商有报酬，而且根据是市价订单还是限价订单来给交易员分层。

除了常规的交易所，新一代的撮合交易场所也已经出现，被称为暗池。暗池不像一个交易所，交易所的整个限价订单可供观察，暗池不披露其限价订单，而是让其处于"黑暗中"。在一个黑暗的限价订单簿中交易，是由大型投资者要求的，他们担心他们在传统交易所处理订单时，在一个透明公开的市场中，信息可能遭泄露。Liquidnet是股票暗池交易平台的一个例子。

限价订单簿

在任何给定的时间，在一个特定的交易地点，可以满足新到达市价订单的限价订单累计交易规模，被称为流动性。交易所限价订单交易商的数量越多，每个交易商的限价订单规模越大，该交易所的流动性就越强。流动性在今天的市场也必然有限：限价订单的数量是可以测量的，每个限价订单也都有一个有限的规模。流动性首先由 Demsetz（1968）定义。

为了处理限价订单，绝大多数的现代交易所都有有条理的所谓集中限价订单簿（CLOB），也被称为双向拍卖（double-sided auction）。20 世纪 70 年代早期，CLOB 率先在美国兴起，在 20 世纪 80 年代被欧洲采用。在 CLOB 模型中，所有新到达的限价订单被记录在"簿"中：一个表格，有一列对应连续的价格增量，有一行记录附在每个价格增量上限价订单的大小。图 3-1 阐明了这个想法。限价订单信息可以作为 Level II 数据，分发给所有其他市场参与者，在第 4 章将详细讨论。

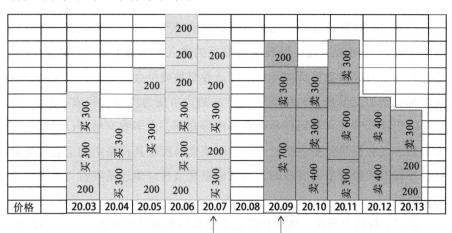

图 3-1　限价订单簿案例的快照

所有的限价买单在图 3-1 的左侧，所有限价卖单在右侧。

理论上，限价订单簿通常被认为关于市场价格对称，限价买单和限价订单的分布像镜子一样。此外，在许多风险管理应用程序中，订单簿也被认为遵循正常的钟形曲线分布。无论哪种假设都不倾向于认为：订单簿很少是正常的，通常是不对称的。

如图 3-2 所示，当一个新的限价订单到达时，对应于它的价格，它被放置在一个限价订单队列中。因为当今市场的所有价格受到最小增量或分笔数据的支配，基于价格的排序仓也就清楚地圈定了。最高价格的限价买单形成了最优买价，这些订单的价格反映了最优买价，以及汇总大小即最优买价的总数。同样，限价卖单的最低价格形成了最优卖价，分别对应各自的价格和大小信息。最优卖价有时被称为"最优报价"（best offer）。在任何给定的时刻，在每一个价格，都存在一个有限的限价订单总量。

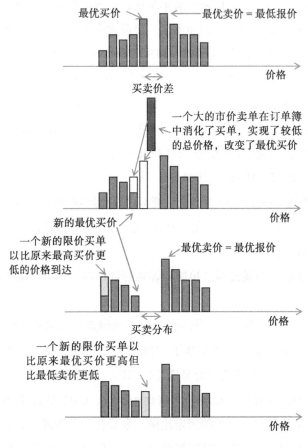

图 3-2　限价订单簿的样本动态

当市价买单到达时，从放置的最优卖价开始，与限价卖单撮合匹配。如果到达市价买单的大小大于最优卖单队列的大小，市场买卖盘的"扫光"是通过其他卖单队列的方向提高价格，在这些价格分笔数据上"吃掉"可获得的流动性。"扫光"过后，在卖方的限价订单处有一个明显的缺口，瞬间增加了买卖价差，并可能诱发随后的市价买单下移。订单撮合过程对于市价卖单也是类似的，最终与订单簿中可获得的限价买单总量相匹配。限价买单的价格等于或高于现行最优买价，则像市价买单那样执行。同样地，低价限价卖单通常作为市价卖单卖出。

如果新进入买单的大小小于最优卖单的大小，并且总体最优卖单队列由若干放置的、在最优卖价的限价卖单组成，则限价卖单中与市场匹配的买单的决定可能根据交易所的不同而不同。目前大多数交易所实行价格–时间优先级，也称为限价订单的先进先出（FIFO）执行计划，其他几个交易所现在也用被称为比例撮合的过程，即以给定价格去匹配每个限价订单的固定比例。

在时间价格优先级或 FIFO 执行中，第一个到达的限价订单与该价格仓中第一个进入的市价订单被撮合。图 3-3 说明了 FIFO 的撮合过程。FIFO 被称为连续竞价，通过以下措施来提高交易的透明度（见 Pagano and Roell, 1996；Jain, 2005；Harris, 2003）：

- 减少信息不对称——所有交易商都可以访问限价订单簿的信息。
- 增强流动性——CLOB 的结构激励交易商增加限价订单，从而增加市场的流动性。
- CLOB 的组织通过提供快速和客观的订单撮合机制，来支持有效的价格确定。
- 为所有市场参与者制定统一的规则，确保业务获取的公平性和平等。

虽然大多数交易执行场所基于 FIFO，但是一些交易所，如芝加哥商品交易所（CME）、芝加哥期权交易所（CBOE）、费城证券交易所（PHLX）和洲际商品交易所（ICE），已经转为按比例执行。CME 的按比例计划，通过每个在最高买价的限价订单的固定比例，来撮合一个新进入的市价买单。类似地，新进入的卖单，与在最高买价的所有限价订单的相等份数相撮合。因此，在最优买价和最优卖价的限价订单越大，该订单的整体量越大。图3-4显示了比例过程。

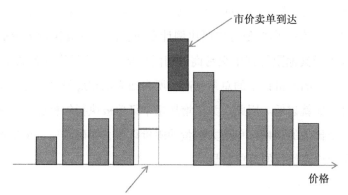

最早放置在最优买价上"最旧的"限价买单，被第一个执行；如果市价卖单没有完全覆盖最早的限价订单，则以市价卖出接下来撮合的放置在最优买价的第二旧的限价买单。该过程不断持续，直到市价卖单被完全撮合或最优买价队列耗尽

图3-3　价格–时间优先执行

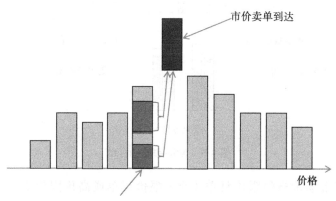

新进入市场的卖单与放置在最优买价的每个限价买单以不变比例的撮合，独立于订单的到达时间

图3-4　按比例执行

从交易所的角度来看，按比例撮合的主要优点是，内在激励交易商放置大额限价订单，从而为交易所带来流动性。按比例撮合鼓励交易商发布大额限价订单，但不是像下面讨论的特殊流动性回扣，从而提高交易所的盈利能

力。此外，按比例撮合消除了下单并随后取消限价订单的激励，旨在确保执行的时间优先级，减少往来交易所的消息通信量。

简言之，按比例撮合发挥的作用就是：希望执行限价订单的交易商知道，他的订单中只有一小部分将按照比例计划执行。订单被执行部分的确切大小，将取决于其他限价订单交易商以相同价格下达的限价订单的累计大小。特定价格仓中的限价订单的总量越高，所有回应以相反信号新进入市价订单的执行百分比就越低。因此，为了增加整个订单被执行的机会，交易商很可能放置一个比他的预期订单更大数量的限价订单，明确希望订单中将被执行的部分是他想要执行的订单数量。

激进执行与被动执行

订单可以被描述为被动的或激进的。激进订单不意味着恶意订单，被动订单也不表示注定是被利用的订单。相反，订单的激进性或被动性是指订单价格与当前市场价格的接近程度。图 3-5 说明了这个概念。

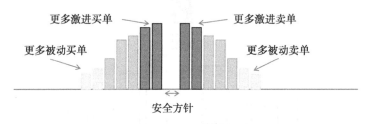

图 3-5　激进和被动订单

远离市场价格的限价订单（低价限价买单或高价限价卖单）被认为是被动的。限价订单越接近市场价格，订单越激进。市价订单是最激进的订单，"交叉价差"（crossing the spread）与限价订单簿相反一侧上的最优限价订单相撮合。交叉差价的限价订单被视为执行队列中的市价订单，并且也被认为是激进的。

虽然市价订单享受即时和接近市场的价格且几乎保证成交，但市价订单交叉价格并支付差价，产生交易所和经纪商的交易费用，并且面临价格不确定性。在当今市场中，价格的不确定性可能是与市价订单执行的相关组成中最昂贵的部分。从市价订单下达到执行的时间，市场价格可能"下滑"，导致比现行的市场价格更差的执行。滑点可能是由于几个因素：

- 几个市价订单可能到达交易所，并在给定市价订单下单和执行的时间之间执行。每个到达的市价订单可能耗尽订单簿中的撮合流动性，从而对市场价格造成不利影响。这种情况在新闻发布时特别常见，当许多交易商及其算法同时处理信息，并在同一方向上下订单时。
- 相对于可获得的市价订单簿深度较大的市价订单可以扫过该订单簿，根据不同价格水平的限价订单来分段执行订单。
- 额外的市场条件，如市场干扰，也可能导致显著的滑点。

相比之下，限价订单的价格在下单时是固定的。限价订单被添加到限价订单簿，"坐"在限价订单簿中，直到当前市场价格到达它的价格，并且市价订单按照这个价格执行。限价订单通常避免"交叉价差"，即支付市价订单引起的市场差价的成本。高度激进的限价订单被作为交叉价差的市价订单执行，但获得的执行价格和其指定的限价一样好或优于其限价。限价订单也受到正或负交易成本的影响，这根据交易地点的不同而不同。

对于所有的价格优势，限价订单受一个重要风险的影响——不执行的风险。只有当其与相反方向的市价订单撮合时，才执行限价订单。市场价格可能很快偏离限价订单而不执行。未执行的限价订单可能在关闭头寸时出现特殊问题，并且错过了消除交易市场风险的机会。而且，未执行的限价订单开设一个头寸也会导致成本，即参与其他交易策略的机会成本。

复杂订单

为了应对新进入者在撮合业务中的竞争，交易场所已经使其订单产品多样化。例如，为了回应来自暗池的竞争，一些精选的交易所扩展了可用订单的数量，创建了所谓的冰山订单（iceberg orders）。冰山订单允许限价订单交易商在限价订单簿中只显示其订单的一部分，并将其余流动性保留在黑暗中。在 FIFO 限价订单簿中，冰山订单在时间优先级的基础上执行：当与较小的订单撮合时，冰山的未执行部分被放回到其限价订单簿队列的末端。与暗池中的订单不同，冰山的大小信息在冰山部分或全部撮合之后被显示：撮合的大小作为交易分笔数据被传递给其他交易商。通常，冰山订单的成本超过限价订单和市价订单。

其他专业的订单模式也不断涌现，从更高的交易成本中产生额外的收入，满足客户的以下潜在需求：

- 限制风险。大多数交易场所和经纪人－经销商现在提供一系列用于控制市场风险的订单。订单示例包括努力跟踪止损订单，其中当价格移动在反方向上超过预定阈值时，头寸被清算（关于止损的更多信息，参见第 14 章）。

- 执行速度。此类别中的订单尝试启用最快的可能执行，并且除了普遍市价订单之外，还包括收盘市价订单，这通常用来确保捕捉收盘价，中点匹配订单通过尝试洽谈现有价差的一半来获得最优限价买单，并且扫光订单（sweep-to-fill order）同时清除序列中订单簿内的订单。扫光订单可以比市价订单的执行更快，因为大的市价订单往往通过随着时间逐渐扫光限价订单簿来执行。

- 提高价格。这样的订单包括期权中的大额买卖盘，通过获得大额交易成本的折扣，来提高价格。

- 隐私。提供隐私权的订单，在暗处实现流动性，包括冰山订单和隐藏订单等。隐藏订单，顾名思义，不会显示在限价订单簿中。冰山订单在限价订单簿中显示订单的有限部分，如本节开头所述。

- 市场时机。市场时机群组中的订单包括希望的短期流动性市价订单，即"全数执行或立刻撤销"（fill-or-kill，FOK）订单。如果流动性不能迅速撮合成功，FOK 订单就会撤销。相反，一个撤销前有效（good till cancelled）的同一订单类别中的限价订单，被保存在限价订单簿里，直到它被撤销，或达到交易场所设定的最大时间段（如一刻钟）。
- 高级交易。这些订单包括额外的定量触发器，如期权隐含波动率。
- 算法交易。此类别中的订单通过订单分割算法，如第 15 章详细描述的按成交量百分比（POV）算法来执行。

交易时间

传统上，许多交易场所从东部时间上午 9:30 到下午 4:00 运行。在当今的全球化市场中，更多的努力用于扩大交易的无障碍环境。因此，今天的许多交易所提供盘前交易和盘后交易，都称为延长时段交易。例如，延长的股票时段允许从东部时间上午 4:00 到下午 8:00 进入市场。延长时段的交易量，比在正常交易时段观测到的小得多。然而，所选择的经纪人使用盘后交易，以满足客户的收盘市价订单。

现代微观结构：市场趋同和分歧

市场的电子化已经在所有现代市场上留下了不可磨灭的足迹，使得交易的某些方面流水线化，并分化了其他方面。在市场趋同趋势中有以下发展：
- 如今大多数市场可以通过金融交换协议（FIX）访问。FIX 协议是类似 XML 的规范，在快速有效的交易所需的信息中，允许市场参与者发送和接收报价、订单，以及订单撤销和执行确认。FIX 协议由独立的非营利机构管理，并进一步促进协议的推广。
- 世界上大多数市场现在被设计为限价订单簿（LOB）。新加坡证券交易所是使用不同市场结构的最后交易实体之一，但在过去 10 年中已经转变为 LOB。

市场分歧的主要趋势是市场的资产类别之间进一步分化：
- 股票交易必须遵守国家最优买卖价（National Best Bid and Offer，

NBBO）⊖规则，即所有股票将以汇总接收和分发出去的 NBBO 或更好的价格执行。如果交易所无法以 NBBO 执行新接收的市价订单，则该交易所有义务按通道把订单发到另一个使用 NBBO 报价的交易所。
- 期货交易所没有集中定价，但需要有独特的保证金和逐日盯市需求。
- 外汇市场根本没有集中报价或交易所，所有交易都通过场外交易市场（OTC）继续交易，尽管许多 OTC 平台现在完全电子化。然而，挑选出的大市场参与者可以被授权访问交易商间的网络，类似交易所的实体。
- 期权市场众多，一般来说活动较少。
- 根据《多德－弗兰克法案》⊖，新的资产类别（如固定收益和掉期），即将以电子化的形式联机或扩展。每个资产类别都有不同的特性，导致整体证券边界的进一步分化。

分化也存在于各个资产类别中。以下部分讨论所选资产类别中的特性。

股票的分化

美国股票可在暗池或公开交易所交易。暗池是类似交易所的实体，其订单簿是"黑暗的"——不向该池的任何参与者显示情况。根据量化技术提供商 Pragma Securities（2011）所说，美国约 22% 的总股本目前在暗池中交易。暗池的独特优势在于它们有撮合大订单而不披露与订单大小相关联信息的能力，而且订单不被观察。暗池的常见缺点包括缺乏透明度及其相关问题。与"公开"交易所不同，暗池不会为限价订单和市价订单提供差异化定价——暗池不会向市场参与者披露限价订单簿。

剩余 78% 的美国股票交易是在"公开"交易所执行的——在这些交易场所订单簿是完全透明的，可以向感兴趣的市场参与者全面传递。但是，即使在公开的市场类别中，情况也相当分化，因为交易所竞相设置最优费用。

⊖ National Best Bid and Offer，即纽约证券交易所的最高买价和最低卖价。

⊖ 2010 年实行的美国《多德－弗兰克法案》被认为是"大萧条"以来最全面、最严厉的金融改革法案，规定 2011 年 7 月 15 日起禁止美国公民进行所有贵金属（包括黄金、白银）的场外交易（OTC）。

在公开交易所，美国股票需要以 NBBO 或更好的报价执行，对所有成员交易所提供的最优买卖报价进行编译，并由证券信息处理器（SIP）进行传递。然后将汇总的最优报价，以 NBBO 作为参考传递回交易所。NBBO 执行规则是美国证券交易委员会在 2005 年根据美国国家市场系统市场管理规则（Regulation National Market System）提出的，目的是平衡竞争环境：在 NBBO 规则下，无论是由大型机构还是个人投资者放置的每个最优限价订单，必须向所有市场参与者显示（在 NBBO 规则之前，个人投资者受到经纪交易商的摆布，他们往往不能将投资者的限价订单传给交易所，即使所传递的限价订单处于市场的顶部——比同时间的最优报价更好）。根据 NBBO 规则，由于流动性缺乏无法执行 NBBO 的交易所，需要将接收的市价订单发送到可用 NBBO 的其他交易所。因此，交易商在公开交易所上下达的市价订单，会被保证以全国可用的最优价格执行。暗池可被免于执行 NBBO 的要求。

根据 NBBO 规则，只有当交易所能够按照 NBBO 执行时，即当 NBBO 定价的限价订单记录在其限价订单簿中时，交易所才能撮合交易。这种 NBBO 限价订单可以使用两种不同的模式来实现：

1. 交易所可以竞争吸引最好的流通性——通过以 NBBO 或更好定价的限价订单。

2. 交易所可以同时作为专有的做市商发布 NBBO 限价订单，竞争吸引市价订单。

交易所的两种交易模式很容易转化为交易所新的费用结构。除了清算费用外，现在交易所还为流动性提供者和流动性购买者提供了不同的定价。根据交易所是否遵循上述交易模式 1 或 2，交易所可以向过账限价订单的流动性提供者，或者引入市价订单的流动性购买者支付一定费用。这种付款，相当于负的交易成本，被称为回扣（rebate）。

这两种不同的交易模式根据其收费结构，把交易所推向两个明显不同的阵营："正常"（normal）和"反向"（inverted）交易所。正常交易所收取以下费用：正常交易所向下订单带走流动性的交易商收取费用，以及为发出限价订单带来流动性的交易商提供回扣。例如，纽约证券交易所（NYSE，简称"纽交所")为 100 股的市价订单收取 0.21 美元,并为 100 股限价订单支付 0.13~0.20 美元。纽交所回扣的确切值由交易商的月度总量决定——总量越高,回扣就越高。2012 年 5 月 14 日在线显示的纽交所费用结构如图 3-6 所示。

纽交所每 100 股的价格　　　　(单位:美元)

等级	层级要求	增加回扣	取消费用	传至纽交所	传至其他交易所
A 类　纽交所上市					
第一级	纽交所每日电子通道增加百分比超过 0.7%	(0.30)	0.30	0.21/0.23	0.30
第二级	纽交所每日电子通道增加百分比超过 0.3%	(0.29)	0.30	0.21/0.23	0.30
第三级	纽交所每日电子通道增加百分比超过 0.2%	(0.25)	0.30	0.21/0.23	0.30
升第一级	纽交所每日电子通道增加百分比超过 0.15%	(0.295)	0.30	0.21/0.23	0.30

图 3-6　纽交所下单和往来传输订单的费用结构

资料来源:NYSE 网站。

相比之下,所谓的"反向"交易所为交易商提供小额回扣以消除流动性(配置市价订单),并收取限价订单的费用。波士顿股票交易所(现 Nasdaq OMX BX)是一个反向交易所的例子,在那里,支付市价订单每天少于 350 万股的交易商,每股 0.0005 美元,而支付每天为 350 万股或更多股份的市价订单的交易商每股 0.0014 美元。交易商每天添加公开的限价订单 25 000 股以下,被收取每股 0.0015~0.0018 美元。然而,大额限价订单交易商——每天发出 25 000 股或以上限价订单,被支付每股 0.0014 美元的回扣。截至 2012 年 10 月 10 日,波士顿交易所交易成本分布的快照如图 3-7 所示。

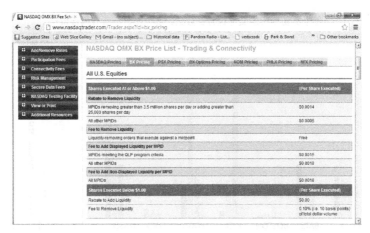

图 3-7 Nasdaq OMX BX 的费用，一个反向交易所

资料来源：Nasdaq 网站。

由于美国的监管框架和不同股票交易所的定价差异，各个交易所在其订单簿显示出不同的 NBBO 可用率和不同市场份额。正如直觉所表明的，能够提供最高的 NBBO 报价的交易所，是能够确保最高市场份额的交易所。图 3-8 显示了 NBBO 可用率与市场份额之间的关系。如图 3-8 所示，纳斯达克（NASDAQ）和纽交所（NYSE）平均具有最高的 NBBO 的可用率，并获得最高的交易份额。

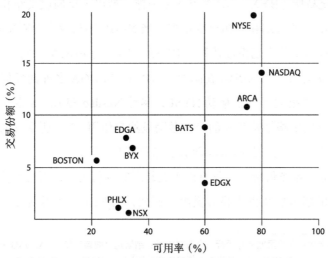

图 3-8 NBBO 的可用率与市场份额

资料来源：Pragma Securities（2011）。

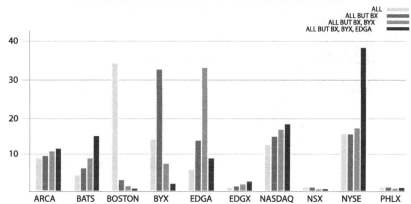

图3-9 每个交易场所在某些交易场所使用NBBO执行交易的百分比

资料来源：Pragma Securities（2011）.

图3-9说明了当NBBO在所有或仅有一些交易所可用时会发生什么。当所有交易所都有NBBO的最优买卖价时，超过30%的交易量在BX[⊖]执行，在这里反向收费结构吸引寻求NBBO流动性的市价订单交易商。当除BX之外的每个交易都有NBBO限价订单时，类似大量数额的交易被传递到BATS-Y交易所（BYX）。BYX和BX一样，推出了反向收费结构，但为消除流动性给予的费用和回扣要少得多。当NBBO不仅仅在BX和BYX上可用时，30%以上的市场份额转移到Direct Edge[⊜]的EDGA，这是一个正常但低费用的交易所。当NBBO在除BX、BYX和EDGA之外的任何地方都可用时，交易量很大程度上移动NYSE，尽管Nasdaq和BATS也受益于这些流量。与反向价格结构相关的经济激励显然起作用：BX所享有的非对称订单流动为BX的母公司Nasdaq创造了先发制人的优势。

交易的高市场份额并不仅有助于交易所的盈利能力，而且其他费用可以为交易所的账本底线做出显著贡献。例如，当NBBO在当前交易所不可用

⊖ 纳斯达克在美国拥有并运行三个股票市场：纳斯达克股票市场（NASDAQ Stock Market）、NASDAQ OMX BX（前身为波士顿股票交易所）以及NASDAQ OMX PSX。——译者注

⊜ Direct Edge是新泽西州泽西市的股票交易所经营两个单独的平台，EDGA交易所和EDGX交易所。——译者注

时，无论正常交易和反向交易的交易商，凡是向其他交易场所发送订单的，都要收取费用。因此，即使是具有最低比例的 NBBO 的交易所，也可以通过吸引足够的订单，以及向其他交易所传递订单收取费用，来保持盈利。

期货的分化

期货交易所的操作方式类似于股票交易所，但在本书编写时还没有实行或未来可能实行回扣定价。为了吸引流动性，与股票中流行的回扣结构不同，期货交易所一直在部署比例撮合，这在前面已经讨论过。期货交易所的其他差异主要基于其操作和风险管理决策，例如何时实施熔断机制等，在第 13 章中会有详细描述。

期权的分化

过去 10 年间，各种期权交易所纷纷涌现。然而，大多数交易所都在类似的原则上运行，并由同一群做市商驱动。

由于绝对数量的期权具有不同的到期日和执行价格组合，大多数期权几乎没有交易。相同的 10 个左右经纪自营商，倾向于用大的价差，在大多数股票期权市场提供流动性。

期权交易中相对缺乏活跃度，使得能够对内幕信息进行市场监控。一笔大的远期期权交易，或远离当前市场价格的期权，通常代表某人特殊认识的赌注，并非向其余市场披露些什么。

外汇的分化

在外汇交易中，为了能直接访问终端交易商，交易商间经纪人开始与经纪人开展竞争。例如，传统的交易商间经纪人 Currenex 和 iCAP，现在接受选定的机构客户。在代理其他交易所时，iCAP 在其所有的顶尖外汇交易所（外汇）报价上提供 250 微秒的有效性。

固定收益的分化

虽然大多数固定收益传统上为场外交易，但一些迹象表明固定收益市场有潜在的短期交易所化。因此，iCAP 计划使用纳斯达克 OMX 技术推出固定收益撮合引擎。iCAP 的产品将通过提供所有顶级报价的一秒有效期，进一步瞄准机构投资者。

掉期的分化

掉期也通过与私下谈判的合约，允许传统上的场外交易。根据《多德-弗兰克法案》，掉期需要在交易所进行标准化和电子交易。一类统称为掉期执行设施（SEF）的新型交易场所，在本书编写时正由行业和监管机构联合建立中。

| 总　结 |

现代市场是一个复杂的商业场所，关注流线化运营，其目标是向客户提供最直接、成本效益最高的服务。交易场所的竞争导致了交易所和可供选择的交易系统的方法、定价和服务模式的创新和演变。虽然技术仍然是发展更快、更精简产品的关键驱动力，但是解决方案正变得更加以客户为中心，生产针对客户独特执行需求的定制化交易产品。

| 章末问题 |

1. 正常和反向交易所之间有什么区别？
2. 你将使用什么类型的订单来购买大额订单？为什么？
3. 你得到一个任务，是开发一个优化清算（销售）大量股票头寸的算法。你的目标是开发一个最大化执行成本，同时最小化清算过程中速度的算法。你将如何开发这样的算法，给出现代证券交易所的正常和反向的价格结构？

4. 你正从一个知名交易所收到某期货合约的一级和二级数据。在 13:45:00:01:060 GMT，以 12.7962 的最高买价，报出的总流动性包括 325 份合约。下一个分笔数据的时间戳为 13:45:00:01:075 GMT 的交易，记录了 900 份合约交易，价格在 12.7962。下面的分笔数据是 13:45:00:01:095 GMT 报价援引 12.7962 的最高买价，325 份合约的大小。市场从 13:45:00:01:060 GMT 到 13:45:00:01:095 发生了什么？

5. 指定交易所的特定股票的限价订单目前右侧显示以下信息：最优卖价：100 股 35.67，200 股 35.68 股，100 股 35.69。如果全国最高买价公开为 35.67，那么你在市场上可能会收到 250 股买单的平均价格是多少？如果全国最高买价是 35.65，平均价格是多少？

6. 冰山订单是被动的还是激进的？

7. 给定期权市场最后记录的交易价格是 2.83。当前最高买价为 2.65，当前最低卖价为 2.90。一个在 2.85 买入 10 个合约的限价订单是被动的还是激进的？为什么？

8. 量化研究者"宽客"使用每日收盘价开发投资模型。一个执行交易使用哪些订单类型来执行宽客的买卖决策？

High-Frequency Trading

第4章

高频数据[一]

交易和报价信息往往以 I 级或 II 级格式（Level I、Level II）发布。Level I 报价可以包括最优买价、最优卖价、最优买盘数量、最优卖盘数量、最新交易价和最新交易量。Level II 报价包括对买卖盘的所有变化，还包括新到达限价订单或在价格与市场价格差距过大时取消的订单。本章详细介绍了数据报价和抽样方法，并将高频数据与其对应的低频数据做了对比。

什么是高频数据

高频数据，也被称为分笔数据（tick data），是实时市场活动的记录。每次客户、经销商或其他实体发布所谓的限价订单，以 q 的价格，用有特殊安全代码股票报价器（ticker）购买 s 件 X，买盘报价 $q_{t_b}^b$ 被记录为在 t_b 时，购

[一] 本章的一个版本出现在 F.Fabozzi 版的《金融模型百科全书》（3 卷）(Hoboken, NJ：John Wiley & Sons, 2012）。

买 $S_{t_b}^b$ 件 X。分笔数据记录以一种不同的方式将市场买卖盘合并在内，这一点在本章也有详细的讨论。

当新到达的买盘报价 $q_{t_b}^b$ 比前面所有的有效买盘报价都相对要高时，$q_{t_b}^b$ 则被视为 t_b 时的"最优买价"。同样地，当交易实体挂出一张限价买单，要在价格 q 卖出 s 件 X 时，卖盘报价 $q_{t_a}^a$ 被记录为在 t_a 时间卖出 $S_{t_a}^a$ 件 X。如果最新的 $q_{t_a}^a$ 比之前所有对证券 X 的报价都低，$q_{t_a}^a$ 被视为 t_a 时间的"最优卖价"。

报价自到达的那一刻会发生什么，很大程度上取决于发布订单的交易场所。在交易所中直接发布的最优买价及最优卖价，会向所有的交易参与者及其他跟踪报价数据的各方公布。当新的最优买价超过交易中已经实施的最优卖价时，即 $q_{t_b}^b \geq q_{t_b}^b$ 时，大多数交易所会立刻"撮合"这些报价，以在 t_b 时原有的最优卖价 $q_{t_a}^a$ 来执行交易。相反地，当新到达的最优卖价小于目前的买盘价格，即 $q_{t_a}^a \leq q_{t_b}^b$ 时，交易以 t_b 时原有的最优买价 $q_{t_b}^b$ 来执行。

大多数暗池交易通过"交叉价差"来撮合买价和卖价，但可能不会公布新到达的报价（因此有了"暗池"这个神秘的绰号）。同样地，指向交易商间网络的报价可能会或不会公布给其他市场参与者，具体情况要根据交易场所而定。

市场买卖盘以"最终交易"信息的方式提供高频数据。与以某一价格购买规定量证券的限价订单不同，市价订单是为了在交易场所"发布"的最优价格购买规定量的证券。因此，市价订单在现有最优买价或最优卖价的情况下会立即执行，市价买单在最优卖价时执行，市价卖单与最优买价撮合，这一交易在报价数据中被记录为"最新交易价"以及"最新交易量"。

一个大额的市价订单可能需要与一个或几个最优报价撮合，产生几个"最新交易"数据点。例如，如果新到达的市价买单量比最优卖价的量小，最优卖价在大多数交易场所会继续有效实行，但最优卖盘数量会被减少，以反映最优卖价报价与市价订单是相匹配的。当新的市场买盘比相应的最优卖盘数量大，市场买卖盘会完全消化最优卖价，然后会继续与下一个可行的最优卖价进行撮合，直到市价订单都被执行。剩下最低价格的报价将成为交易场所中的现有最优卖价。

大多数限价订单和市价订单都被所谓的"手数"（lot sizes）下单：一定单位的增量，被称为一手（lot）。在外汇交易中，目前标准的交易批量单位为 500 万美元，相比几年之前高调的经纪人所吹嘘的 2500 万美元的最低标准大大降低了。在股票交易所，一手可以低至一股，但暗池交易或许仍旧要订单的规模最少为 100 股。针对总数并非一手的整数增量订单，被称为"零星交易"（odd lot）。

通过经纪人发布的小型限价订单和市价"零星交易"订单可能会被经纪人与规模较大的订单聚合或"打包"在一起，以在订单的执行场所得批量折扣。在此过程中，经纪人可以"压住"报价，不将报价传输至交易地点，同时延缓客户订单的执行。

高频数据如何被记录

最高频率的数据是连续的"分笔数据"，即最新到达报价、交易、价格、买卖盘大小和成交量信息的集合。分笔数据通常具有以下属性：

- 时间戳（timestamp）；
- 金融证券识别码；
- 表明它具有哪些信息的一个指示器：
  - 买价（bid price）
  - 卖价（ask price）
  - 申买量（available bid size）
  - 申卖量（available ask size）
  - 最新交易价（last trade price）
  - 最新交易量（last trade size）
- 特有证券数据，如期权的隐含波动率；
- 市场价值信息，如价格的实际数值、申买和申卖的量或规模。

时间戳记录了报价起始的日期和时间，可能是交易所或经纪自营商发布报价的时间，也可能是交易系统已收到报价的时间。在撰写本书时，纽约的订单报价从下单客户到交易所并在订单收到确认时返回客户的标准"往返"（round-trip）行程时间为 15 毫秒或更短。若经纪人无法以目前的标准速度来处理订单，就会被客户解雇。因此，成熟的报价系统会将毫秒甚至微秒纳入时间戳。

报价的另一部分是金融证券的识别码。在股票中，这一识别码可以是一个代码，对于在多个交易所同时交易的股票来说，识别码可以是股票代码加上交易所代码。对期货来说，识别码可以由标的证券、期货到期日和交易代码组成。

最新交易价显示的是证券交易最近一笔交易的成交价格。最新交易价与买价和卖价不同。这是因为当客户挂出了一个优惠的限价订单，而经纪人在公布客户报价之前就立刻将这一订单进行撮合时，这种价格差就会产生。最新交易量显示了最近一笔交易的实际成交规模。

最优买价指的是证券在市场上卖出时可获得的最高价格；最优卖价指的是某一时刻购买证券可获得的最低价格。除了最优买价和最优卖价，报价系统可能会发布"市场深度"的信息：买卖报价会以比最优买价和最优卖价较差的价格在交易场所发布，与交易场所"订单簿"上记载的买价和卖价相对的每个买单和卖单的大小也会被公布。市场深度信息有时被称为 Level II 数据，可能是付费才能订阅的信息；相比之下，最优卖价、最优买价、最新交易价和最新交易量信息（Level I）可能只是象征性收费。

图 4-1 显示了由纽约证券交易所为 SPDR S&P500 交易型开放式指数基金（ETF，股票代码 SPY）记录的 30 秒 Level I 高频数据，时间为 2009 年 11 月 9 日 14:00:16:400 ~ 14:02:00:000 GMT。图 4-1a 为报价信息：最优买价，最优卖价和最新交易信息，而图 4-1b 则显示了相应点位的成交量大小（最优卖盘量、最优买盘量和最新交易量）。

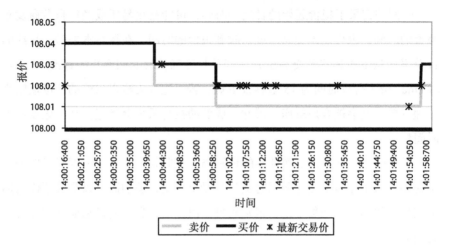

a) 14:00:16:400 ~ 14:02:00:000GMT 的 S&P 500 ETF
高频数据记录：卖价、买价和最新交易价

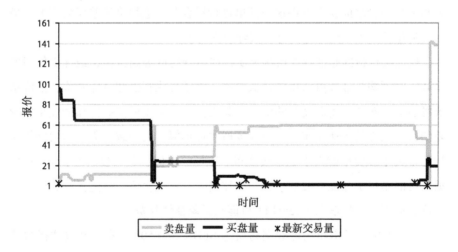

b) 14:00:16:400 ~ 14:02:00:000GMT 的 S&P 500 ETF
高频数据记录：卖盘量、买盘量和最新交易量

图 4-1 纽交所高增长板 2009 年 11 月 9 日 14:00:16:400 ~ 14:02:00:000 GMT，SPY Level I 高频数据记录

资料来源：Bloomberg。

高频数据的属性

关于高频证券数据的研究已经有很多年了。但是对于学者和从业人员来说，还是非常新奇的事物。不同于金融研究和相关应用中常使用的每日或每月的数据集，高频数据有着独特的性质，对于研究者来说同时存在优点和不足。表4-1总结了高频数据的性质。每个性质及其优点和缺点都会在接下来的内容里进行详细讨论。

表4-1 高频数据属性总结

高频数据属性	描 述	优 点	缺 点
数量大	每天的高频数据包含相当于30年的每日数据观测数量	大量观测产生大量信息	高频数据难以人工处理
受买卖波动影响	与仅基于收盘价的传统数据不同，分笔数据以买价、卖价和规模的形式提供额外的供给和需求信息	买卖报价可以包含关于即将到来的市场走势有价值的信息，这可以加强研究者的优势	买价和卖价被价差分隔。从买价到卖价的持续反复带来了一个跳跃过程，很难通过传统模型解决
不是正态或对数正态分布的	从分笔计算的收益不是正态或对数正态分布的	许多可交易模型还有待发现	传统资产定价模型假设的价格对数正态分布不适用
时间间隔不规则	分笔数据的到达不是同步的	数据到达的间隔也包含一定信息	大多数传统模型需要间隔规律的数据，所以需要将高频数据转化为间隔规律的数据，或者是数据"条"。转换后的数据一般比较稀少（无收益填充），再次使传统计量经济学推论变得很困难
不包含买卖交易方向的信息	Level I 和 Level II 数据不包含该交易是买入还是卖出结果的信息	没有交易方向信息时，数据更加精简；交易信息对旁观者来说更难获取	有关交易是由卖方或买方发起的信息是许多模型所需的输入量

高频数据是巨量的

表 4-1 所展示的 SPY 的约两分钟分笔数据样本包含 2000 个 Level I 数据的观测量:最优买价和交易量、最优卖价和交易量,最新成交价和成交量。表 4-2 总结了由纽约证交所高增长板块所提供的 SPY 数据点的细目,时间为 2009 年 11 月 9 日,14:00:16:400 ~ 14:02:00:000GMT,以及 2009 年 11 月 9 日 SPY,日元期货和欧元看涨期权的相关信息。表 4-2 省略的其他 Level I 信息有 SPY 和日元期货的每日累计交易量和欧元看涨期权的希腊值(greeks),即期权风险值[⊖]。假设每年平均 252 个交易日,2009 年 11 月 9 日观察到的报价数,单对 SPY 来说就包括超过 160 年的每日开盘价、最高价、最低价、收盘价和成交量的数据点。

表 4-2 所选证券在 2009 年 11 月 9 日的 Level I 报价摘要统计

报价类型	SPY, 14:00:16:40 ~ 14:02:00:000 GMT	SPY, 全天	美元/日元 2009 年 12 月 期货交易,全天	欧元/美元, 2009 年 12 月到期,执行价格 1.5100,全天
最优买价	4 (3%)	5 467 (3%)	6 320 (5%)	1 521 (3%)
最优买盘量	36 (29%)	38 948 (19%)	39 070 (32%)	5 722 (11%)
最优卖价	4 (3%)	4 998 (2%)	6 344 (5%)	1 515 (3%)
最优卖盘量	35 (28%)	38 721 (19%)	38 855 (32%)	5 615 (11%)
最新交易价	6 (5%)	9 803 (5%)	3 353 (3%)	14 (0%)
最新交易量	20 (16%)	27 750 (14%)	10 178 (8%)	25 (0%)
总计	125	203 792	123 216	49 982

数据的质量并不总是等同其数量。集中交易一般会提供有关买价、卖价和规模的精确数据。美国股票交易所,按照法律规定,需要对每笔分笔数据交易数据记录进行可靠的存档和维护,同时在最优报价出现后的一分钟内将其提交给美国集中行情显示系统(centralized ticker tape),即证券信息处理器(SIP)。限价买卖盘中除最优买价和卖价之外的信息被称为 Level II 数据,

---

⊖ 期权风险值(greeks)是假定在其他影响因素不变的情况下,单一因素变化一个单位时期权价格的变化量。它们通常用希腊字母来表示,包括 Delta、Gamma、Theta、Vega 和 Rho,常被称为风险敏感度(risk sensitivities)、风险测度(risk measures)或对冲参数(hedge parameters)。——译者注

可以通过特别订阅获取。

在分散的市场中，如外汇和银行同业拆借市场，无法在任何给定的时间获得整个市场报价。在这些市场上，参与者会意识到现有价格水平，但每个机构提供的是根据自己的订单预定调整后的自身价格。在分散市场上，每个交易商向客户提供自己的分笔数据。因此，某一给定的金融工具在某时刻的具体报价会因为交易商的不同而有所差别。路透社、德励财经资讯、奈特里德以及其他机构，会从不同交易商处收集报价信息并进行回传，提高了分散市场的效率。

一般认为，在交易商间的报价差异中有三种异常情况：

1. 每个交易商的报价都反映了自己的库存。例如，当一名交易商刚刚卖给其客户 1 亿美元/加元时，他可能会渴望分散头寸的风险，避免卖出更多的美元/加元。然而，大多数交易商有义务与其客户在可流通的价格进行交易。为了促使客户沽出美元/加元，交易商会暂时提高美元/加元的买价。同时，为了鼓励客户不下买单，交易商抬高美元/加元的卖价。因此，交易商倾向于在特定金融工具短缺时提高买价和卖价，并且在金融工具中不成比例地降低买方和卖方的价格。

2. 在一个匿名市场，如暗池，交易商以及其他做市商或许会通过发送与先前报价相差甚远的指示性报价来"钓"到市场信息，以评估可用的供应或需求信息。

3. Dacorogna 等人（2001）认为，某些交易商的报价可能会落后于真实市场价格。价格的滞后可能从几毫秒到一分钟不等。一些交易商的报价变动会平均其他交易商的报价。交易商提供滞后报价，在数据反馈中宣传他们的市场存在。尤其是当过去大多数订单价格是通过电话协商时，更是如此，这使得报价和订单之间有一个相当大的延迟。快节奏的电子市场不鼓励滞后的报价，以提高市场质量。

高频数据受交易波动的影响

除了在低频数据中长期可以获得的交易价和交易量数据外，高频数据包括买入和卖出报价及其相关的订单大小。买入报价和卖出报价数据到达不同步，且在报价过程中会有干扰信息。

任何给定时间的买入报价和卖出报价之间的差被称为买卖价差（bid-ask spread）。买卖价差是即时买入和卖出证券的成本。买卖差价越大，证券须产生的收益越高，以便与其他交易成本一起弥补差价。大多数低频价格变化足够大，使得买卖价差在比较中可以忽略不计。然而，在分笔数据中，增量价格变化可以相当于或小于买卖价差。

买卖差价通常在一天中会有差异。图 4-2 显示了 2008 年 10 月最后两周在欧元/美元市场中观测到的平均买卖价差。如图 4-2 所示，在东京交易时段内，当市场平静时，平均价差显著增加。在伦敦和纽约交易时段重叠期间，当市场有许多活跃的买家和卖家时，该价差达到最低水平。2008 年 10 月 18~19 日周末的涨幅反映了市场对于 2009 年 10 月 17 日雷曼兄弟高管发布的由于雷曼兄弟涉嫌证券欺诈案件收到传票的关注。

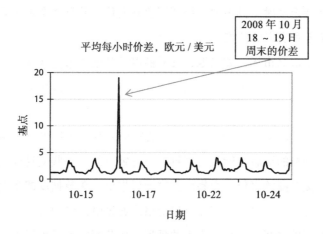

图 4-2　2008 年 10 月最后两周欧元/美元平均每小时买卖差价，交易规模的中位数是 500 万美元

当市场不确定或不稳定时，买卖价差会增大。例如，图 4-3 比较了 2008 年 7~8 月的市场稳定情况下和 2008 年 9~10 月危机情况下欧元/美元的平均买卖价差。如图 4-3 所示，在危机和稳定的市场条件下都持续存在日间

差价模式，但在市场危机期间的差价在一天中的所有时间都显著高于正常情况。一天之中价差的增长不是均匀的。当伦敦和纽约交易时段重叠时，在 12～16GMT，平均每小时欧元/美元价差增加了 0.0048%（0.48 个基点）。在 12～16GMT 时段增加了 0.0048%（0.48 个基点或点）。在东京交易时段 0～2GMT，价差增加了 0.0156%，是纽约/伦敦时段平均增幅的三倍。

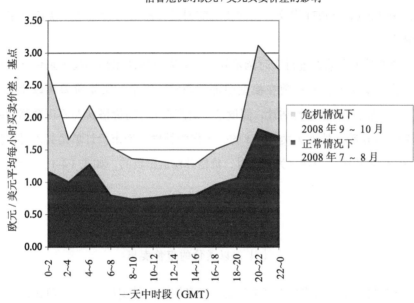

图 4-3　正常情况和危机情况下比较一天中不同时段的平均买卖价差

由于在市场不确定和危机期间买卖价差的增加，这些时期的高频率策略的盈利能力会下降。例如，与正常市场情况相比，2008 年 9 月和 10 月在亚洲时段欧元/美元高频交易策略的成本显著增加。由于价差的增加，在亚洲时段单独执行 100 次交易的策略，每日会有 1.56% 的利润蒸发，而在伦敦和纽约时段执行同一策略导致的利润减少会少一些，但每日利润也显著减少 0.48%。这种情况对于流动性较低的证券的高频策略来说，情况会更加严重。例如，与 2008 年 7～8 月的市场情况相比，在 9～10 月，新西兰元/美元（未在图中显示）的买卖价差平均增加了三倍。

尽管分笔数据反映了有关市场动态的信息，但这些数据也被同样的进程变得扭曲了，所以使得这些数据的在一开始最具有价值。Dacorogna 等人 (2001) 的研究表明，市场执行订单期间，买卖报价之间的顺序交易价差会使高频参数预估的显著失真。例如，Cors、Zumbach、Muller 和 Dacorogna (2001) 的研究表明，买卖价差会使得波动率估测产生加大偏差。研究者计算得出，平均买卖价差导致了分笔数据 40% 的一阶段自相关。Corsi 等人 (2001)，Voev 和 Lunde (2007) 建议，在估测之前通过过滤买卖价差的干扰信息来修正偏差。

除了对买卖数据进行实时调整外，研究人员还使用预测技术来估计即将产生的买卖价差，并提前在模型中进行调整。未来的买卖价差可以用 Roll (1984) 提出的模型进行估计，假设某一资产在 t 时的价格 p_t 与不可观测的基础变量 m_t 相等，外加买卖价差 s 的一半作为补偿。当市价订单是买入时，价格补偿值是正的，当交易为卖出时，价格补偿值是负的，如式（4-1）所示：

$$P_t = m_t + \frac{s}{2} I_t \qquad (4\text{-}1)$$

其中

$$I_t = \begin{cases} 1, & \text{以卖价的市价买入} \\ -1, & \text{以买价的市价卖出} \end{cases}$$

如果接下来买入或卖出订单到达的概率相等，则 $E[I_t] = 0$，且 $E[\Delta p_t] = 0$，与基础资产价值 m_t 的变化无关。然而，随后的价格变化的协方差不等于 0：

$$\text{cov}[\Delta p_t, \Delta p_{t+1}] = E[\Delta p_t \Delta p_{t+1}] = -\frac{s^2}{4} \qquad (4\text{-}2)$$

因此，未来的预期价差可估计如下：

$$E[s] = 2\sqrt{-\text{cov}[\Delta p_t, \Delta p_{t+1}]}，其中 \text{cov}[\Delta p_t, \Delta p_{t+1}] < 0$$

对于 Roll 模型已发展出了许多扩展版本，这些扩展考虑到了当时的市场条件以及许多其他变量。Hasbrouck（2007）对这些模型进行了一个很好的综述。

为了在出现买卖价差的情况下使用标准计量经济学技术，许多从业者将分笔数据转换为"中间报价"（midquote）的形式：最近的买卖报价的简单平均值。如果买方和卖方同意在价格区间上各让步一半，中间报价可近似于市场理论上愿意交易的价格水平。数学上，中间报价可以表示如下：

$$\hat{q}_{t_m}^m = \frac{1}{2}\left(q_{t_a}^a + q_{t_b}^b\right), \text{ 其中 } t_m = \begin{cases} t_a, & \text{如果 } t_a \geq t_b \\ t_b, & \text{其他} \end{cases} \quad (4\text{-}3)$$

后一种在 t_m 时的情况反映了中间报价估值的不断更新：当最新的最优买价 $q_{t_b}^b$ 或最优卖价 $q_{t_a}^a$ 分别在 t_b 或 t_a 到达时，$\hat{q}_{t_m}^m$ 便会更新。

另一种对分笔数据报价进行抽样以形成聚合数据系列的方法是通过相应的买卖盘大小衡量最近的最优买价和最优卖价：

$$\tilde{q}_t^s = \frac{q_{t_b}^b s_{t_a}^a + q_{t_a}^a s_{t_b}^b}{s_{t_a}^a + s_{t_b}^b} \quad (4\text{-}4)$$

式中，$q_{t_b}^b$ 和 $S_{t_b}^b$ 是在 t_b 时间记录的最优买价和最优买盘量（当 $q_{t_b}^b$ 为最优买价时），$q_{t_a}^a$ 和 $S_{t_a}^a$ 是 t_a 的最优买价和最优买盘量。

高频数据不是呈正态或对数正态的

许多古典模型假定价格呈对数正态分布，承认价格分布之间没有空隙，并产生了几种定价模型，如 Black-Scholes 模型，这些模型被视为与相关金融工具市场的真实价格情况近似。实现价格对数正态的必要条件之一是连续价格变化的正态分布。然而，本节显示大多数分笔数据，如中间报价、大小加权报价和交易的连续性改变并不遵循正态分布，但连续交易分笔数据的分布接近正态。因此，交易分笔数据是建模者估算对数正态价格的最优选择。

图 4-4 比较了由 2009 年 11 月 9 日以来记录的 SPDR 标准普尔 500 ETF 数据的中间报价（图 a），大小加权中间报价（图 b）和交易价（图 c）计算得出的简单收益率直方图。数据忽略了相邻报价之间的时间差，将每个连续报价视为独立观察。图 4-5 对比了相同数据集的分位数图和标准正态分布的分位数。

高频交易

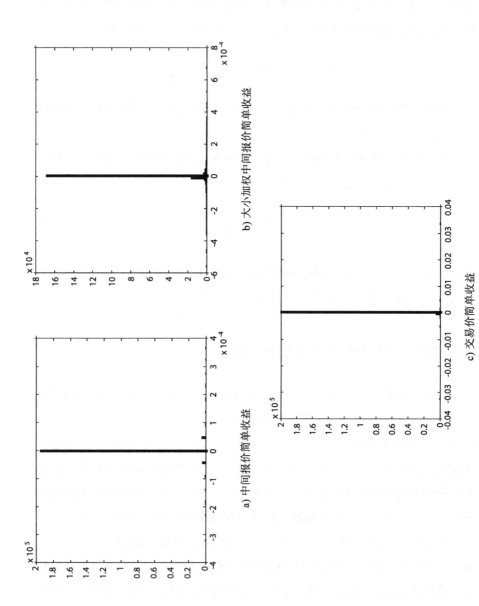

图 4-4 中间报价（图 a）、大小加权中间报价（图 b）和交易价（图 c）的 SPY 数据简单收益的直方图，记录为 2009 年 11 月 9 日全天

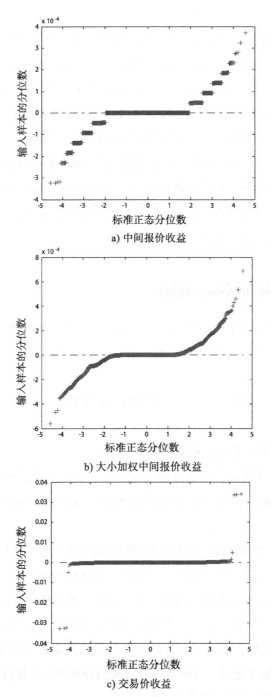

图4-5 2009年11月9日之前记录的SPY数据的中间报价（图a）、大小加权中间报价（图b）和交易价（图c）的简单收益的分位数图

如图 4-4 和图 4-5 所示，基本中间报价的分布受到了最小"步长"（step size）的限制：中间报价中的最小变化可以发生在半个变动值（tick）的增量中，目前，股票的最小变动价位（tick size）为 0.01 美元。大小加权中间报价构成了上面所讨论的三个分布中最连续的分布。图 4-5 进一步确认了这一概念，并且说明了所有三种类型的数据分布中存在的肥尾（fat tails）。

如图 4-5 所示，在三种方法中，逐笔交易（tick-by-tick trade）收益最接近正态分布，此时超过四个标准差的重尾（heavy-tails）被忽略不计。中间报价值和大小加权中间报价一样，在两个标准差处开始偏离正态，而交易收益保持正态直至四个标准偏差。

高频数据的时间间隔不规则

大多数现代计算技术经过发展，已可以用于处理每月、每周、每天、每小时或其他规则间隔数据。研究人员对固定时间间隔的传统依赖是由于：

- 每日数据相对容易获得（自 20 世纪 20 年代以来报纸已经公开发布每日报价）。
- 处理规则间隔的数据相对容易。
- "无论是什么推动的证券价格和收益，在短期内都没有发生显著变化的可能"这类过时观点的影响（Goodhart and O'Hara，1997，pp.80-81）。

相比之下，高频观测值被变化的时间间隔分离开来。应对数据不规则的一种方法是对其进行定时抽样——如每小时或每分钟进行一次抽样。例如，如果数据要从分笔数据转换为分钟"线"（bar），则在传统方法下，任何给定分钟的卖价或买价将被确定为在该特定分钟期间到达的最后报价。如果在某一分钟内没有报价，则前一分钟的收盘价将被作为当前分钟的收盘价等。图 4-6a 说明了这个想法。这种方法隐含地假设在没有新报价的情况下，价格保持不变。事实却不一定是这样的。

Dacorogna 等人（2001）提出了一种更精确的抽样方法：相邻报价之间的线性时间权重插值（linear time-weighted interpolation）。插值技术的核心是，假设在任何既定时间，未观测到的报价位于与它相邻的两个观测到的报价链连接而成的直线上。图 4-6b 显示了线性插值抽样的方法。

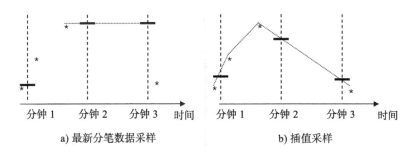

图 4-6　数据抽样方法

如图 4-6 所示，两种报价抽样方法产生完全不同的结果。

在数学上，两种抽样方法可以表示如下：

抽取收盘价时的报价：

$$\hat{q}_t = q_{t,last} \qquad (4\text{-}5)$$

抽取线性插值法的报价：

$$\hat{q}_t = q_{t,last} + (q_{t,next} - q_{t,last})\frac{t - t_{last}}{t_{next} - t_{last}} \qquad (4\text{-}6)$$

式中，$\hat{q}_t$ 是抽样报价的结果；t 是期望的抽样时间（例如，新一分钟的开始）；t_{last} 是在抽样时间 t 之前的最后观测到报价的时间戳；$q_{t,last}$ 是在抽样时间 t 之前最后一笔报价；t_{next} 是在抽样时间 t 之后的第一笔观测到报价的时间戳；$q_{t,next}$ 是在抽样时间 t 之后第一笔报价的值。

图 4-7 和图 4-8 比较了作为收盘价格抽样并且插值的中间报价的直方图，频率为 200 毫秒和 15 秒。图 4-9 比较了收盘价和插值分布的分位数图。如图 4-7 和图 4-8 所示，抽样的分布是稀疏的，即比在频率较低时的分布抽样包含更多的零收益。同时，如图 4-9 所示，从插值报价计算的收益比收盘价更连续。

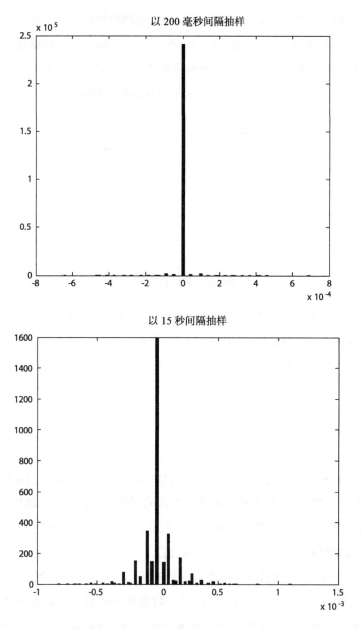

图 4-7 "收盘价"的中间报价,以 200 毫秒间隔抽样(上)和 15 秒间隔抽样(下)

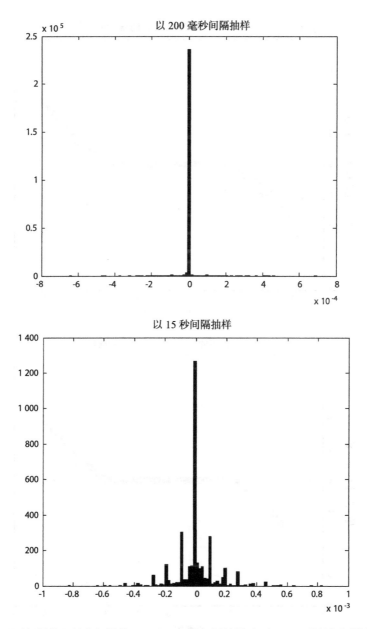

图 4-8 "时间插值"的中间报价，以 200 毫秒间隔抽样（上）以 15 秒钟间隔抽样（下）

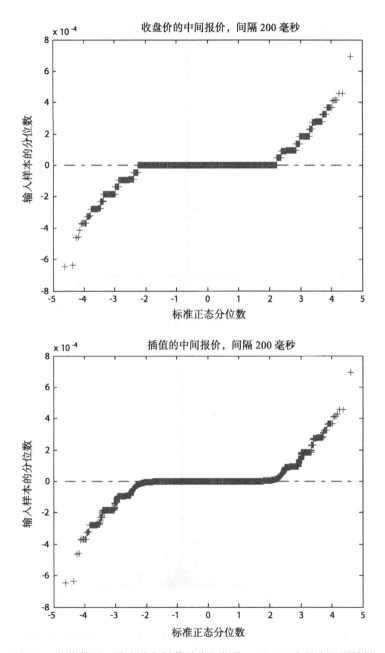

图 4-9 分位数图：收盘价与插值的中间报价，以 200 毫秒为间隔抽样

比起将报价间隔操作为方便的规则间隔格式，一些研究人员研究了后续

报价到达报价本身的时间间隔是否携带一定信息。例如，大多数研究者同意，对于禁止卖空的证券而言，交易的时间间隔确实会携带信息；交易时间间隔越短，越有可能发生了利好消息，接下来的价格变动就越大。

久期模型（duration model）用于估计影响任何两个连续分笔数据之间时间的因素，这样的模型分别被称为报价过程（quote processes）和交易过程（trade processes）。久期模型也用于测量预定幅度价格变化之间的时间间隔和事先指定的交易量增长之间的时间间隔。处理固定价格运行的模型被称为价格过程（price processes）；估计固定交易量增量久期变化的模型被称为交易量过程（volume processes）。

久期通常使用泊松过程（Poisson processes）建模，这些过程假定顺序事件（如报价到达），彼此独立地发生。假设任意两个时间点 t 和 $(t+\tau)$ 之间的到达个数具有泊松分布。在泊松过程中，每单位时间到达个数为 λ。换句话说，到达以平均到达率（$1/\lambda$）发生。平均到达率可以假定保持恒定，或者假设可以随时间变化。如果平均到达率是恒定的，则在时间 t 和 $(t+\tau)$ 之间恰好观测到 k 个到达的概率是：

$$P[(N(t+\tau)-N(t))=k]=\frac{1}{k!}e^{-\lambda\tau}(\lambda\tau)^k, \quad k=0,1,2,\ldots \tag{4-7}$$

Diamond 和 Verrecchia（1987）和 Easley 和 O'Hara（1992）首先提出，序列数据到达之间的久期会携带信息。他们的模型假设在存在卖空限制的情况下，交易间久期可以表明存在好消息；在不允许卖空的证券市场中，久期时间越短，尚未工作所知的利好消息的可能性越高。反之亦然：在有限卖空和流动性正常的市场中，后续交易到达之间的久期越长，未观察到的坏消息的概率越高。但是，完全没有交易，则表明没有消息。

Easley 和 O'Hara（1992）进一步指出，由时间间隔分开的交易与彼此之间相连的交易所包含的信息内容是大不相同的。Easley 和 O'Hara（1992）结论的另一个隐含意思是，整个的价格序列都传递信息，应该在可能的情况下加以充分利用，这也成了支持高频交易的又一个论据。

表 4-3 显示了 2009 年 5 月 13 日 SPY 的所有交易而得的久期的描述性统

计。如表 4-3 所示，在常规市场时间之外，交易间平均久期最长；在收盘前一个小时，（美国东部时间下午 3:00 ~ 4:00），平均久期最短。

表 4-3　2009 年 5 月 13 日观测到的 SPY 每小时交易间久期分布

小时（东部时间）	交易数量	交易久期（毫秒）				
		均值	中值	标准差	偏度	峰度
4.00~5.00a.m.	170	19 074.58	5 998	47 985.39	8.430 986	91.115 71
5.00~6.00a.m.	306	11 556.95	4 781.5	18 567.83	3.687 372	21.920 54
6.00~7.00a.m.	288	12 606.81	4 251	20 524.15	3.208 992	16.644 22
7.00~8.00a.m.	514	7 096.512	2 995	11 706.72	4.288 352	29.865 46
8.00~9.00a.m.	767	4 690.699	1 997	7 110.478	3.775 796	23.565 66
9.00~10.00a.m.	1 089	2 113.328	1 934	24 702.9	3.518 5	24.658 7
10.00~11.00a.m.	1 421	2 531.204	1 373	3 409.889	3.959 082	28.538 34
11.00~12.00a.m.	1 145	3 148.547	1 526	4 323.262	3.240 606	17.248 66
12.00~1.00a.m.	749	4 798.666	1 882	7 272.774	2.961 139	13.633 73
1.00~2.00a.m.	982	3 668.247	1 739.5	5 032.795	2.879 833	13.827 96
2.00~3.00a.m.	1 056	3 408.969	1 556	4 867.061	3.691 909	23.906 67
3.00~4.00a.m.	1 721	2 094.206	1 004	2 684.231	2.956 8	15.033 21
4.00~5.00a.m.	423	8 473.593	1 500	24 718.41	7.264 483	69.821 57
5.00~6.00a.m.	47	73 579.23	30 763	113 747.8	2.281 743	7.879 699
6.00~7.00a.m.	3	1 077 663	19 241	1 849 464	0.707 025	1.5

相邻交易间久期的变化可能是多种原因导致的。缺乏交易可能是因为缺乏新的信息，交易不活跃则可能是因为流动性水平低、交易所暂停交易或交易商的策略考量。Foucaalt、Kadaa 和 Kaadel（2005）认为，耐心地使用限价订单提供流动性可能本身就是一个有利可图的交易策略，因为流动性提供者应当因为其等待而获得补偿。补偿常常以买卖价差的方式进行，并且是限价订单被流动性消耗着"命中"所需等待时间的函数；交易间久期越短，其引致的买卖价差也就越小。然而，Dufour 和 Engle（2000）以及 Saar 和 Hasbrouck（2002）发现，交易商观察到短的久期时，买卖价差实际上更高，这与基于时间的限价订单补偿假设相悖。

除了研究相邻交易和报价的久期之外，研究人员一直在建模，发展了用于描述固定证券价格变化和交易量变化的久期模型。前后价格变化达到特定幅度所需的时间间隔称为价格久期（price duration）。随着波动率的上升，价格久期会下降。同样，前后交易量变化达到预先设定规模所需的时间间隔称为交易量久期（volume duration），交易量久期会随着流动性的增加而减小。

利用交易量久期方法的变体，Easley、Lopez de Prado 和 O'Hara（2011）提出了基于交易量的高频数据抽样。在基于交易量的方法中，研究人员将一计时单位定义为交易量的一次"桶"，例如 50 个期货合约。当"桶"被装满时，交易量计时器便开始计时了。因此，当 50 合约交易量计时单位在 50 份合约交易相继到达时便开始计时了。当 100 份合约交易执行时，50 份合约的成交量便计时了两次。

然而，报价、交易、价格和交易量久期所包含的信息会造成估算过程的偏差。如果可用信息决定了后续交易之间的时间，则时间本身不再是一个独立变量，这会造成估算过程的大量内生性偏差。因此，与价格序列的真实方差相比，传统的交易价格方差估计值过高。

大多数高频数据不包含买卖标识符

无论是 Level I 或 Level II 报价数据都不包含说明给定记录的交易是市价买单还是市价卖单的标识符，而一些应用要求买卖交易标识符作为模型的输入量。为了克服这个困难，在这里提出了四种方法来估计一个交易是根据 Level I 数据的买入还是卖出：

- 限价卖空规则（tick rule）;[一]
- 报价规则（quote rule）;
- Lee-Ready 规则（Lee-Ready rule）;[二]
- 整体交易量分类（bulk volume classification）。[三]

[一] tick rule 规则禁止以低于当时市场最低卖价的价格进行卖空交易。——译者注

[二] Lee-Ready 是 CHARLES M. C. LEE 和 MARK J. READY 在 1991 年发表的论文 *Inferring Trade Direction from Intraday Data* 中提出的根据成交价格推断交易的买卖方向的算法，该算法正确率极高，被称为高频交易的基石。——译者注

[三] bulk volume classification（BVC），是指聚集一段时间或一定数量的交易量，根据时间限制的起点到终点来决定买卖交易量的百分比。——译者注

没有此类信息的数据集的时候，限价卖空规则是用于确定给定交易是由买方还是卖方发起的三种最流行的方法之一。其他两种流行的方法是报价规则和 Lee-Ready 规则，由 Lee 和 Ready（1991）提出。最新的方法是由 Easley、Lopez de Prado 和 O'Hara（2012）提出的整体交易量分类（BVC）。

根据限价卖空规则，交易的分类是通过比较交易的价格和前一个交易的价格进行的，不考虑卖价或买价信息。每个交易则被归为以下四个类别中的一类：

- 如果交易价格高于前一个交易的价格，则为升标（uptick）。
- 如果交易价格低于前一个交易的价格，则为降标（downtick）。
- 若价格没有变化，但最后的变化记录为升标，则为零升标（zero-uptick）。
- 若价格没有变化，但最后的变化记录为降标，则为零降标（zero-downtick）。

如果交易价格与先前交易的价格不同，根据价格是上升还是下跌，最新交易被分为升标或降标。如果价格没有变化，根据最后非零价格变化的方向，交易被分为零升标或零降标。根据 Ellis、Michaely 和 O'Hara（2000）的研究，1997～1998 年，限价卖空规则正确地分类了所有纳斯达克交易的 77.66%。图 4-10 对限价卖空规则做了解释。

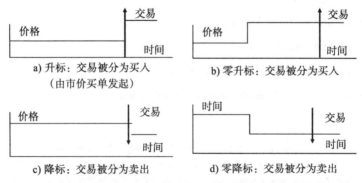

图 4-10 限价卖空规则示意图，用于将交易分类为买入和卖出

低比例的正确分类交易可能是由于股票监管问题造成的。例如，

Asquith、Oman 和 Safaya（2008）的报告观测到的错误分类至少部分是由于法规要求股票卖空要在升标或零升标（被称为升标规则）情况下执行而造成的，美国证券交易委员会于 2007 年废除了这一规则。因为近 30% 的股票交易是卖空，所以 Asquith 等人（2008）认为，仅靠监管限制的卖空可能导致观测到的交易分类错误。在没有卖空限制的情况下，所有之前的交易分类可能会更加精确。在期货数据中，没有升标规则，Easley 等人（2012）明确发现，限价卖空规则能够更准确地将交易分为买方发起和卖方发起。根据 Easley 等人（2012）的计算，限价卖空规则能够准确分类电子迷你标准普尔 500 指数期货的 86.43%。

报价规则是另一种分类报价的方式，也是由 Lee 和 Ready（1991）和 Ellis 等人（2000）在论文中发表的。根据该规则，如果交易价格高于（低于）当前通行买卖报价的均值，则交易是买入（卖出）；如果交易价格正好在当前通行买卖价的中值，则该交易不进行分类。虽然报价规则经常被使用，并且已被证明正确地分类了纳斯达克上所有交易的 76.4%（参见 Ellis et al., 2000），但是当前通行报价（prevailing quote）的定义可能有不同的解释，并且分析结果可能比限价卖空规则差。例如，Lee 和 Ready（1991）指出，报价和交易通常不排序，导致很难确定当前通行报价。具体来说，随着电子预定簿的引入，报价通常会在触发它们的交易实现之前就被记录了下来。他们建议通过在至少提前 5 秒钟使用报价来分类交易，以缓解这种情况。1991 年，纳斯达克在报告交易时，延迟中值为 5 秒。然而，在过去 20 年里，自 Lee 和 Ready 的研究出版以来，市场速度取得了相当大的提升，该规则的有效性可能已经降低。图 4-11 为该报价规则分类的示例。

所谓的 Lee-Ready 规则，首先使用报价规则对交易进行分类。发生在当前通行买卖报价中价的交易，不使用报价规则进行归类，随后使用限价卖空规则进行分类。此外，Lee 和 Ready（1991）强调将交易与至少提前 5 秒的报价进行撮合，以避免错误的报价排序。Dufour 和 Engle（2000）遵循 5 秒规则，但 Ellis 等人（2000）反对，他们认为交易报告延迟可能会根据终端用户的系统而有所不同。忽略 5 秒的延迟，Ellis 等人（2000）认为，Lee-

Ready 规则能够将所有交易的 81.05% 分类为买方发起或卖方发起，相对限价卖空规则有了小幅改善。

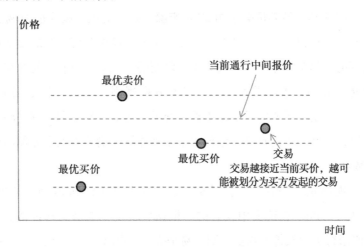

图 4-11　报价规则分类的示例

为了进一步提高交易分类的准确性，Easley 等人（2012）提出了一种方法，对市场买盘或市场卖盘产生的特定交易量进行概率估计。这一名为"整体交易量分类"（BVC）的规则，操作如下：对于每单位时间或数量［"交易量"（volume bar），可以为每 100 股交易］，BVC 将观测到的交易量作为买盘的概率如下：

$$\Pr(V_\tau = B) = Z\left(\frac{P_\tau - P_{\tau-1}}{\sigma \Delta P}\right) \tag{4-8}$$

式中，V_τ 是在时间或交易量间隔 τ 期间观测到的总交易量；$P_\tau - P_{\tau-1}$ 是在两个连续的时间或交易量，$\tau-1$ 和 τ 之间观察到的价格差；$\sigma \Delta P$ 是基于顺序时间或基于交易量时钟的价格变化的标准偏差；Z 是标准正态分布的概率分布函数。

买方发起的交易量可以估计为

$$V_\tau^B = V_\tau Z\left(\frac{P_\tau - P_{\tau-1}}{\sigma \Delta P}\right) \tag{4-9}$$

根据 BVC，市价卖单产生特定交易量的概率则变为

$$\Pr(V_\tau = S) = 1 - \Pr(V_\tau = B) = 1 - Z\left(\frac{P_\tau - P_{\tau-1}}{\sigma \Delta P}\right) \tag{4-10}$$

然后，卖方发起的交易量相应大小为

$$V_\tau^S = V_\tau\left(1 - Z\left(\frac{P_\tau - P_{\tau-1}}{\sigma \Delta P}\right)\right) \tag{4-11}$$

Easley 等人（2012）将 BVC 方法应用于电子迷你期货，结果表明，在使用时间间隔时，BVC 规则正确地分类了所有交易的 86.6%，以及当使用基于交易量而不是基于时间时，BVC 规则正确地分类了所有交易的 90.7%。

| 总　结 |

分笔数据与低频数据之间有着显著的差别。分笔数据的使用创造了很多低频数据无法提供的机会。多种抽样和插值技术创造了数据研究的多种角度。多种组织和解读细微分笔数据的方式传达了产生的时间序列不同的数据属性。

| 章末问题 |

1. 高频数据的关键属性是什么？
2. 什么类型的数据信息是最常见的？
3. 什么数据抽样技术所产生的高频时间序列更符合正态分布？
4. 限价卖空规则、报价规则、Lee-Ready 规则和整体交易量分类的关键区别在哪？
5. 思考一笔在时间 t，以价格 17.01 执行，即在当前时间 t 的最优买价执行的交易。在这笔交易前，在时间 t–1 执行的价格为 17.00。按照报价规则，交易在时间 t 应被分类为买方发起还是卖方发起？根据限价卖空规则，如何将在时间 t 完成的交易归类？

High-Frequency Trading

第5章

交易成本

交易成本是高频交易策略盈利与否的关键。对于长期策略而言，这些成本可能微不足道，但是在高频环境下，交易成本的影响将被显著地放大。

本章的关注点在于剖析那些显性的和隐性的交易成本是如何影响高频交易的。

执行成本概要

根据经典的金融学，市场是没有漏洞的（seamless），意即市场具有如下的特性：

- 市场具有同质的结构。
- 市场是统一的，即当某一金融工具发生一笔交易时，该金融工具的价格会实时更新。

- 价格及时反映了所有的基本面信息。
- 不存在交易成本。
- 任何规模的订单都能立即执行,即市场的流动性是无限的。限价订单簿上的每个报价都有无尽的限价挂单提供流动性。
- 交易商可以毫无限制地借贷。
- 不存在任何卖空限制。
- 市场价格不因订单规模的大小而改变。

然而在真实世界中,证券市场是存在摩擦的。价格之中混合了过往的信息,市场的结构与深度也会不同,抑或是市场可能被高度分化,以及交易成本对市场造成的进一步扭曲等因素,都会使得市场和书本的理论模型出现较大的偏离。在交易之前就已知的交易成本,我们通常称为"透明"(transparent)或"显性"(explicit)成本;那些在交易之前未知的成本,我们称为"潜在"(latent)或"隐性"(implicit)成本。对于这部分成本,虽然未知,但是我们可以根据历史交易数据推导出的分布对其进行估算。

透明执行成本

透明成本通常在交易之前就已确定,包括经纪商佣金、交易所费用和税收。本部分对每一个透明成本进行详细的探讨。

经纪商佣金

经纪商通常会对如下的服务收取佣金:
- 提供连接交易所、"暗池"和其他交易场所的服务。
- 促进客户的下单在"最优价格"成交:按照客户的特殊要求执行交易订单。
- 在场外交易市场上做客户的交易对手或对手合约。
- 提供资产的保管服务。

- 清算客户从执行到结算的交易,并报告交易活动状况。
- 为客户分配杠杆及保证金。
- 其他客户要求的定制服务等。

一些自营经纪商会对附加服务收取一些额外的费用,比如提供实时流式的市场数据,提供包括私有的研究报告等在内的优质信息服务。付费给经纪商以获取研究报告正逐渐被淘汰,因为现在的客户自己都有很多保密的投资策略。同时,尽管经纪商的交易执行模型给经纪商带来了很大比例的收益,但是越来越多理解高频交易的客户经常会建立自己的交易模型,而放弃使用经纪商所提供的最优执行模型。关于最新的最优交易执行模型在本书的第15章会提及。

经纪商的费用可以按每笔订单收取固定费用,或者按月收取固定费用,也可以根据每笔交易规模、交易价值或月成交量等指标收取浮动的费用。经纪人佣金还可以取决于经纪人从给定公司接收的总业务、各种贸易"捆绑"选项以及除了直接执行服务之外,经纪人提供的"软美元"或隐含交易的程度。经纪商的佣金可以协商。不同经纪商之间的佣金可能相差巨大,因此值得花上一定的时间了解一下以确保交易价格令人满意。

图5-1显示了由盈透证券提供的金属交易的经纪商成本。

Stocks, ETFs and Warrants	Options	Futures and FOPs	US SSFs	EFPs	Forex	Metals	Bonds	CFDs	Funds	Trade Desk	AQS
Metals (Gold USD/oz. (loco London), Silver USD/oz. (loco London))											
IB Commissions											
Monthly Trade Amount				Commissions						Minimum per Order		
All				0.15 basis point [1] *Trade Value						USD 2.00		
Storage Cost Fees											
All				Storage cost 0.10 % per annum.							

图 5-1 由盈透证券提供的金属交易经纪商佣金

资料来源:盈透国际网站。

交易所费用

交易所撮合来自于不同经纪商或电子通信网络 (ECN) 平台上的各种订单，并对他们的服务进行收费。每个交易所的核心产品是流动性，或者说是买卖权益的公开，所有这些都是交易商在交易所希望得到的交易。

流动性可由新开一个限价订单创造，其中低于当前卖价的限价买单和高于当前买价的限价卖单都为市场注入了流动性。市价订单则正好相反，通过与交易所订单簿上的最优限价挂单进行撮合成交，会消耗市场流动性。当然限价订单也会消耗流动性，比如当高于或等于市价卖单价格，以最优限价卖单撮合成交时，就从交易所消耗了买盘的流动性。类似地，低于或等于市价买单价格的限价卖单与最优买单（作为市价卖单）撮合成交时，同样也消耗了流动性。

为了吸引流动性，交易所会对消耗流动性的订单收取费用，同时对创造流动性的订单提供回扣。正如在第 3 章所讨论的，对消耗流动性的订单收费并且为提供流动性的订单回扣的交易所被称作"正常"交易所；对消耗流动性的订单提供回扣且对提供流动性的订单收费的交易所称为"反向"交易所。在本书撰写时期，大多数美国股票交易所都会为下单订单提供回扣，有些是"正常"的，而有些是"反向"的。其他国家的交易所的部分 ECN 平台现在还提供相应的回扣程序。

交易所费用和其他交易场所的费用同样因为订单类别的不同而不同。复杂的订单，比如隐藏订单大小的订单（如冰山订单）；或者算法驱动的订单，比如成交量加权平均价格（VWAP）订单等，都需要额外相应的成本。

和经纪商佣金一样，交易所费用也是订单执行前就确认的成本。

税收

本杰明·富兰克林说过，"在这个世界上，除了死亡和税收以外，没有什么可以称得上确定的事情"。税收由交易发生地所在地的适当管辖区从交易净利润中扣除。高频交易所产生的短期利润通常按照完整的税率缴税，而对于那些投资期超过一年的交易，则通常可以享受一个经过减免的资本利得税税率。一个经过认证的或有相关执照的当地会计师应该能提供很多有关税率的有用信息，交易适用的税率都是在交易活动前确定的。

对每笔交易征税的建议随着时间的推移逐渐消失，从长远来看，大多数司法管辖区反对交易税。Aldridge（2012b）估计，如果针对 IBM 的每笔交易征收一笔 0.05% 的交易税，那么 IBM 的成交量将会降低 1/3，而这最终会导致经济增长率的严重衰退。

隐性执行成本

对于分笔级别的数据，交易成本中隐性成本的影响越来越重要，包括投资的机会成本、买卖差价、延迟成本以及市场冲击。一些研究人员和交易员还发现了一些其他的隐性成本，包括价格上涨成本以及市场择时成本。

买卖价差

买卖价差是事先并不知道。它们呈现出任意性或随机性的变量，只有利用它们历史数值的分布才能描述其最佳特征。

买卖价差是任意一个时点上，最优买价和最优卖价之间的差值，并代表交易头寸即时清算的成本。这个价差也可以被视作交易员希望通过市价订单即时成交所支付的报酬。此外，买卖价差对于那些提供流动性、并耐心等待限价订单成交的交易员，则可视为一份补偿。挂限价订单的交易员承担了进入亏损头寸的风险，特别是当市场波动增大时，该风险也同步地增大。因此，当不确定性增加时，这种对交易员的补偿也会增加，这和市场上观测到的事实，即买卖价差同波动率的关系是一致的。买卖差价在第 4 章已经讨论过了。

滑点或延迟成本

延迟成本，更常见的一个名字是滑点（slippage），指的是做出投资决策与交易实际执行之间的这段时间内，交易资产的市场价格发生了不利变动所带来的成本。滑点通常由市价订单造成，指的是交易员下单前一刻观察到的市场最优报价与实际成交的市价之差。下面的例子可以说明投资延迟成本的概念。假设交易策略决定以 56.50 美元的价格买入某只股票（如 IBM），但是当市价订单执行时，价格已经上涨到了 58.50 美元。在这种情况下，期望价格与实际执行价格之间的 1.50 美元就是投资延迟成本。

在媒体中，滑点经常被刻画成技术竞赛中穷富之间的分水岭。事实上，滑点不仅仅依赖于交易活动的速度。相反，它还受如下两点因素的影响：（1）市场现有的流动性；（2）成交的市价订单的数量。从图 5-2 可以看出，当大量市场参与者同时下达市价订单时，市价订单的成交会侵蚀市场有限的流动性，进而快速推动市场价格。因此，滑点通常在市场交易高度活跃时更大，例如，在开盘和收盘时，或者在重要的宏观经济数据公布之后。其他市场参与者的活动可以借助于概率结构模型预测，这部分在后面市场冲击这部分进行讨论。

然而，由于技术原因导致的延迟会对交易员的绩效表现产生很大的影响。例如，Stoikov 和 Rolf (2012)，发现超高速的交易设备在一定的预测假设下可以产生显著的利润。具体而言，Stoikov 和 Rolf (2012) 把使用高速交易设备与慢速交易设备交易的价格差的期望美元值定义为延迟成本：

$$COL = \mathbb{E}[S_{t+1} - S_t] \quad (5\text{-}1)$$

式中，S_{t+1} 是从时刻 t 延迟 1 时长时的价格；S_t 是该金融产品在同一时刻 t 当延迟时长 1 趋向于 0 时的价格。作者观测到 10 毫秒通信延迟的成本大约是 1 毫秒延迟成本的两倍。相应地，100 毫秒延迟是 1 毫秒延迟成本的三倍。一个在 1 分钟延迟的交易设备上实施的策略对应的成本是 1 毫秒延迟设备的四倍。

技术缺陷导致的延迟成本不一定存在于交易员的范围内。具体而言，延迟可以发生在以下任何的交易节点上。

1. 交易员的系统。缓慢的系统和网络结构问题可能会造成对报价处理和解释的延迟。

t = 12:13:01:005614：由算法 A 观测最优买价和最优卖价以及市场挂出的卖单

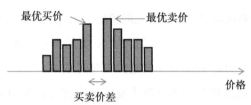

t = 12:13:01:005616：由算法 B 提前挂在大宗市场的卖单到达交易场所的撮合引擎

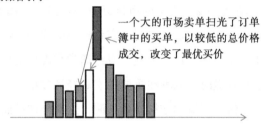

t = 12:13:01:005618：由算法 C 提前挂出的市价卖单到达交易场所的撮合引擎

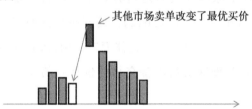

t = 12:13:01:005625：由算法 A 发出的市价卖单最终到达交易场所的撮合引擎，以比在 11 微秒之前观测到更低的最优买价被执行

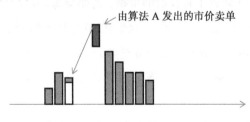

图 5-2 滑点的图解

2. 网络。网络通信的拥堵和中断会造成订单无法及时执行，或者订单传输延迟。此外，交易员所用服务器和交易执行场所的地理距离过远也会由于

传输距离长导致物理通信延迟。每笔报价和成交传输至目的地的时间会随距离的增长而增长，并造成交易延迟。在全球主要的金融中心之间的延迟在第2章中曾经介绍过。主机托管或者使用专用网络连接至交易所服务器会减轻类似的问题。

3. 经纪自营商。经纪自营商的信息传输路由引擎的延迟情况，推动了一部分交易商选择放弃通过经纪自营商，采用直接连接到市场的创新模式。

4. 交易场所。交易场所也许会由于同时接收大量订单，造成订单积压并引起执行延迟。这样的情况在市场大幅波动时会经常出现。

尽管投资延迟成本是随机的，不可能在交易前事先完全预估得到，从过去的交易推断的延迟成本的分布，可以用于交易策略开发过程发现预期的成本值。使用快速基础设备、备用通信系统和对交易行为进行持续的人工监控，就可以及时发现网络问题，并通过备用通道将订单传送至目的地，这就确保了交易信息的不间断传输。

价格上涨和时间风险成本

价格上涨和时间风险成本是指当把一个大额头寸的执行拆分成一系列小额的子订单执行时所承担的市场风险（第15章会讨论子订单）。

价格上涨成本指的是建立大额头寸过程中投资价值的损失。而时间风险成本指的是子订单在等待和市场最优执行价格成交时，所交易证券价格发生了随机的、不可预测的变动。

下面我们以欧元/美元的交易为例来讲解价格上升成本。假设某交易策略认为欧元/美元在1.3560的价位上被低估了，它下达了一个必须在接下来3分钟之内执行完1亿美元的买单。结果表明策略的预测是正确的，欧元/美元在接下来的2分钟升值到了1.3660，因此价格上涨成本为每分钟50基点。注意，价格上涨成本是由基础价格上升所导致的，而并非欧元/美元的交易行为本身引起的。

时间风险成本描述的是从做出交易决策到市价订单实际执行结束这之间的1秒、10秒、1分钟等所交易证券价格随机上升或下降的平均幅度。时间风险成本与积极的市场择时行为有关，此时常常使用市价订单进行交易。使用限价订单时就没有时间风险成本的说法，因为成交价是固定的。

机会成本

机会成本指的是由于无法执行订单所承担的成本。大多数情况下，机会成本是由基于限价订单的策略引起的，即市场价没有触及限价而导致没有成交。但是，当市场缺乏足够的流动性来满足市价订单时，市价订单也会出现无法达成成交的情形。在美国证券交易所，当交易所在 NBBO（第 3 章曾讨论过）上没有对应的限价挂单时，那么市价订单就无法执行。此时，机会成本等于假设当该未成交订单执行成交之后，交易获得的利润。

市场冲击成本

市场冲击成本度量由于执行市价订单而造成的不利价格变动。市场冲击正迅速成为主要的交易成本。在股票市场，根据 ITG 全球交易成本审查（Global Trading Cost Review）2010 年的研究，市场冲击可以消耗所有交易价值的 0.387%。根据报告，总交易成本占到了成交额的 0.476%，而在其中，佣金只占 0.089%。美国、欧元区、英国及日本的证券市场的数字基本类似，而新兴市场的交易成本则更高。在期货市场，市场冲击和交易成本两者看上去都很低，但是市场冲击成本仍然占绝对比重：根据 Aldridge（2012c）的研究，欧洲期货交易所 Eurex 的长期欧元债券（FGBL）观测到的市场冲击是以美元计的成交额的 0.020%。机构在期货和外汇市场上的交易成本为每 100 万美元交易额对应 5 ~ 10 美元，或者为 0.0005% ~ 0.0010% 的以美元计的成交额。这部分考察市场冲击的起因与对其估计。

背景和定义

所有的交易和订单背后都在传递着信息。好比一个交易员把他的资金或者声誉押宝在市场的某一个方向上，并且告诉其他的市场参与者他的看法。

观察一名交易员的行为所获得的信息远比一名分析师的看法更有说服力。分析师拿的是固定工资，收入和他们的预测实现与否无关。与此同时，交易员所依赖的是从他们的交易获利中按比例抽成，每一笔交易的成功对交易员的福利有着直接的影响。因此，交易被看作关于市场近期走势的一个有说服力的信号。订单的规模越大，则该信号越是值得信赖。

无论是主动的还是被动的交易订单（市价订单和限价订单）都是可靠的信号，市价订单承诺在最优的市场价位上立即买入或卖出，而限价订单是在一个预先设定好的价位上承诺买入或卖出。因此，无论是市价订单还是限价订单都会引起市场冲击。但是和市价订单不一样的是，限价订单可以被撤单。因此，限价订单的信号可靠度要弱于市价订单，因此无论从强度上还是市场方向的判断上来说，市价订单和限价订单会有些许不同。

最早把订单当作可靠的交易信号是在 1971 年。在那个时候，这种想法在市场中是具有革命性的，研究的作者并未以真名署名，而是以一位 19 世纪著名的财经记者 Bagehot 的名字署名。

市场冲击的存在和经典金融理论的核心原则之间存在矛盾。在理想的金融世界中，在有效市场假说下，被认为经典的资产定价模型的最优稳定状态，有以下一些条件被认为是必须要满足的：

- 每个人都同时接收到同样的信息。
- 每个人都以同样的方式理解信息。
- 只有基本面信息，例如盈利公告或利率会影响股票价格。过去的价格趋势以及其他非基本面信息都和股价无关。
- 所有相关的信息一旦传达，都立即在反应在价格之上，因此股票价格的变化跟随基本面的变化显示出一个显著跳跃式的突变。交易本身不包含任何信息，因为所有的信息都涵盖在价格里了。图 5-3 图解了对于一个利好的基本面新闻传达至市场时的市场反应及没有信息传达时的市场反应。

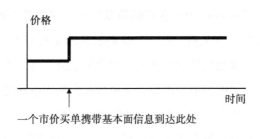

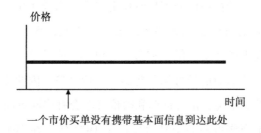

图 5-3 经典金融理论关于市场如何对基本面做出反应的看法

事实上，交易员由于不同的投资水平、教育背景、努力程度以及经验的不同，他们对新闻或信息的看法是不同的。对于将来的价格变化，长期投资者的看法和短期投资者的看法很可能是不同的（Hasbrouck，1991），这使得短期投资者和长期投资者能够共存，而不会夺取对方的利润。类似地，市场的技术分析师也和量化分析师以及基本面分析师会持不同的看法。一个一天15小时紧盯市场的交易员和每季度偶尔翻翻共同基金报告的投资者，不太可能有相同的看法。一位经验丰富的老手和初出茅庐的菜鸟也不可能看法一致。所有这些事实都导致了市场偏离了理想的状态，进而使得交易甚至买卖盘可以传递信息给其他的市场参与者。

此外，大多数信息都是逐步而不是立刻通过价格反映出来的，这最早由Kyle（1985）的研究发现，并且和经典的金融理论不同。我们知道，每一笔交易的成交均由一个买入订单和卖出订单匹配。通常成交是由一个市价订单撮合一个相反的限价订单，当然，也有可能是由两个相反方向的限价订单撮合促成成交。因此成交是两股相反力量的产物——供给和需求。理论上而言，每笔成交不会造成市场较大的变化。但从实际的短期市场来看，却并不是这样：

- 市价买单的成交一般会导致证券价格的上涨,而市价卖单的成交则导致价格下跌。
- 限价买单或限价卖单由于其对包含了对市场走势方向的预期,因此也会产生市场冲击(见 Harris, 1997. Parlour 和 Seppi, 2007. Boulatov and George, 2008. Rosu, 2010)。其产生的结果是,限价订单也会导致价格的持续变化(见 Eisler, Bouchaud and Kockelkoren, 2009.;Hautsch 和 Huang, 2011)。一笔完整的成交由于其不可逆,因此被视作为最可靠的信号,而限价订单是可以撤销的,因此它的冲击要小于市价订单。Hautsch 和 Huang(2011)以及 Aldridge(2012c)估计限价订单的市场冲击大约是类似市价订单的 25%。根据相对可比的市价订单,限价订单接下来的方向可能会反转,反转可能性的大小取决于限价订单的挂单价格与市场价格相距多远。

图 5-4 展示了在真实交易环境下,价格在利好信息到达时和没有信息到达时候的反应。当利好信息到达时,价格的市场反应会超过其基本面所适应的水平,随后超过的价格部分再逐步回归至基本面水平。

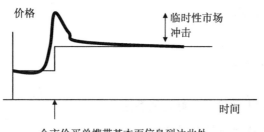

一个市价买单携带基本面信息到达此处

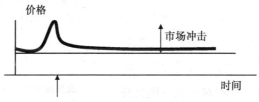

一个市价买单没有携带基本面信息到达此处

图 5-4 真实市场中观测到的价格反应

市场上关于订单与成交的信息泄露早已不是新闻，多年来，经纪自营商和其他市场参与者在"读取行情显示纸带"（read the ticker tape）领域竞争，预测出短期的价格变化。通过连续观察每笔成交数据，人工做市商可以获取交易的信息，并且根据他们的预测判断不断调整他们的报价，这好比是今天流行的高频交易的人工变种。然而，当市场变得越来越计算机化时，每笔数据条带变得越来越快速，肉眼几乎无法实时解读这些快速变化的信息。

这种在真实市场上观察到的价格对于信息及订单的反应现象被称作市场冲击（market impact，MI）。市场冲击被认为由以下几个因素构成：

- 在交易世界中，不同的交易员处理不同类别的观点和信息，市场冲击被认为是交易员的信息和观点汇入股票价格时的一种协商或探索机制。
- 无论是市价订单还是限价订单都代表着交易员在使用资金和声誉做出承诺，因此这些订单对于和该交易员持相同看法的其他市场参与者构成了值得信赖的信号。
- 每一个市价买（卖）单都会暂时消耗市场卖（买）方在报价订单簿上的流动性供给，进而导致下一个市价买（卖）单和一个更高（低）的最优限价订单匹配。

市场冲击的估计

关于市场冲击的度量，好比回答这样的问题："如果交易员交易成功，他会把价格推到什么位置？"图 5-5 展示了对于单一订单的到达，市场冲击是如何确定的。冲击始于 t^* 时刻，即订单到达交易所时，例如，度量市场冲击可以通过观察 t^* 时刻之后相对于上一笔交易时，即 t^* 时刻前的价格的变化量，如图 5-5 所示。成交后的交易参考时间 t 可

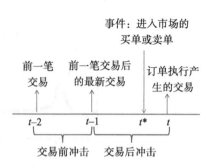

图 5-5 订单在 t^* 时刻到达交易所时市场冲击的估计

以分别以时钟时间、达成指定交易笔数的时间、达成指定分笔报价或成交数的时间、达成指定成交量的时间计。在以时钟时间计的情况下，时间 t 可以选择 x 个时间单元，比如设定为订单下达 10 秒之后。在以交易时间计的情况下，市场冲击可以考察 t^* 之后成交 y 数量笔的交易用时。以达成指定分笔报价或成交数的时间计的情况下，市场冲击可以考察 t^* 之后的 z 笔分笔报价修正或者成交时间。最后，以达成指定成交量的时间计的情况下，就是考察 t^* 之后交易量达到 V 的交易单位（股数或合约数）的时间。指定分笔报价或成交数和指定交易笔数的时间统计下的市场冲击，计算起来相较于其他两种要简单些。

尽管某笔交易成交前，对其未来市场冲击的精确判断是未知的，但是市场冲击的期望值可以通过历史数据和交易特征值估计得到。估计市场冲击的期望值的逻辑和预测股价水平的逻辑有些类似，即尽管准确的价格是不可能完全通过预测得到，但是将来价格的期望值是可以根据一些辅助度量确定的。市场冲击的期望值可以在事件研究法的框架下使用最近的历史数据来估计。

市场冲击可以导致一个盈利的策略亏损。例如，对于一个需要不间断重复交易的策略，会由于市场冲击的影响而造成预期利润无法达成，因为策略触发的一系列订单会在不利的价格上成交。

正如前文提到的，市场冲击是关于订单规模的函数：成交量越大，成交所传递的信息就越可靠，同时所产生的市场冲击也越大。市场冲击的演变和作用非常重要：当市场冲击随着交易量的增长而增长缓慢时，则这名交易员可以在保持盈利的情况下，增大他的交易头寸（见 Farmer, Gerig、Lillo, and Waelbrocck, 2009）。Glosten（1987）以及 Easley 和 O'Hara（1987）最早发现，市场冲击可以被分为两部分：永久性冲击成本和临时性冲击成本。永久性冲击成本把基本面信息注入价格，这和经典的金融理论和有效市场假说一致（见 Fama, 1970）。临时性冲击成本则被视为一种噪声，指的是信息到达时价格一开始的过激反应，超过了与基本面相适的水平，接着再随时间逐渐衰减至正常水平。

关于永久性市场冲击和临时性市场冲击的精确形态研究，学术界已经有了一些不同的理论。Breen、Hodrick 和 Korajczyk（2003）以及 Kissell 和 Glantz（2002），认为市场冲击是关于订单规模的线性函数（$MI_t \propto V_t^*$）。Lillo、Farmer 和 Mangegna（2003），却认为两者的函数关系是指数型的（$MI_t \propto (V_t^*)^\beta$）。最新的研究（见 Huberman 和 Stanzl, 2004；以及 Gatheral, 2009），同时结合了线性型和指数型的特点，认为对于永久性冲击存在一个和订单规模线性相关的关系，而对于临时性冲击，则有一个和时间相关的指数型衰减，这可以从图 5-6 里看出。

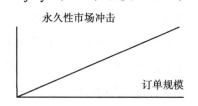

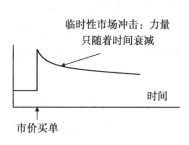

图 5-6 市场冲击的函数形式：永久性冲击和临时性冲击

对于市价订单，市场冲击关于订单规模呈现强凹性，并且市价订单的买卖信号呈自相关性：市价买单之后通常紧接着的是其他市价买单，反之亦然。有一个可以把之前内容统一起来的模型，其市场冲击的函数式如下所示（Eisler, Bouchaud, and Kockelkoren, 2009）：

$$P_t = \sum_{t'<t}[G(t,t^*)\in_{t^*}(v_{t^*})^\theta + n_{t^*}] + p_\infty \qquad (5\text{-}2)$$

式中，v_{t^*} 指的是 t^* 时的成交量；$\in_{t^*}$ 是 t^* 时的交易信号；n_{t^*} 是独立随机项，刻画那些和信息无关的价格变化；$G(t, t^*)$ 是传播函数，描述了价格对于一笔成交的平均变化，它随时间衰减。

一笔 t^* 时刻的单一订单市场冲击可以被写为

$$MI_{t^*} = G(t,t)\in_{t^*}(v_{t^*}) + n_{t^*} \qquad (5\text{-}3)$$

市场冲击的传播函数 $G(t, t^*)$ 随着时间而衰减，并且该式也以具体的方式，满足随后交易方向的高度自相关性。如果 G 没有衰减，价格收益率会和交易信号成正比，收益率会和时间呈高度自相关。根据 Eisler、Bouchaud 和 Kockelkoren (2009) 的研究，G 以如下形式衰减：

$$G(t,t^*) \sim |t-t^*|^{-\beta} \tag{5-4}$$

式中 $=\frac{1-\gamma}{2}$ 和 $\gamma<1$，是下式后续交易信号的相关性的衰减参数：

$$C(1) = (\epsilon_t \epsilon_{t+1}) \sim (1)^{-\gamma} \tag{5-5}$$

$G(t, t^*)$ 有下列边界条件：

$$G(t \to t^*) = \frac{\partial p_t}{\partial \xi_t} \tag{5-6}$$

式中，$\xi_t = \epsilon_t v_t^\theta \sim N(0, \sigma)$ 是均值为 0、标准差为 σ 的正态分布。

除了交易规模和时间，实证发现市场冲击还和其他一些变量有关。在股票市场里，市场冲击和以下变量相关：

- 交易持续期（见 Dufour 和 Engle, 2000）。
- 股票相关特征，比如行业和公司盈利的公告（Breen、Hodrick and Korajchyk, 2002; Lillo、Farmer and Mantegna, 2003. Almgren、Thum、Hauptmann and Li, 2005）。
- 波动率和价差（Ferraris, 2008）。

在期货市场中，市场冲击和以下变量相关：

- 流动性（Burgardt, Hanweck, and Lei, 2006）；
- 交易持续期和波动率（Aldridge, 2012c）。

对于限价订单，市场冲击的大小和方向被发现依赖于订单的规模和订单与市场反方向上最优报价的接近程度。在纳斯达克市场，限价买单的价格如果在买卖价差内，那么订单可以与最优卖价匹配，此时有正向市场冲击，这个同市价买单造成的市场冲击是一样的（Hautsch and Huang, 2011）。限价买单的价格如果在买卖价差内，但是没有成交，那么在和限价卖单撮合成交后，就产生负向市场冲击，此时限价卖单扮演了市价卖出的角色。这种情况下，市场冲击的大小由以下几点决定：

- 小规模的限价买单，小规模是指订单数量同挂买单的深度相近，这种情况通常是负向市场冲击。

- 中等规模的限价买单（数量是挂买单的深度的 7 倍），此时产生一个小幅的正向市场冲击，其规模大约是小规模情况下市场冲击的绝对值的 20%。
- 大规模的限价买单（指数量是挂买单的深度的 15 倍），此时产生一个中等幅度的正向市场冲击，其规模大约是小规模情况下市场冲击的绝对值的 50%。

图 5-7 归纳了这些发现。

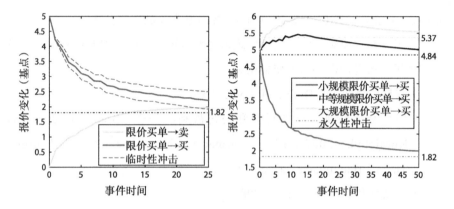

图 5-7　在纳斯达克观测到的限价订单的市场冲击

资料来源：Hautsch and Huang（2011）.

永久性市场冲击的实证估计

数据准备

市场冲击可以使用 Level I 和 Level II 的逐笔交易数据或者是含有交易时间戳的数据来估计。Level II 的数据可以精确定位限价订单与市价订单：特定价位上竞买数量增加意味着限价订单的到达；最高竞买价的流动性减少意味着市价卖单的到达。

当使用 Level I 数据时，在区分是由买家还是卖家下单上会遇到困难。近年来，研究人员开发了一些方法来区分买卖订单：包括限价卖空、报价比较、Lee-Ready 和整体交易量分类的方法，这在第 4 章已经讨论过。

基本估计模型

把买卖订单从数据中区分开后，就完成了估计永久性市场冲击的准备工作。在线性函数关系的假设下，永久性市场冲击可以使用下面的线性回归估计得到：

$$\Delta P_{t,\tau} = \alpha_\tau + \beta_\tau V_t + \beta_{\tau-1} V_{t+1} + \cdots + \beta_1 V_{t+\tau-1} + \varepsilon_{t,\tau} \qquad (5\text{-}7)$$

式中，t 是交易的时间；τ 是该笔交易之后，衡量市场冲击的事件窗口内的交易笔数或时间单位数；V_t 是 t 时刻观察到的交易规模；$\Delta P_{t,\tau}$ 是时刻 t 到时刻 τ 之间的标准化的价格变化，可以用下式表示：

$$\Delta P_{t,\tau} = \ln(p_\tau) - \ln(p_t) \qquad (5\text{-}8)$$

图 5-8 和图 5-9 显示了长期欧元债券期货（FGBL）在每笔交易后的 5 笔交易数据的系数估计值 $\hat{\alpha}_5$ 和 $\hat{\beta}_5$（Aldridge, 2012c）。

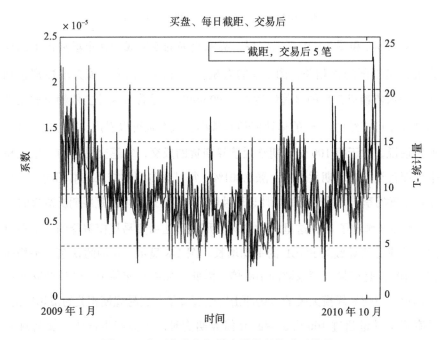

图 5-8　由买家发起订单交易的长期欧元债券，
期货估计得到的截距估计值 $\hat{\alpha}_5$，2009～2010 年

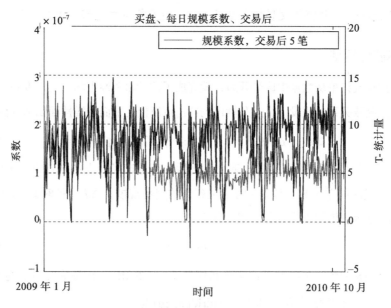

图 5-9　由买家发起订单交易的长期欧元债券期货，
估计得到的规模系数 $\hat{\beta}_5$，2009~2010 年

从图 5-8 和图 5-9 中可以发现，买家交易的 5 笔成交在市场冲击上同成交规模呈很强的正相关：图 5-9 的右坐标轴显示，$\hat{\beta}_5$ 的 t 值大多数都达到 10，表示依赖成交量的显著性达到了 99.999%。尽管市场冲击依赖于成交规模是高度可持续的。$\hat{\beta}_5$ 的估计值却非常小：从左轴可以看出，$\hat{\beta}_5$ 只有 10^{-7}，换句话说，对于每 100 份长期欧元债券期货的成交，每笔交易后的 5 笔交易平均而言只能推动期货价格上涨 0.001%。每日观测到的结果基本相同，只是在每季度的季末，估计值的统计显著性降为 0，而这有可能是展期所造成的。

图 5-8 画出了 $\hat{\alpha}_5$，这里的 $\hat{\alpha}_5$ 意味着那些无法由交易规模解释的，由买单促成的成交所导致的 FGBL 的平均增长。图 5-8 显示，左轴的 $\hat{\alpha}_5$ 值，平均而言为 10^{-5}，是交易规模系数的 100 倍。因此，如果只交易 100 份长期欧元债券期货，与交易规模无关的市场冲击完全超过了和交易规模相关的市场冲击。只有当交易量超过 100 份长期欧元债券期货时，才会产生依赖于交易规模的市场冲击。$\hat{\alpha}_5$ 呈现较强的统计可持续性，从图 5-8 可以看出，对应的 t 值

在 5~20。由卖家下订单促成的成交也造成了类似大小的市场冲击，只是方向相反而已，这可以从图 5-10 和图 5-11 里看出。

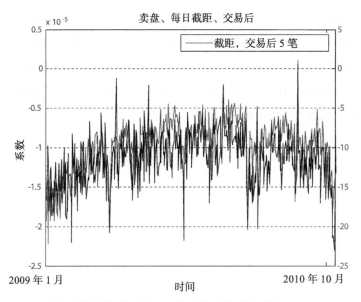

图 5-10　通过卖家订单成交的长期欧元债券期货估计得到的 $\hat{\alpha}_5$，2009 ~ 2010 年

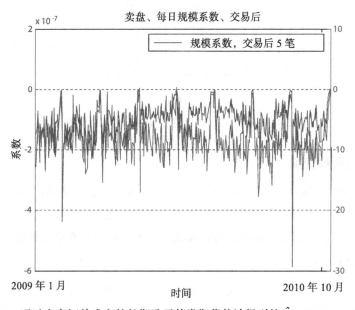

图 5-11　通过卖家订单成交的长期欧元债券期货估计得到的 $\hat{\beta}_5$，2009 ~ 2010 年

式（5-7）对于由买家订单促成的成交的统计意义和解释能力比较低，从图 5-12 可以看出，通过调整模型的 R 平方测量，调整范围在 1%～2%。为了将透视图中的 1%～2% 调整 R 平方，需要考虑广义自回归条件异方差（GARCH）的预测能力的调整 R 平方，广义自回归条件异方差是用于许多商业应用的流行波动率估计模型。如果把调整放在 GARCH 模型中比较，GARCH 模型的预测能力只有 5%，换句话说，尽管式（5-7）的解释能力较低，但是和其他主流模型相比，也不算太低。

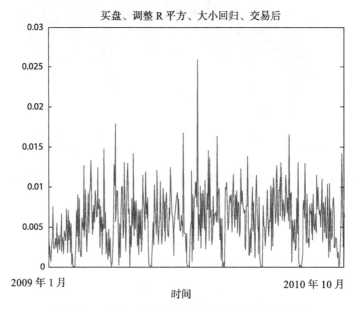

图 5-12　式（5-7）的线性市场冲击估计的阐释力

其他解释变量

式（5-7）截距 $\hat{\alpha}_S$ 的强显著性，让人不禁疑问：还有其他什么变量可以帮助解释 $\hat{\alpha}_S$。市场冲击的业务模型经常会增加一些其他的解释变量，比如观测到的价差、短期波动率和交易持续期。为了分析这些变量的影响，扩展式（5-7）如下式：

$$\Delta p_{t,\tau} = \alpha_\tau + \beta_{V,\tau} V_t + \beta_{\sigma,\tau} \hat{\sigma}_t + \beta_{S,\tau} \hat{S}_t + \beta_{T,\tau} \hat{T}_t + \varepsilon_{t,\tau} \quad (5\text{-}9)$$

式中：

- 和之前一样，$\Delta P_{t,\tau}$ 代表 t 到 τ 这段时间价格的变化，

$$\Delta P_{t,\tau} = \ln(P_\tau) - \ln(P_{t-\tau}) \quad (5\text{-}10)$$

- v_t 代表 t 时刻记录的成交量。

- $\hat{\sigma}_t$ 代表短期波动率，可以由几种方法估算，比如使用预先定义好的 t 时刻之前的一系列时间段的最高价和最低价的对数变化或标准差（Garman and Klass, 1980）：

$$\sigma_t = \ln\left(P_{High,[t-\tau^*,t-1]}\right) - \ln\left(P_{Low,[t-\tau^*,t-1]}\right) \quad (5\text{-}11)$$

- $\hat{S}_t$ 是每笔交易前 τ^* 时段观测到的平均价差。在含有报价的数据中，平均价差可以被定义为最优买价和最优卖价的价差：

$$s_t = \frac{1}{\tau-1} \sum_{j=t-\tau}^{t-1} Ask_j - Bid_j \quad (5\text{-}12)$$

- 如果没有报价数据，可以通过假设区间段内的价格变化等于有效价差来估计。当买卖订单交替出现时，这样的假设一般都是正确的，因为市价买入是和最优卖价成交，而市价卖出是和最优买价成交。平均有效价差的表达式见式（5-9），Aldridge（2012c）有一个近似的式子：

$$s_t = \frac{1}{\tau-1} \sum_{j=t-\tau}^{t-1} |\ln(P_j) - \ln(P_{j-1})|, \text{ 其中 } P_j \neq P_{j-1} \quad (5\text{-}13)$$

- 最后，$\hat{T}_t$ 是连续两次交易之间的平均时间：

$$T_t = \frac{1}{\tau-1} \sum_{j=t-\tau}^{t-1} t_j - t_{j-1} \quad (5\text{-}14)$$

Aldridge（2012c）使用 FGBL 数据估算了式（5-9）。发现对于 FGBL，额外的这些解释变量确实影响了市场冲击，但是新的模型并没有降低截距项的统计显著性，或者改变 $\beta_{v,\tau}$ 值。交易持续期的估计值 $\hat{T}_t$，与 Dufour 和 Engle（2000）的结论一致，即当交易持续期短时，市场冲击低。根据 Dufour 和 Engle（2000）对于该观测现象的解释，这可能是因为越短的交易

持续期越有助于信息逐步传入价格,进而导致了每笔交易的价格变化更小。

因果关系

从式(5-7)和式(5-9)中估计得到的市场冲击系数,受到以下几个方面的质疑:既然市场冲击的测度是根据每笔交易之后的若干笔数据得到的,是否有可能这种冲击是由之后其他几笔成交量决定的?例如,一笔交易的大小影响了之后几笔交易的方向和大小,进而夸大了市场冲击,看上去市场冲击好像是由于初始的交易规模造成的,而实际上则不是。

为了回答这个问题,可以使用向量自回归(VAR)模型(这和VaR模型不一样),VAR模型是由Hasbrouck(1991)提出的,之后由Dufour和Engle(2000)扩展改进。VAR模型回答了如下这个关键的因果问题:市场冲击是否会影响接下来的交易方向,或者说交易的方向和规模是否影响了市场冲击并夸大了这种冲击?此外,VAR模型允许我们检验辅助效应,比如在一天不同的时间里出现的持续的不规则现象。

Dufour和Engle(2000)的VAR模型可以写成如下形式:

$$\Delta P_t = \sum_{j=1}^{5} a_j \Delta P_{t-j} + \sum_{t=8}^{18} \gamma_t D_{t,i} + \sum_{j=0}^{5} b_j Q_{i-j} + \varepsilon_i \quad (5\text{-}15)$$

$$Q_i = \sum_{j=1}^{5} c_j \Delta P_{t-j} + \sum_{t=8}^{18} \delta_t D_{t,i} + \sum_{j=0}^{5} d_j Q_{i-j} + \vartheta_i \quad (5\text{-}16)$$

式中:

- R_i是第i笔交易之后瞬时的市场冲击,通过计算一笔交易的对数收益率得到:

$$\Delta P_t = \ln(P_t) - \ln(P_{t-1}) \quad (5\text{-}17)$$

- Q_i是第i笔交易的方向,$Q_i = 1$是由市价买单达成的成交,$Q_i = -1$是由市价卖单达成的成交。$D_{t,i}$是关于交易时间的虚拟变量:

$$D_{t,i} = \begin{cases} 1, \text{如果交易}i\text{在时刻}t\text{发生} \\ 0, \text{其他} \end{cases} \quad (5\text{-}18)$$

- b_j和d_j,是关于交易规模的函数:

$$b_j = \alpha_j + \beta_j \ln(V_j) \quad (5\text{-}19)$$

$$d_j = \theta_j + \rho_j \ln(V_j) \quad (5\text{-}20)$$

式（5-15）计算了一笔交易之后的市场冲击：紧接着5笔交易之后滞后一笔交易的市场冲击，每笔交易的每日交易时间，与5笔成交同时及滞后的交易方向Q，以及Q和交易量的乘积QV。式（5-16）考察使用同样的解释变量能在多大程度上预测下笔交易的方向。换句话说，式（5-16）考察过去5笔交易的收益、交易时间、方向及规模是否可以预测下一笔交易的方向。

表5-1和表5-2分别显示了式（5-15）和式（5-16）的估计结果，样本数据采自2009年5月6日的长期欧元债券期货，这天是一普通的交易日，不过巧合的是该日正好是美股"闪电崩盘"前一年。

表 5-1　VAR 模型的 OLS 估计结果，式（5-15），对欧元债券期货（FGBL）交易分笔数据，2009 年 5 月 6 日 R_i

自变量：R_{i-j}		自变量：Q_{i-j}		自变量：$V_i\,Q_{i-j}$	
		α_0	4.1E-0.5(67.4)	β_0	1.9E-07(25.9)
a_1	0.347(71.1)	α_1	−1.3E-05(−18.6)	β_1	8.5E-09(1.0)
a_2	0.151(29.0)	α_2	−2.8E-06(−3.9)	β_2	2.7E-08(3.5)
a_3	0.080(15.2)	α_3	2.7E-06(3.8)	β_3	2.5E-08(3.2)
a_4	0.061(11.8)	α_4	7.7E-06(11.0)	β_4	8.4E-09(1.0)
a_5	−0.306(−62.5)	α_5	−2.4E-05(−37.6)	β_5	−1.1E-07(−14.8)
调整 R^2 = 46.25%					

Dependent variable is the one-tick return, R_i. T-statistics are reported in parentheses, bold-font values represent statistical significance of 99.999 percent and higher. *Source: Aldridge* (2012d).

如表5-2所示，瞬时市场冲击确实是由之前的成交、当时及滞后的交易方向、同时的交易规模这些因素所决定的。之前的交易规模对未来的市场冲击影响很小。时间虚拟变量系数的估计结果显示只有在10:00~11:00GMT这段时间是统计显著的。这意味着，在10:00~11:00GMT的交易比其他时间段的交易具有更小的市场冲击。这很有可能是由于价格趋势受宏观新闻的影响。有趣的是，回归的阐释力，调整R平方，达到了46.25%，这是个非常大的数字。

表5-2显示，显著决定将来交易的方向的因素既不是交易的规模也不是

由过去交易产生的市场冲击（除了最近的那笔）。相反，接下去交易的方向几乎是由上一笔交易的方向、买卖订单所确定的，且完全独立于这些交易的规模和过去交易产生的市场冲击。具体而言，根据表 5-3 的估计，2009 年 5 月 6 日，在 FGBL 的交易中，一笔买单之后有 46.2% 的可能仍然是买单；连续两笔买单之后有 62.5% 的可能仍然是买单；连续三笔买单之后继续是买单的概率达到了 69.3%；而连续四笔买单之后接续是买单的可能性达到 72.5%，这是一个非常大的数字。

表 5-2　VAR 模型的 OLS 估计结果，式（5-16），对欧元债券期货（FGBL）交易分笔数据，2009 年 5 月 6 日，Q_i

自变量：R_{i-j}		自变量：Q_{i-j}		自变量：$V_i\, Q_{i-j}$	
c_1	−841.5(−18.1)	θ_1	0.462(75.8)	ρ_1	2.0E-0.4(2.8)
c_2	−94.1(−1.8)	θ_2	0.163(24.6)	ρ_2	1.6E-0.4(2.1)
c_3	184.5(3.6)	θ_3	0.068(10.1)	ρ_3	1.4E-04(1.9)
c_4	55.7(1.1)	θ_4	0.032(4.7)	ρ_4	1.3E-04(1.8)
c_5	−10.2(−0.2)	θ_5	0.010(1.7)	ρ_5	2.4E-04(3.3)
		调整 R^2 = 39.29%			

Dependent variable is trade direction, Q_i. T-statistics are reported in parentheses and bold-font values represent statisticalsignificance of 99.999 percent and higher. *Source: Aldridge* (2012d).

时间虚拟变量系数的估计值仅在 16:00~17:00GMT（美国东部时间上午 11:00 到中午 ET）之间显著且为正，这意味着在 2009 年 5 月 6 日，买入 FGBL 的交易占大多数。式（5-15）和式（5-16）的估计结果显示，调整 R^2 接近 40%，说明这些变量具有较高的解释力。

一个值得深入研究的问题是，在一年后的 2010 年 5 月 6 日，即"闪电崩盘"发生之日，市场的环境是否发生了巨大的改变。表 5-4 和表 5-5 回答了这个问题：2010 年 5 月 6 日（闪电崩盘），那些值和一年前的 2009 年 5 月 6 日相比，变化无几。

正如 Aldridge（2012c）所证明的，式（5-15）对于 2009 年 5 月 6 日的估计与"闪电崩盘"那日的估计值非常接近，这说明市场冲击模型在市场大多数环境下都表现得不错。Aldridge（2012c）也证明了，式（5-15）对于样本外的预测表现出了稳健性，利用之前 30 分钟的交易数据估计得到的参数来预测市场冲击，可以达到 99.9% 的精准度。

| 总　结 |

　　交易成本对于高频交易系统是个不可忽略的负担。在所有的成本中，市场冲击又是成本中占比最高的一项。理解和测量现在的成本结构对于设计可盈利的交易系统是必不可少的。

| 章末问题 |

1. 金融市场有哪些成本？
2. 什么是隐性成本？它和透明成本的区别是什么？
3. 在当前市场哪类成本是占比最高的？
4. 高频交易的交易员会面对哪一类税收结构？
5. 什么是市场冲击？它为什么会存在？
6. 一个市价买单之后的市场冲击可能为零吗？请解释为什么。
7. 一个买单之后的市场冲击预期值可能为负吗？请解释为什么。
8. 什么是永久性市场冲击？它和临时性市场冲击有什么区别？
9. 限价订单带来的市场冲击是什么？

High-
Frequency
Trading

第6章

高频交易策略的绩效和容量

过去几年来，有许多关于评估高频交易绩效和容量的研究，但是不同的学者有不同的研究成果，也发展出各种用来说明交易策略绩效的指标。本章主要概括了流行的高频交易策略评估指标，讨论策略产能以及所需的评估时长，并引用相关例子来说明如何衡量策略产能。

衡量绩效的原则

只有能够衡量的事物才能被很好地管理。因此，如何衡量高频交易策略的绩效对投资管理和高频交易来说十分重要。当一些为标准化的投资管理而提出的指标被广泛地用于高频交易设定时，还有很多其他指标特定用于高频交易活动的衡量。

成功的高频交易投资管理需要具备三个核心要素（3P）：

- 准确性（precision）；
- 生产力（productivity）；
- 绩效（performance）。

第一个 P，数学指标的准确性，是指迅速而可靠地把盈利的策略和亏损的策略剥离开来的精准程度。统计工具也能帮助评估一个交易策略所带来的大幅盈利是短期的侥幸成功，还是具有统计学意义的可靠表现指标。

第二个 P，投资过程的生产力，当标准化的指标统一地运用在所有投资策略时，就会带来第二个 P。针对这一要素，有多种统计工具可以使用，并且能够快速地部署在各种投资理念的优化上。

第三个 P，绩效，是与高频交易系统尤其相关的。在有着多种来源的数据点并以纳秒为单位传输的环境下，合适的评估系统是非常必要的。能跟踪最新的投资组合和进行风险管理监控系统，对于有效和可持续的投资来说十分重要。

三个 P 的关键要求所在：数据。最简单的、最少经过加工的数据（如分笔数据）最具信息量，因此被证明是最具价值的。逐单数据可以揭示交易策略的短期风险，有利于提出可优化策略的风险缓解方法。此外，大多数颗粒数据（granular data）能够快速而准确地识别对于特定市场事件或金融工具的策略依赖性，从而通过反馈有助于策略的优化发展和建立更好、更持久的交易系统。最后，分笔数据使投资经理能够在保证及时止损和提高盈利能力的前提下实时监控和评估交易策略。

基本的绩效衡量指标

投资收益

交易策略可以有多种形式和规模，最能够比较不同交易策略可行性的指标就是投资收益。投资收益也称投资回报，可表现为以美元为计价单位的价格差异，但更多的是被视为价值上的百分比变化。它所产生的无量纲的

（dimensionless）指标独立于金融工具的价格水平，能够很容易地比较不同策略和不同资产的表现：

$$R_{t_1} = \frac{P_{t_1}}{P_{t_0}} - 1 \tag{6-1}$$

简单收益方程式（6-1）如图 6-1 所示。

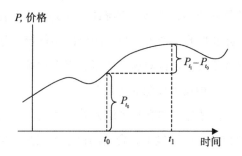

图 6-1　简单收益的说明

方程式（6-2）为等价对数收益度量：

$$r_{t_1} = \ln(P_{t_1}) - \ln(P_{t_0}) \tag{6-2}$$

可以看到，在高频交易中，简单收益方程式（6-1）和等价对数收益方程式（6-2）十分相似。投资收益度量的选择一般是基于投资估算模型的应用和数学原理。

波动性

投资收益的波动性衡量的是投资收益围绕其平均值上下波动的程度。投资收益的移动，即离散性（dispersion），通常被认为是对风险的量度。图 6-2 和图 6-3 展现和比较了低波动性和高波动性的情形。

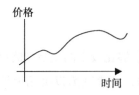
图 6-2　低波动性市场示例

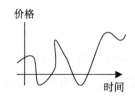
图 6-3　高波动性市场示例

高频交易中存在着至少十几种波动性度量指标,每个指标评估不同的度量时间段:轧平交易(round-trip trade)、分钟、天、月等,最常见的波动性指标包括简单收益标准差——迄今为止最常用的波动性指标。

$$\hat{\sigma}_t^2 = \frac{1}{N}\sum_{i=1}^{N}\left(R_{t-i} - \overline{R}_t\right)^2 \quad (6\text{-}3)$$

式中,$\overline{R}_t$是在时间t之前的N个观测值的简单平均值。

- 加权平均偏差,着重于靠后的观测值,也经常被使用:

$$\hat{\sigma}_t^2 = \frac{\sum_{i=1}^{N}w_i\left(R_{t-i} - \overline{R}_t\right)^2}{\sum_{i=1}^{N}w_i} \quad (6\text{-}4)$$

在$\overline{R} = \dfrac{\sum_{i=1}^{N}w_i R_{t-i}}{\sum_{i=1}^{N}w_i}$中,$W_i$是指每笔收益$R_i$对整体数据重要性所占的"数据重要性"。$W_i$的总和为1,离靠后的观测值越近,$W_i$就越大。

$$\sum_{i=1}^{N}w_i = 1 \quad (6\text{-}5)$$

$$w_i > w_{i+1} > w_{i+1} > \cdots > w_{i+N} \quad (6\text{-}6)$$

- 开盘价、最高价、最低价和收盘价是另外一种波动性指标。

$$\hat{\sigma}_t = \frac{P_{t-N} + \max(P_{\tau \in t-N, t-1}) + \min(P_{\tau \in t-N, t-1}) + P_{t-1}}{4} \quad (6\text{-}7)$$

- 当存在一些滞后变量时,特定时段内最高价减去最低价的价差在交易分析中十分有用。两者之差可以避免标准差和滞后投资收益所存在的内生性问题:标准差是由滞后的投资收益计算出来的,因此对于标准差和滞后投资收益的比较分析是存在设计偏差的。

$$\hat{\sigma}_t = \max(P_{\tau \in t-N, t-1}) - \min(P_{\tau \in t-N, t-1}) \quad (6\text{-}8)$$

- 特定时段内投资收益的平方均值也是一种波动性指标。这个指标在广义自回归条件异方差(GARCH)等应用中的衡量特别有效(参见Bollerslev,2005)。

$$\hat{\sigma}_t^2 = \frac{1}{N}\sum_{i=1}^{N}(R_{t-i})^2 \qquad (6\text{-}9)$$

回撤

回撤（drawdown）是历史亏损的量度，是指相较于此前最高价值 [通常被称为"水位线"（water mark）] 的最大亏损。投资经理通常会在他们创造的投资收益超过水位线后才能收到绩效费用。

最大回撤展现了投资历史上价格或价值的最大跌幅，有助于说明可能存在的下行风险。图 6-4 和图 6-5 说明了最大跌幅的计算。

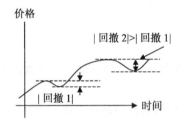

图 6-4　最大跌幅的计算，组合 1　　图 6-5　最大跌幅的计算，组合 2

正式地说来，那些需要记录历史数据中最严重亏损程度的交易商，通常用最大回撤来评估尾部风险。例如，最大回撤记录了高峰到低谷的最低收益（peak-to-trough return），从上一次最高值到在下一个最高值超过此前最高值之前所发生的最低值。过去数据中所观测到的最高值通常被视为高水位线，因此回撤就是两个连续高水位线之间的最低投资收益。最低处的回撤通常被认为是最大回撤。

$$\max 回撤 = \max_\tau P_{t_1 \in \tau} - \min_\tau P_{t_2 \in \tau} \Big| \forall t_1 < t_2 \qquad (6\text{-}10)$$

在风险管理中，最大回撤的概念和风险价值紧密联系，对最差数量亏损的度量指标，在第 14 章中有详细描述。

胜率

胜率（win ratio）说明了每笔交易、交易日、交易月中有多大部分在收盘时是获利的。

$$胜率 = \frac{\# 交易阶段 \big|_{盈余 > 0}}{总计 \# 交易阶段} \quad (6\text{-}11)$$

胜率有助于比较交易策略的预测信号的准确性：更好的预测会带来更高的胜率。胜率也有助于监测策略运行的表现。作为最基础的指标，胜率能够用来评估当前的绩效记录是否和之前的绩效一致。胜率的下降可能说明交易策略已经达到饱和（见图 6-6）。

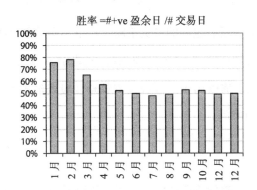

图 6-6　胜率的下降可能说明交易策略已经达到饱和

类似地，更先进的用来评估运行时绩效一致性的测试方法会在第 14 章说明。

平均收益 / 损失

平均收益和平均损失是两个与最大回撤紧密关联的统计指标。平均损失也与预期损失的概念高度相关，具体会在第 14 章讨论。当取得正向收益时，平均收益测量了盈利的交易策略的平均收益性。类似地，平均损失计算的是损失的交易策略中所有交易的日均 / 月均损失。

结合胜率来考虑，平均收益 / 损失指标会带来更多的视角。例如，一个具有高胜率的策略可以忍受相对于观测到的平均损失的较低平均收益，因为低胜率相对于平均损失来说需要有更高的平均收益。胜率和平均收益 / 损失的各种组合如图 6-7 所示。

	高胜率	低胜率
高收益/损失	✓	高回撤
低收益/损失	高波动	✗

图 6-7　胜率和平均收益/损失的各种组合结果

正式地说，对于所有盈利的投资策略，以下不等关系是必须存在的：

$$\mathbb{E}[R] \geq （胜率）*\mathbb{E}[收益]+(1-胜率)*\mathbb{E}[损失] \quad （6\text{-}12）$$

不等式（6-12）能够用于对候选投资策略及投资经理可信度进行第一步且立竿见影的评估测试。

相关性

相关性衡量的是投资策略的收益与另一策略或金融工具的共同运动性。

$$\rho_{1,2} = \sum_{t}\left(R_{1,t} - \mathbb{E}[R_1]\right)\left(R_{2,t} - \mathbb{E}[R_2]\right) \quad （6\text{-}13）$$

当两个低相关性的策略被放在同一个投资组合中时，传统的投资组合管理理论认为导致这个组合多样化（例如，允许一个投资策略拉高收益的同时，另一个策略的收益暂时下跌）。

然而，简单的相关性可能不足以提供金融工具联动的充分测量。主要原因如下：金融工具价格的显示在升市和跌市之间的相关性愈发不同，尤其在宏观市场指数（比如作为市场主体的标准普尔500指数）上升时，金融工具两两之间的相关性都不同。然而，当宏观市场指数下降时，大多数金融工具的收益变得高度相关。这种在不同市场状态下相异的相关性被称为不对称性或尾部相关性，通过将数据样本除以使某种工具的价格收益为正和负可以算出该相关性。

$$\rho_{1,2}\big|_{R_i>0} = \sum_{t}\left(R_{1,t} - \mathbb{E}[R_1]\right)\left(R_{2,t} - \mathbb{E}[R_2]\right)\big|_{R_i>0} \quad （6\text{-}14）$$

$$\rho_{1,2}\big|_{R_t<0} = \sum_t (R_{1,t} - \mathbb{E}[R_1])(R_{2,t} - \mathbb{E}[R_2])\big|_{R_t<0} \qquad (6\text{-}15)$$

在式（6-14）和式（6-15）中，金融工具 1 作为参考。式（6-14）计算金融工具 1 的收益在"上升"状态的相关性，而式（6-15）计算的则是"下行"状态。一个能产生收益并且与现有投资组合负相关的投资策略，有助于缓冲核心投资组合在"下行"状态的损失，而且比与现有投资组合正相关的投资策略更有价值，因为正相关会放大组合整体投资组合的损失。

Alpha 和 Beta

Alpha 和 Beta 是现有主要的两种用来衡量投资绩效的方法，对高频策略的衡量同等有适用性。在最基本的水平上，Alpha 评估的投资策略绩效可以摒除基准投资组合或者用标准普尔 500 指数衡量的宏观市场所带来的影响。因此，Alpha 反映了独立于前期市场因素的投资策略的绩效，正向 Alpha 是比较好的。一般会避免 Alpha 为负的策略，除非该 Alpha 策略信号在"反向"交易中可以获利——当策略建议卖出时，我们就应该买进，反之亦然。

然而，Beta 是一个衡量投资策略如何响应当前市场趋势的乘数。正的 Beta 值说明当参考的投资组合价值上升时，投资策略也会有积极的表现。一般而言，负的 Beta 值大部分情况下说明当参考的投资组合价值下降时，投资策略可能表现得更好。正的还是负的 Beta 值更可取，是由投资者的总投资组合决定的。

Alpha 和 Beta 的估测可以用以下线性回归公式（OLS）：

$$R_{i,t} = \alpha_i + \beta_i R_{p,t} + \varepsilon_{i,t} \qquad (6\text{-}16)$$

式中，$R_{i,t}$ 是在 t 时刻观测到的高频策略 i 的收益；$R_{p,t}$ 是在相同时段内观测到的参考投资组合的收益；α_i 和 β_i 都是要估计的参数；$\varepsilon_{i,t}$ 是当式（6-16）应用到具体数据中时，特别对应每个观测值的"统计估计误差"，根据式（6-16）模型的预测，误差 $\varepsilon_{i,t}$ 平均值为 0。

图 6-8 展示的是以散点图计算的 Alpha 和 Beta：参考投资组合的收益是根据横轴来绘制的，高频策略的同期收益是通过竖轴来绘制的。当有一条直

线能够拟合数据时，这条直线的斜率就是 Beta，Alpha 为它的截距，或直线与竖轴相交的点。

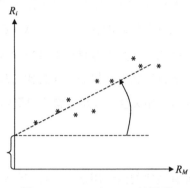

图 6-8　Alpha 和 Beta 的图示

偏度和峰度

偏度（skewness）和峰度（kurtosis）是用于描述投资策略收益分布的附加参数。偏度描述的是投资策略产生正收益或负收益的趋势。回归分布的正偏度说明这个投资策略更可能产生正收益而非负收益，图 6-9 展示的就是正偏度的投资组合。

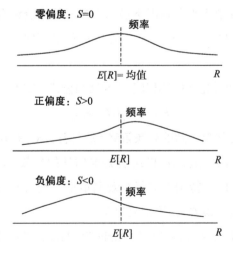

图 6-9　偏度值和它们在收益分布中的意义

峰度衡量的是极值的可能性，即产生相对于正常收益来说特别好或特别差的收益。当峰度值较高时，产生极值的可能性就大；当峰度值较低时，产生极值的可能性就很小。图 6-10 说明了什么是峰度。

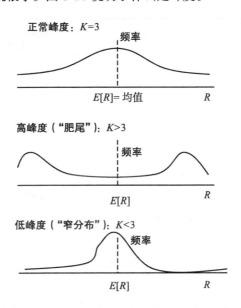

图 6-10 峰度值和它们在收益分布中的意义

在预设时间段内度量的某个特定频率的平均收益率、波动性和最大回撤，是不同交易策略的表现比较和报告的主要依据。除了平均收益率、波动度和最大回撤，交易商有时候还会引用收益的峰度和偏度来描述收益分布的形态。通常情况下，偏度说明了相对于平均收益的收益分布情况，正偏度说明了正收益占多数情况，而负偏度说明大部分投资收益为负。峰度说明收益分布的尾部是否为正态，高峰度说明"肥尾"，即产生极高收益或极低收益的概率高于正常情况。

有可比性的比率

虽然平均收益、标准差和最大回撤描绘了一个交易策略的绩效，但它们并不能帮助比较两个或以上的交易策略。因此，人们发明了不少以单个数字呈现的用来比较不同交易策略的均值、方差、尾部风险的比较参数。表 6-1 总结了最常用的几个估计参数。

表 6-1 绩效度量总结

夏普比率 （Sharpe, 1966）	$SR = \dfrac{E[r] - r_f}{\sigma[r]}$，其中 $E[r] = \dfrac{r_1 + \cdots + r_T}{T}$ $\sigma[r] = \sqrt{\dfrac{(r_1 - E[r])^2 + \cdots + (r_T - E[r])^2}{T-1}}$ 高频交易中夏普比率定义为： $SR = \dfrac{E[r]}{\sigma[r]}$	如果收益为正态分布，那么使用夏普比率就够了
特雷诺比率 （Treynor, 1965）	$Treynor_i = \dfrac{E[r_i] - r_f}{\beta_i}$ 式中，β_i 是交易收益对投资者参考投资组合（如市场组合）收益的回归系数	如果收益为正态分布，且投资者希望把他持有的交易组合和市场组合分开来，那么使用特雷诺比率就够了
詹森阿尔法 （Jensen, 1968）	$\alpha_i = E[r_i] - = r_f - \beta_i(r_M - r_f)$ 式中，β_i 是交易收益对投资者参考投资组合（如市场组合）收益的回归系数	衡量的是超过市场定价理论所预估的投资收益。如果收益为正态分布，且投资者希望把他持有的交易组合和市场组合分开，但希望能够使用交易策略的杠杆效用，用这个就足够了

基于下偏距（lower partial moments, LPMs）的指标：

证券 i 的 n 阶 LPM：$LPM_{ni}(\tau) = \dfrac{1}{T}\sum_{t=1}^{T}\max[\tau - r_{it}, 0]^n$

式中，τ 是最低可接受收益；n 是矩的阶数：$n=0$ 时为低于目标收益的概率，$n=1$ 时为预期不足值，$n=2$ 且 $\tau = E[r]$ 时为半方差

根据 Eling 和 Schuhmacher（2007）的说法，风险规避程度高的投资者应该使用高阶的 n

LPM 仅考虑对最低可接受收益的负偏差，而标准差同时考虑了正偏差和负偏差，因此 LPM 被认为是一种比标准差更好的风险计量方法（Sortino and van der Meer, 1991）。最低可接受收益可以是 0、无风险利率或平均收益

欧米茄 (Shadwick and Keating, 2002；Kaplan and Knowles, 2004)	$\Omega_i = \dfrac{E[r_i] - \tau}{LPM_{1i}(\tau)} + 1$	$E[r_i] - \tau$ 是平均收益超出基准收益的部分

(续)

指标	公式	说明
索提诺比率 (Sortino and van der Meer，1991)	$Sortino_i = \dfrac{E[r_i]-\tau}{(LPM_{2i}(\tau))^{1/2}}$	
Kappa 3 (Kaplan and knowles, 2004)	$K3_i = \dfrac{E[r_i]-\tau}{(LPM_{3i}(\tau))^{1/3}}$	
上行空间比率 (Sortino, van der Meer, and Plantinga，1999)	$UPR_i = \dfrac{HPM_{1i}(\tau)}{(LPM_{2i}(\tau))^{1/2}}$ 式中 $HPM = $ 上偏距 $HPM_{ni}(\tau) = \dfrac{1}{T}\sum_{t=1}^{T}\max[r_{it}-\tau,0]^n$	根据 Eling 和 Schuhmacher (2007) 的研究，这个比值同时在分子和分母中使用了最低可接受收益，因而相比而言更有优势

基于回撤的指标：商品交易顾问（CTA）常常使用这些指标，根据 Eling 和 Schuhmacher (2007, p.5) 的说法，这是"因为这些指标描述了顾问怎样做才是最好的——总是能累计收益并且总是能控制亏损（参见 Lhabitant, 2004）"。MD_{i1} 表示最低的最大回撤，MD_{i2} 表示次低的最大回撤，以此类推

指标	公式	说明
Calmar 比率 (Young, 1991)	$Calmar_i = \dfrac{E[r_i]-r_f}{-MD_{i1}}$	MD_{i1} 表示最大回撤
Sterling 比率 (Kestner, 1996)	$Sterling_i = \dfrac{E[r_i]-r_f}{-\dfrac{1}{N}\sum_{k=1}^{N}MD_{ij}}$	$-\dfrac{1}{N}\sum_{k=1}^{N}MD_{ij}$ 是平均最大回撤
Burke 比率 (Burke, 1994)	$Burke_i = \dfrac{E[r_i]-r_f}{\left[\sum(MD_{ij})^2\right]^{1/2}}$	$\left[\sum_{k=1}^{N}(MD_{ij})^2\right]^{1/2}$ 是一种仅计入大额损失的方差，这里仅计入第 N 个最大回撤下的损失

基于风险价值的指标：风险价值描述了投资的可能损失值，在特定时期内，投资损失以 $1-\alpha$ 的概率不会超过该值。如果收益服从正态分布，则 $VaR_i = -(E[r_i]+z_\alpha \sigma_i)$，式中 z_α 是标准正态分布的 α 分位数

指标	公式	说明
风险价值上的超额收益 (Dowd, 2000)	$Excess\ R\ on\ VaR = \dfrac{E[r]-r_f}{VaR_i}$	不适用于收益非正态分布的情况
条件夏普比率 (Agarwal and Naik, 2004)	$Conditional\ Sharpe = \dfrac{E[r]-r_f}{CVaR_i}$ $CVaR_i = E[-r_{it}\vert r_{it}\leqslant -VaR_i]$	CVaR 的好处是其具有很多良好的性质（Artzner et al., 1999）
修正的夏普比率 (Gregoriou and Gueyie, 2003)	$Modified\ Sharpe = \dfrac{E[r]-r_f}{MVaR_i}$ Cornish-Fisher 展开计算如下： $MVaR_i = -(E[r_i]+\sigma_i(z_\alpha+(z_\alpha^2-1)S_i/6$ $+(z_\alpha^3-3z_\alpha)EK_i/24-(2z_\alpha^3-5z_\alpha)S_i^2/36))$ 式中，S_i 表示证券 i 的偏度； EK_i 表示证券 i 的超值峰度	适用于收益非正态分布的情况

第一代的点绩效衡量标准是从 20 世纪 60 年代开始发展的，包括夏普比率、詹森阿尔法和特雷诺比率。夏普比率可能是最常用的比较收益表现的评估方法，它结合了三个期望值：平均收益、标准差，以及配置在交易策略中的杠杆所借的资金成本。

夏普比率由威廉·夏普（William Sharpe）1966 年设计的，他后来获得了诺贝尔经济学奖。夏普比率是在金融的研究和实践中都相当长时间中提到的概念。教科书中夏普比率的定义是

$$SR = \frac{\bar{R} - R_F}{\sigma_R}$$

式中，$\bar{R}$ 是交易的平均年化收益；σ_R 是交易收益的年化标准差；R_F 是用来衡量与交易活动相关的机会成本和头寸持有成本的无风险利率（如联邦基金）。值得注意的是，在大多数没有隔夜仓位的高频交易的工具中，头寸为零。所以，高频交易的夏普比率计算如下

$$SR = \frac{\bar{R}}{\sigma_R}$$

相比之下，为什么夏普比率会比原始的绝对收益能吸引人地用于度量交易表现呢？令人惊讶的是，夏普比率还是用于筛选有效的均值–方差的证券的有效度量。

比如细想一下图 6-11，经典的均值–方差有效边界。图中，夏普比率是直线的斜率，该直线起始于无风险利率，并且穿过代表给定投资组合（M 表示市场投资组合）、交易策略或单一证券的点。与代表所有投资组合的均值–方差集合相切的实线就是有效边界。这条直线具有最大的斜率，相应地，

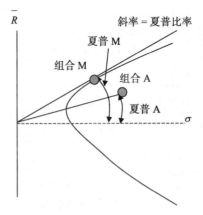

图 6-11 夏普比率作为均值–方差斜率时，具有最大斜率的市场组合具有最高的夏普比率

它在集合的所有投资组合中也具有最高的夏普比率。对于任何其他投资组合、交易策略以及单个金融工具 A，夏普比率越高，该证券离有效边际曲线就越近。

夏普向一个共同基金咨询建立投资组合优化机制时提出了这个指标。他的账户是要为一个有如下限制的基金开发一种投资组合筛选框架：组合中不可以分配超过 5% 的特定金融证券。然后，夏普创建了如下解决办法：他首先给证券池做了一个排名（这个方法就是后来的夏普比率），然后通过夏普比率来选择了 20 个表现最佳的证券，之后总共向 20 个证券投资了基金总资金的 5%。在投资组合中把资金平均分配到有最高夏普比率的证券，就是夏普比率一个成功的实际运用。

詹森阿尔法是一种从大势影响中抽象出来的表现度量指标，其风格与资产定价模型（CAPM）是一致的。詹森阿尔法隐含地考虑了收益与所选择市场指数的共同移动所产生的可变性。

第三个比率，特雷诺比率，度量的是单位风险下平均收益超过基准收益的值，这里的风险由 CAPM 估算的 beta 系数来表示。

虽然这三个指标仍然很常用，但它们没有考虑极端疲软回报的尾部风险。例如，Brooks 和 Kat（2002），Mahdavi（2004）和 Sharma（2004），举例说明了使用夏普比率不能用在非正态分布的收益。这些研究人员主要关注使用衍生品工具时夏普比例的应用，在这些情况下，收益是不对称的并且具有肥尾。如果实际分布偏离正态分布，我们却视而不见，这可能会导致低估风险并且高估表现。随后研究出来的新绩效指标可以捕捉到大多数交易策略的回报中固有的尾部风险。

夏普比率的一种自然延伸是将风险度量从标准差改为基于最大回撤的方法，以便捕捉策略的尾部风险，Calmar 比率、Sterling 比率和 Burke 比率恰恰就是这样做的。由 Young（1991 年）提出的 Calmar 比率，就是用最大回撤作为波动率的度量，Kestner（1996 年）提出的 Sterling 比率，使用平均回撤作为波动率的指标；最后，Burke（1994 年）提出的 Burke 比率使用最大回撤的标准差作为波动率的指标。

除忽略了尾部风险，夏普比率也因为在波动率度量中只考虑了正收益而受到质疑。批评观点认为，只有负收益在估计和比较交易策略的表现时才有意义。为了平息这些质疑，一组新的比率被运用在夏普比率的拓展中，用只有负收益的平均指标来取代波动率。这些负收益指标称为下偏距其计算方法与常规分布的矩（如均值、标准差和偏度等）一致，除了计算时只是用某个低于特定基准值的收益。因此，由 Shadwick 和 Keating（2002）、Kaplan 和 Knowles（2004）提出的被称为 Omeg 的指标用一阶下偏距（基准下收益的均值）代替了夏普比率中收益的标准差；由 Sortino 和 van der Meer（1991）提出的 Sortino 比率使用二阶偏距，即基准下收益的标准差来度量波动性；由 Kaplan 和 Knowles（2004）提出的 Kappa 3 指标用收益的三阶下偏矩，即基准下收益的偏移度，代替了夏普比率中的标准差；最后，由 Sortino、van der Meer 和 Platinga（1999）提出的上行空间比率（upside potential ratio）测量了每单位基准下收益的标准差所带来的基准上平均收益（一阶上偏矩）。

在第 14 章中详细讨论的风险价值（VaR）度量也获得了相当广的普及，这种方法能够在统计范畴内，以点格式方便地概括尾部风险。VaR 指标实际上判定了收益分布中 90%、95% 或 99% 的 Z 值临界点（该指标也经常用于每日损益的真实美元分布）。VaR 的衍生指标，条件 VaR（CVaR），也称为预期损失（expected loss，EL），用于衡量尾部临界范围内的收益均值。当然，原始 VaR 假设收益呈正态分布，不过实际被认为是肥尾的。为了解决这个问题，Gregoriou 和 Gueyie（2003）提出了修正的 VaR（MVaR）指标，它考虑了与正态分布的偏离。Gregoriou 和 Gueyie（2003）还建议使用 MVaR 代替夏普比率中的标准差。

既然有这么多指标，那么又该如何权衡呢？事实证明，所有指标给出的交易策略排名答题上都是一致的。Eling 和 Schuhmacher（2007）比较了对冲基金在上述 13 项指标中的排名表现，并总结出夏普比率足以评价对冲基金的表现。

绩效归因

绩效归因分析(performance attribution analysis)通常被称为"基准评价"(benchmarking),可以追溯到 Ross(1977)提出的套利定价理论,Sharpe(1992),Fung 和 Hsieh(1997)等人将这种方法应用到了交易策略绩效表现的评估之中。简而言之,绩效归因指出,t 时段内投资到单个证券并产生回报 r_{jt} 的策略 i(其中 $j=1, \cdots, J$)具有这样的因子结构:

$$R_{it} = \sum_j x_{jt} r_{jt} \tag{6-17}$$

式中,x_{jt} 是第 j 个金融证券在投资组合中的相对权重,$\sum_j x_{jt} = 1$。因此,第 j 个金融证券有一个可以用 K 个系统因子来解释的 t 周期的收益:

$$r_{jt} = \sum_k \lambda_{jk} F_{kt} + \varepsilon_{jt} \tag{6-18}$$

式中,F_{kt} 是 t 时段内的其中一个 K 系统因子($k=1, \cdots, k$),λ 是因子负荷,ε_{jt} 是 t 时段内证券 j 的非系统性风险收益。根据 Sharpe(1992)的研究,这些因子可以当成广泛的资产类别、个股或其他证券。结合式(6-17)和式(6-18),我们可以把收益归结为以下公式:

$$R_{it} = \sum_{j,k} x_{jt} \lambda_{jk} F_{kt} + \sum_j x_{jt} \varepsilon_{jt} \tag{6-19}$$

因此,就将策略 i 的收益中的影响因素从大量金融证券减为一小组全局因子。把不同因子做绩效归因,因涉及将策略的收益对多个因子进行回归:

$$R_{it} = a_i + \sum_k b_{ik} F_{kt} + u_{it} \tag{6-20}$$

式中,b_k 衡量的是可以归因于因子 k 的策略的表现;a_i 衡量的是策略持续产生超额回报的能力;u_{it} 衡量的是策略在 t 时段的非系统性风险收益。

在绩效归因模型中,策略的非系统性增值为策略绩效超过一篮子加权策略因子绩效的部分。

Fung 和 Hsieh(1997)发现,以下 8 类全球资产组合可以作为绩效归因的基准:

- 三个股权类别：MSCI 美国股票、MSCI 非美国股票、IFC 新兴市场股票。
- 两个债券类别：摩根大通美国政府债券和摩根大通非美国政府债券。
- 一个月欧洲美元现金存单。
- 商品的黄金价格和美联储的贸易加权美元指数衡量的总计货币。

绩效归因之所以是衡量策略回报的有效指标，是因为：

- 除了策略设计者的详细报表之外，该技术还可以准确地捕捉黑箱策略的投资风格。
- 绩效归因是衡量策略真正附加值的一种度量标准，并且能够很方便地与其他策略进行比较。
- 趋势因子的短期持续性使得基于绩效归因的策略绩效预测成为可能（参见 Jegadeesh and Titman，2001）。

绩效归因分析的底线是：如果所考虑的高频率策略对基准策略具有高度依赖性，那么投资到基准策略可能比投资到高频策略的花费更低，特别是考虑到开发成本、交易成本和相关风险。也就是说，当绩效归因的 beta 值高、alpha 值低时，投资基准策略可能更有效，特别是当以下条件中的任一条件成立时：

- 投资于基准策略可以是被动的，或者就总交易成本而言成本较低。
- 基准策略有更低的下行风险。
- 基准策略比高频交易策略中交易的方式和工具更具流动性，因为它有更低的流动性风险。

资金容量评估

在过去几年中，高频交易策略被错误地称为低资金容量策略。例如，某项研究根据一种常见的错误设想——假设所有高频交易商都使用市价订单完成他们的交易来得出高频交易为低容量的结论。在这样的分析中，市场影响占据主导地位并在快速交易中倍增，使高频交易商无法盈利地买入或清算其头寸。高频市场交易策略的最大容量相当于特定时间以最优买价或最优卖价买入或卖出市价订单的流动性。

实际上，正如本书后面的章节所描述的，大多数高频交易策略执行限价订单，只有很少的市价订单放在组合中。高频策略中的市价订单通常在市场发生意想不到的错误转向，并且交易商的库存必须在快速清算的时候使用。

如本书第5章所述，限价订单比市价订单产生小得多的市场冲击。然而，即使仅仅依赖限价订单的策略也不会有无限的容量，因为两个变量（即执行的可能性和公开的执行成本）和市场冲击，也会对高频交易策略的表现产生不利影响⊖。

透明执行成本也在本书第5章中描述过，即使在交易前就能被预测到，它还是会影响双向交易的盈利能力。指定交易平台的执行成本可能是正面的或负面的，这取决于平台的业务模式。

市价订单执行成功的概率非常简单：它总是接近1。然而，成功执行限价订单的概率在下单时是不确定的。执行限价订单的要求包括：

1. 是最优可用价格——最高买价或最低卖价，这个过程也被称为"达到交易簿的顶部"。

2. 与市价订单或激进的限价订单匹配或交叉。

因此，限价订单的执行概率是可变的，并且取决于以下因子：

- 限价订单价格与市场价格的差距。
- 市场的波动性。
- 其他与市场价格相同或相近的限价订单的数量。
- 限价订单的规模。
- 同侧限价订单的下单成功率。
- 反向市价订单和激进的限价订单的下单成功率。

⊖ Strategy capacity has been shown to be a function of trading costs and asset liquidity by Getmansky, Lo, and Makarov (2004).

远离市场价格的限价订单面临着无法执行的切实风险：市场价格可能永远无法达到远离市场价格的限价订单所挂的价格。市场价格和限价订单价格重叠的概率取决于市场波动性——波动性越高，市场价格越有可能达到限价订单所指定的水平。限价订单的堆积量大小也很重要，因为给定价格下的每个限价订单将被放在队列中并根据执行平台特定的交易方案来执行。如第3章所讨论的，最常见的匹配方案是先进先出（FIFO）和比例算法。在FIFO方法下，较大的限价订单面临较大的不执行风险：大笔的限价订单可能在收市之前仅执行了一部分，在队列中留下一些未执行的限价订单。使用比例算法则是相反的情况：所有订单会根据它们的规模执行固定的比例；小订单可能需要很长时间才能完全执行。

其他限价订单越是和交易员的订单同样接近市场价格，市价订单的竞争就越激烈，限价订单就越难以匹配。然而，对立市价订单的下单成功率越高，执行的概率就越高。

用代数的方法来解释，由高频策略配置的限价订单的最大资金容量 S 可以表示如下：

$$\max S s.t. \sum_t [SQ_t(1+MI_{t-1})P_t \Pr_t(Execution) - C_t] \geq 0 \text{ 且 } \sum_t Q_t = 0 \quad (6\text{-}21)$$

式中，S 是交易策略中每个订单的容量（假设策略能以 S 容量来执行交易）；Q_t 是在时刻 t 订单的买卖情况：当订单是买入时，$Q_t=1$，当订单是卖出时，$Q_t=-1$；MI_{t-1} 是执行前一个高频策略订单时所带来的市场冲击，并在时刻 t 影响市场的状况，只有在时刻 t 还没被削弱的市场冲击才会被考虑；P_t 是限价订单价格或市价订单执行后的价格；$\Pr_t(Execution)$ 是订单在时刻 t 被执行的概率，对于市价订单来说是 1；C_t 是订单在时刻 t 被执行的成本，包括经纪商中介费以及其他在第 5 章讨论过的影响高频策略最低收益率的成本。

如第 5 章所述，市场冲击可以进行概率估计。除了正常订单所带来的市场冲击的大小，执行概率还可以通过观测市场价格和限价订单价格在远离市场基准的各个点处重合的统计概率。假设高频交易系统的交易信号能

第 6 章 高频交易策略的绩效和容量

带来十分积极的收益,那么系统的容量则是由市场冲击和执行概率之间的权衡来确定。

为了进一步增加高频策略的容量,市价订单和限价订单可能被潜在地排序。图 6-12 展示了一个用于评估高频交易系统最佳容量的决策树。

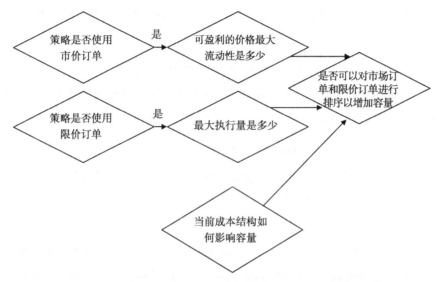

图 6-12 评估高频交易容量的基本框架

Ding 等人(2008)推测,当投入的资本量低于策略容量时,策略绩效可能与它的资本化正相关。然而,一旦资本量超过策略容量,绩效与所涉及的资本量就会呈负相关。第 15 章讨论了关于优化订单执行和增长策略容量的最新研究。

评估期的时长

大多数投资组合经理在评估候选交易策略以纳入其投资组合时都面临以下问题:需要观察一个策略多长时间才能核实该策略所宣称的夏普比率是准确的?

一些投资组合经理采用了任意长的评估期:六个月至两年。一些投资者需要至少六年的记录,然而其他人只需要一个月的每日绩效数据。事实证明，在统计学上，如果它与要被验证的夏普比率相匹配，任何前面提到的时间范围都是可以的。夏普比率越高，确定夏普比率的准确性所需的策略评估期越短。

Jobson 和 Korkie（1981）认为，如果假设交易策略的收益是正态分布的，那么交易策略夏普比率估计的误差通常也服从正态分布，其均值为零，标准差为：

$$s = [(1/T)(1+0.5SR^2)]^{1/2}$$

在 90% 的置信水平下，策略所宣称的夏普比率应该至少比夏普比率误差的标准差 s 大 1.645 倍。因此，用于夏普比率验证的评估周期的最小值是：

$$T_{min} = (1.645^2/SR^2)(1+0.5SR^2)$$

然而，在计算 T_{min} 中使用的夏普比率应该与评估周期的频率相对应。如果一个交易策略的年度夏普比率为 2，而它是基于每月数据来计算的，则相应的月度夏普比率 SR 为 $2/(12)^{0.5} = 0.5774$。不过，如果所宣称的夏普比率是基于每日数据计算的，则相应的夏普比率 SR 是 $2/(250)^{0.5} = 0.1054$。对于月度表现数据而言，要在 90% 的置信区间来验证夏普比率，最小观测值是超过九个月的每月绩效数据和超过八个月的每日绩效数据。对于宣称为 6 的夏普比率，只需要不到一个月的每日绩效数据来验证。表 6-2 总结了验证夏普比率中关键值的绩效数据所需的最短绩效评估时间。

表 6-2　验证夏普比率所需的交易策略最短绩效评估时间

宣称的夏普比率	所需月度数（基于月度绩效）	所需月度数（基于日绩效）
0.5	130.95	129.65
1.0	33.75	32.45
1.5	15.75	14.45
2.0	9.45	8.15
2.5	6.53	5.23
3.0	4.95	3.65
4.0	3.38	2.07

Alpha 衰减

除了之前概述的绩效指标，高频交易策略还可以通过 Alpha 衰减，即 Alpha 随时间的减少来评估。Alpha 衰减可能是由于使用限价订单的交易策略执行率太低，或者因为用于传输市价订单的基础设施太差。在以上任一情况下都可以测量和预测 Alpha 衰减。

由于延迟而观察到的 Alpha 衰减，可以被估算为每个交易决策后的有限时段内，在特定金融工具中观测到的市场冲击成本的分布。

使用限价订单策略的 Alpha 衰减，衡量了在策略有交易信号时却无法执行所对应的机会成本。Alpha 衰减在每个策略中都不同，并且应该基于由给定策略产生的信号来评估。

| 总　结 |

评估交易策略的统计工具使管理者能够评估高频策略对其投资组合的可行性和适当性。随着交易员和投资经理对高频交易策略理解的加深，新的指标也被提出来用于捕捉高频交易策略的变化。作为策略可行性的快速测试，夏普比率仍然是最受欢迎的。

| 章末问题 |

1. 什么是夏普比率？它的缺点是什么？如何完善和提高？
2. 什么是索提诺比率？
3. 假设对给定的高频交易策略的绩效归因分析发现，交易收益对标准普尔 500 指数变化有高度依赖性，对交易策略有什么影响？请讨论。
4. 为什么市场冲击会包括在策略容量的计算中？为什么执行概率也包括其中？
5. 什么是 Alpha 衰减？为什么它会存在？

High-
Frequency
Trading

第7章

高频交易业务

与流行的说法相反，高频交易的业务不完全是交易业务，也不是纯学术研究业务。实际上，大多数高频交易都是技术业务。因此，操作高频交易的经济理论与传统交易层面的经济理论有很大不同。本章介绍成功的高频交易团队应具有的经济核心和支柱。

高频交易的关键过程

高频交易的核心价值主张是通过分笔数据处理和高资金周转率来实现的。识别报价流中细微变化的技术是这个业务的不同之处，并且使交易商能够向建仓和平仓位置发送急速信号。

只有通过自动交易才能处理多个金融工具上的每个分笔数据。评估以微秒分隔的数据、解释大量的市场信息、以一致和连续的方式做出交易决策，对于人类大脑来说是太复杂的任务。但是，一个便宜的全自动高频交易系统就可以做出快速、高效及不受情绪干扰的决定。

图7-1简单模拟了开发高频交易系统的样本流程。像任何软件开发活动一样，高频交易流程从终端产品的概念开始：一个成为量化模型的交易想法。这个概念或原型可以是用如 MatLab 的建模语言编写的 20 行代码，并且展示选定的数据可能产生的获利能力。

下一步是回测：此过程的理念是在大量的分笔数据上进行测试。两年的分笔数据量足以验证此理念。回测的最优实现会在本书的第 16 章讨论。该模型在"样本外"或

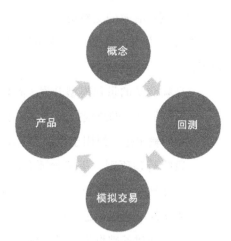

图 7-1　算法设计和重新评估流程

"干净"的数据列中进行测试，这些报价和交易的数据未在初始测试中被使用过。如果模型在样本外的数据上有很好的表现，那么模型会被用到模拟交易中。失败的模型通常会被舍弃。

在成功的回测后，模型会被放到预生产或模拟交易阶段。模拟交易会仿真模拟实时交易活动，而无须配置实际订单，但是会在程序生成的日志中跟踪订单。除了下单功能，模拟交易阶段通常是完全程序化的高频交易系统。因此，模拟交易阶段是测试高频交易系统所有其他方面的完美"沙盘"：数据接收和处理、运行时生成的交易信号、头寸记录、数据归档和风险管理。为了确定模拟高频交易系统的正确性，回测算法通常在每个交易日结束时运行，并收集模拟交易中的数据——在回测和模拟交易之间观测到的任何偏差都会被记录和研究。

当模拟交易和回测被正确地写入程序时，两者应该得到相同的结果。模拟交易和回测一个月的测试结果完全一致时，通常就可以将系统放到小笔的实时交易或"使用"环境中。

向使用环境过渡时经常会遇到一系列挑战，详见第 16 章。交易执行和

实时投资组合的记账会是复杂的代码操作，必须很好地执行，以避免意外的故障和损失。以少量资本运行扩容的使用环境，有助于解决各种代码问题，并确保顺利和有效的交易功能。

本部分说明在开发一个成功的高频交易系统中，人工花费时间的功能如下：

- 高频交易的量化模型开发/概念验证包括回测：15%。高频交易量化模型是交易的路线指南，主要示例会在本书第 8 ~ 11 章描述。量化模型的输出是一组用于识别交易机会的持续性指标。
- 风险管理原则、模型验证和政策发展：10%。第 14 章讨论的主要风险管理是为了防止代码、市场数据、市场状况中貌似无害的小问题脱离交易动态以及造成巨大损失。风险管理的目的是评估潜在损害的程度，创建基础设施，以减少运行期间可能产生消极影响的情况，并且建立一个以消除或限制潜在损害为目的，同时包含警告、故障中断和流程的系统。一些风险管理流程可以内置到代码中，而另一些风险管理流程需要工作人员在场以解除故障。
- 交易和风险管理基础构架的代码：40%。交易和风险管理信号的代码编写是高频交易的主要关注点。高频交易执行系统是一个用于检测各种市场条件并对其做出反应的复杂实体。当今的大多数高频交易系统被建为"独立平台"，即将灵活的接口并入到多个代理商、电子通信网络（ECN）和交易所。这种独立性通过金融信息交换（FIX）语言来实现，该语言是针对金融交易数据优化的特殊代码序列。有了 FIX，在转手时路线可以从一个执行代理到另一个，或者同时到几个代理。最佳的编码实操会在第 16 章描述。

如第 2 章所讨论的，FIX 可能相当麻烦。为了抵消由 FIX 的复杂性所引起的交易速度延迟，几个供应商已经推出了专有通信协议和应用程序编程接口（API）。这些专有结构会使交易商难以切换平台，从而锁定用户。然而，适应于给定平台所需的工作范围可能是广泛的，并且一些供应商甚至向有兴趣建立连接的交易商提供金钱奖励。例如，德意志证券交易所（Deutsche

Börse）的一些部门可能为潜在交易商提供高达 65 000 美元的奖励以支付接口实施成本。

- 系统测试：20%。系统测试是另一个关键要素，在第 16 章会详细讨论。为了确保完整的测试，系统会用各种方案或"脚本"来运行。专业的软件测试人员通常需要检查每个代码块，将其性能与其执行的指令进行比较，并记录所有差异，即"漏洞"（bug）。测试人员的配备大约是开发人员的 1/3。分离编码工作和测试工作也确保了适当的测试，不会因为颜面问题而掩盖导致耗费大笔业务成本的错误。
- 运行时监控：5%。运行时（run-time）监控是另一个需要工作人员在场的高频交易工作。不会特别涉及具有明确风险管理参数和退出机制的监测任务，但需要密切关注细节。独立的工作人员通常被赋予观测系统的职责，并确保运行时的性能保持在可接受的限度内。高频交易监测的最佳实操会在第 16 章讨论。
- 合规和其他管理：10%。合规和其他管理任务是所有交易业务都具备的功能。跟踪监管指导文件、文档和所有其他相关活动是一项全职工作。

如图 7-2 所示，这里列出的每项任务花时间的比例因高频交易业务发展的阶段而异。在启动阶段，高频交易业务倾向于以数据和编程为中心；在加速阶段，测试、风险管理和监控占据了大部分工作量；最后，在稳定的生产状态下，监控、合规和其他需要管理会占据主要的时间。

在传统的经纪人－经销商世界中，"技术"这个词通常仅与远离业务的技术团队所提供的、新的且好用的小工具相关，如系统测试和政策发展等任务看起来可能是不必要的费用。通过将技术从业务中分离，管理者创造了一个印象，即交易商不需要对他们使用的系统负责。现实生活中的例子，如 2012 年夏天发生的骑士资本（Knight Capital）失败的案例，说明了对高频交易系统完整的测试、合规和监控是企业长期盈利的关键。这些功能直接来自软件开发的最佳实践操作，在第 16 章有详细讨论。

如图 7-2 所示，高频交易业务的发展与大多数传统交易柜台有着不同的流程。设计新的高频交易策略是昂贵的，执行和监测已完成的高频交易产品是几乎没有成本的。相比之下，传统的自营交易业务有固定成本，这个成本来自一个有业绩记录的经验丰富的高级交易员，从开始做交易、培训有前途的新人，直到这些新人能够达到导师的水平所花费的时间和精力。

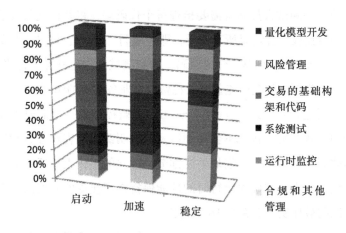

图 7-2　高频交易开发的各个阶段的人力—时间分布

图 7-3 说明了去计算机化的传统交易系统的成本曲线。随着时间的推移，传统交易的成本几乎保持固定。除了因为交易员"工作倦怠"（burnouts）而需要招聘和培训新的交易员，传统交易柜台的人员成本不会改变。但是，开发计算机化交易系统在人力和时间方面需要昂贵的前期投资。一个成功的

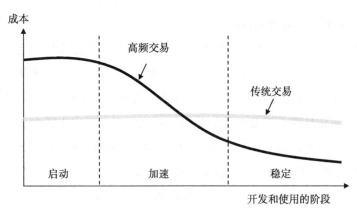

图 7-3　高频交易的经济性 VS 传统的交易业务

交易系统平均需要 36 个月才能完成开发。计算机化交易的成本随着系统投入生产环境而下降，最终只需要小部分技术支持人员，通常包括专用系统工程师和性能监控人员。系统工程师和监控人员可以同时负责多个交易系统，从而使成本接近于零。

适合高频交易的金融市场

有许多证券和市场条件都符合进行高频交易的情况。然而，某些证券市场尤其合适。

符合这种类型的交易必须满足两个要求：有快速建仓和平仓的能力；有足够的市场波动性以确保价格变化超过交易成本。不同市场的波动性显示出高度相关性，并且取决于大量进入市场的宏观经济新闻的数量。快速建仓和平仓的能力又由两个因素决定：市场流动性和电子化执行的可行性。

流动性资产的特点是充足的现成供应和需求。流动性证券，如主要外汇配对，每天 24 小时、每周 5 天都交易；流动性较小的证券，如低价股（penny stocks），可能几天才交易一次。在交易之间，非流动性资产的价格可能发生重大变化，使得它相比流动性较强的资产有更大风险。

高频战略集中于最具流动性的证券，只需要持有 10 分钟的证券可能无法在非流动性市场找到及时、价格合理的对手方。虽然长期投资者可以投资流动性或非流动性证券，Amihud 和 Mendelson（1986）表明，长期投资者最好还是持有流动性较低的资产。根据他们的说法，关键考虑的问题是风险/收益；长期投资者（已经不受不利的短期市场走势影响）将通过在流动性较低的投资中承担更多的风险来获得更高的平均收益。

一个完全流动的市场是无论交易量如何都能以报价或询价交易的市场（见 Bervas，2006，对这一主题有更深入的探讨）。市场流动性取决于市场中限价交易商的存在，以及交易对手的交易意愿。市场参与者的交易意愿反过来取决于他们的风险规避程度和对未来价格走势的预期，以及其他市场信息。

比较不同证券的流动性的一种方法是，使用每个证券的日均交易量作为流动性的度量。从日均交易量来看，外汇市场是最具流动性的市场，其次是最近发行的美国国债、股票、期权、商品和期货。掉期交易在传统上是场外交易，但进入电子化时代后，根据《多德－弗兰克法案》，它正在成为最具流动性和最佳的高频交易市场。

高频交易的经济学

进行高频交易业务的成本

高频交易业务的成本驱动因素是数据、劳动力、设备和软件、交易成本、行政和法律成本，最重要的是交易损失。有效的风险管理、监控和合规框架（会在第 14、16 章讨论）可以限制交易损失。本节描述了不归因于风险的经营成本。

数据成本

数据往往是非常昂贵的或完全免费的。多家公司，如路透社和彭博，供销售的分笔数据具有极高的溢价。经纪商和交易场所可以向潜在交易商免费提供优质的分笔数据。初创的高频交易公司需要在可选择的工具中获得至少两年的历史数据以生成初始交易模型。

硬件

如第 2 章所述，硬件成本是高频交易运营费用中最小的部分。最基本而有效的高频交易设置包括在零售店就可买到的计算机。它需要专业的操作系统，如 Windows 7 或 Red Hat Linux，才能进行完整的配置和远程访问权限。明智的做法是购买单独的机器进行开发、测试和生产，以最小化无意识的代码操控和处理能力过载的情况。

连接性

连接性对于任何成功的高频交易操作都很重要，具有足够带宽的快速连接可确保交易操作接收最完整的报价和交易集；如第 2 章所述，报价很可能由于网络拥塞而丢失。连接性涉及：

- 主机托管；
- 毗邻服务；
- 普通连接。

主机托管是由交易所和其他交易场所提供专用设施，通常包括用于高频交易服务器的安全"机箱"、电源，以及通常通过专用线路连接高频交易和交换服务器的实际网络"线路"。高频交易商可以自由地配置他们喜欢的服务器，并且包括远程可访问性。

毗邻服务类似于主机托管，尽管它们可以使用第三方公司运营的位于交易地点附近的设施，但不是与交易场所相同的设施。与主机托管一样，毗邻服务为服务器、电源和高速网线（通常光纤连接）提供了机箱。然而，网线通过互联网连接到交换机，会导致不如主机托管那么安全。

最后，小成本的高频交易初创企业可以依靠优质的有线网络来运营，直到其系统持续获利。然而，如果网络遭遇极端拥塞，那么就会导致一系列报价的缺失以及信息和交易的延迟。

软件

高频交易操作需要配置以下软件，这些软件可能是也可能不是内部构建的：

- 交易信号的计算机化生成是高频交易系统的核心功能。生成器接受并处理分笔数据，形成投资组合分配和交易信号，并记录损益。生成器通常在内部建造，并保持最高机密。保密要求源自纯粹的商业竞争考虑：每个投资策略只有有限的容量，而拥有生成器代码的竞争者必然会削弱或彻底破坏高频交易策略的盈利能力。
- 通过高频交易操作配置的金融建模软件可以进行计算机辅助分析，以构建新的交易模型。MatLab 和 R 已经成为业界最受欢迎的量化建模选择。MatLab 比较昂贵，但在行业中众所周知。不过 R 是免费的：它是一个高效的开源软件，最重要的是，它可以扩展专有数据库。例如，花旗集团现在就在 R 上运行几乎所有的模型。

- 网络信息收集软件促进了证券的高频基本定价。及时捕捉小道消息和新闻公告增强了对短期价格走势的预测。像汤森路透、道琼斯、RavenPack、SemLab 和 AbleMarkets.com 这样的新媒体，提供了一系列机器可读格式的实时新闻产品。

- 交易软件包含最优执行算法，以在给定时间间隔内实现最佳执行价格。这个软件使交易员能够进行及时交易，决定市场激进程度，并将订单分为最优的。最佳执行算法的开发和交易前的许可现在是许多经纪商的主要业务。然而，独立的公司已经开始帮助投资者以最有效的方式分配他们的订单。例如，位于纽约的 MarketFactory 提供了一套软件工具，帮助自动化交易员在外汇市场获得额外优势。此外，越来越多的传统买方投资者，如大型养老基金和对冲基金，已经开发了自己的一套最优执行算法，以尽量绕过经纪交易商。第 15 章讨论了最优执行方面的最新发展。

- 第 14 章将会讨论，实时风险管理应用程序确保系统保持在预先指定的行为和止盈止损界限内。这样的应用程序也可以称为系统监控和容错软件，并且通常在内部构建，但是也可以买到现成的。购买第三方风险软件的优势是模块的可靠性。第三方软件经过多个客户的尽职调查，因此可能比内部构建的系统更加健全。

- 用于监控高频交易系统性能的桌面和移动应用程序是如今所有高频交易组织的必备条件。遇到任何问题，如违反风险限制、停电或其他问题应立即联络责任方。与风险管理系统一样，性能监控和合规系统往往是通用的，可以购买经过良好测试的第三方软件。

- 实时第三方研究可以传输高级信息和预测。有时，这些预测可以运用在交易系统中。例如，警告即将发生崩溃的预测可以用于增强以流动性为主的高频交易系统。AbleMarkets.com 和 HFTindex.com 会提供这种信息。

电子化执行

高频交易从业者可以通过他们的执行经纪商和电子通信网络来快速指定和执行交易。高盛（Goldman Sachs）和瑞士信贷（Credit Suisse）经常被认为是主导电子化执行的经纪商。瑞银集团（UBS）、巴克莱(Barclays)和Quantitative Brokers 一直是外汇和固定收益的执行场所。

执行供应商通常收取预先通知的每笔交易的费用。然而，如第 5 章所述，总成本可能包括每个经纪商之间都不同且无法看到的支出。了解电子化执行的成本结构在高频设置中尤其重要，其中大笔的交易可能会抵消收益。

托管和清算

除了提供至交易所的连接外，经纪交易商通常提供特殊的"主要"服务，包括保管交易资金（称为托管）和交易对账（称为清算）。托管和清算都涉及一定程度的风险。在托管安排中，经纪自营商需要对资产负责，而在清算中，经纪自营商可以作为交易对手违约时的保险。经纪商和交易场所会收取托管和清算费用。

人员费用

高频系统的初始开发既有风险又昂贵，设计交易模型所需的工作人员需要了解博士级别的金融和计量经济学量化研究。此外，编程人员应该有足够的经验来处理系统交互、计算机安全性和算法效率等复杂事项。

管理和法律费用

像金融行业的任何企业一样，高频交易员需要做到像法律和会计部门人员那么细心，做到照顾每一个小细节。因此，合格的法律和会计援助对于良好的运营是不可或缺的。

高频交易的资本化

与任何其他形式的交易一样，高频交易公司可以利用股权和杠杆来资本化。初始权益通常来自企业创始人的出资、私募股权投资、私人投资者或母公司的资本。所需初始股权的总金额取决于许多因素，但主要使用以下变量：

- 高频交易策略与实时资本交易时的盈利能力。
- 交易运营的成本结构。
- 策略的夏普比率。
- 策略的最大回撤。

高频交易策略的盈利能力描述了每投入一美元所获得的"毛"收益。毛收益不考虑交易成本，并大致展示了对潜在盈利能力的预测。在投资的最初阶段，回测的绩效可以看作潜在的未来绩效。但是要小心：回测往往没考虑到策略本身的基本成本和市场影响，从而削弱实际生产环境的盈利能力。最糟糕的是，由于不切实际的假设或代码错误，回测可能是错误的，这个问题可能直到代码转移到使用环境时才会暴露。

在整体绩效中表现良好的策略需要承担巨大的成本。在高频环境中，与交易成本相比，每个交易的收益通常很小，这很容易消除任何盈利的相似性，特别是在运营的初始阶段账面交易很小的时候。如第5章所述，当交易量很小时，交易成本通常较大，反之亦然。例如，一个普通的零售经纪公司为每笔交易收取20美元，本金为40 000美元或以下，或超过名义利率的0.05%。每个交易都有两条线：一个建仓、一个平仓，每个轧平交易会清掉0.1%的交易员。与此同时，大型机构每交易100万美元，只需要3美元或5美元的成本——只占0.0005%的本金，这是比零售投资者低100倍的成本。

当可用资本很少时，通常可以"放杠杆"。杠杆最常见的是通过抵押交易的金融工具借入资金。因此，利用1∶9的杠杆，100 000美元的投资可以成为100万美元的交易本金，从而可能获得较低的交易成本并保持更好的盈利能力。此外，杠杆还有助于增加策略的收益。没有杠杆时，10万美元0.1%的收益是100美元。当该策略以1∶9杠杆交易时，0.1美元的收益成为100万美元×0.1%=1000美元，或1%的投资收益，这是一个重大的提高。当然，当策略亏损时，其损失也相应增加：一个没有杠杆的10万美元本金的损失是100美元，使用1∶9杠杆时，损失就会变成1000美元。

经纪商是最天然的杠杆提供者：他们可以观测交易商的实时头寸，并通过清算交易员的头寸确保资本的回报。当交易商的账户价值低于安全抵押品价值，即保证金时，清算就会发生。保证金的要求因经纪人而异，但通常会要求账户在任何时候都有一定百分比的交易本金。然而，保证金要求并不是书面的，可以在逐个账户甚至是逐个情况的基础上谈判。

为了避免清算，交易员可以优化最适合每个策略的杠杆。最大回撤和夏普比率指标会揭示策略波动性和历史最大回撤，从而帮助交易商确定能够承受多少杠杆。

除了杠杆，后期的股权也可以是交易资本的来源，并且可以从对提高绩效感兴趣的已成立机构（如银行资产管理部门、基金中的基金、养老基金、大型对冲基金等类似机构）获得。

从大型机构投资者的角度来看，它们可能希望投资于高频运营，大多数高频交易往往属于"另类"投资类别。"另类投资"（alternative investments）一词描述了在更广泛的对冲基金下的大多数策略，该术语用于区分与"传统"投资所不同的战略，如长期共同基金和债券投资组合。由于是另类投资，高频交易策略是纳入更大型机构的备选投资组合。为了能够合格地进行机构投资，高频交易经理需要提供每年8%~12%、波动率越小越好、时长1~3年的可审计绩效记录。

高频交易的薪酬遵循对冲基金模型：高频交易经理可获得管理费用和绩效费用。管理费用通常为投资本金的固定百分比；绩效费用是高于基金份额此前最高价值的收益的百分比，称为高水位标记。正如任何其他对冲基金经理一样，只有当基金经理增加（或已经增加）基金份额的价值时，绩效费用才会支付给高频经理，从而激励他们跑赢大市。

由于其相对新颖性，高频交易通常被视为"新兴经理"业务。从机构投资者的角度来看，"新兴"的标签通常导致在策略生命周期方面感知更高的风险，这样会转化为更高的绩效费用和更低的管理费用。如果任意对冲基金都要求2%的管理费用和20%的绩效费用（典型的"2和20"模式），高频交易员通常提供"1和30"模型，其中1%被管理的资产作为管理活动的补贴，30%的最高水位标记收益作为绩效奖励支付。

高频交易的杠杆

高频交易业务可以维持多少杠杆并保持可行性？这个问题的快速回答取决于每个高频交易策略的两个变量的特征：夏普比率和最大回撤。夏普比率的好处在于它对于杠杆的不变性：无杠杆高频策略的夏普比率与 100 倍杠杆的高频策略的夏普比率完全相同。如第 6 章所指出的，这是由于高频夏普比率的结构：带杠杆的高频交易头寸不会保持隔夜，所以高频交易的夏普比率不包括分子中的无风险率利率。当夏普比率增加时，分子中的预期收益和分母的分布中的波动率按比例增加杠杆的数量 L：

$$SR^{HFT} = \frac{\mathbb{E}[R_{年化}]}{\sigma[R_{年化}]} = \frac{\mathbb{E}[R_{年化}] \times L}{\sigma[R_{年化}] \times L} \quad (7\text{-}1)$$

高频交易运营的预期收益必须考虑到经营成本，因此高频交易业务的夏普比率会根据这个费用进行调整：

$$SR^{HFT\,Ops} = \frac{\mathbb{E}[R_{年化}] \times L (资本) - (年度费用)}{\sigma[R_{年化}] \times L \times (资本)} \quad (7\text{-}2)$$

或者使用每日数据，并假设每年有 250 个交易日：

$$SR^{HFT\,Ops} = \frac{\mathbb{E}[R_{每日}] \times L (资本) - (每日费用)}{\sigma[R_{每日}] \times L \times (资本)} \sqrt{250} \quad (7\text{-}3)$$

式（7-2）和式（7-3）中的表达式对于盈利的业务是正的，而杠杆值 L 不能无限增加。年化波动率只是收益可变性的平均度量，实际的损失可能更严重。为了确定稳定操作所需的最小夏普比率 $SR^{HFT\,Ops}$，最大回撤可作为更方便度量的指标。

假设历史最大回撤可能发生在 10% 的最坏情况下，所需的夏普比率 $SR^{HFT\,Ops}$ 与历史最大回撤远离收益均值的标准差有关：

$$\frac{Max\$\$\,回撤}{资本} > SR^{HFTOps} \times \sigma[R_{年化}] \times L - 1.645 \times \sigma[R_{年化}] \times L \quad (7\text{-}4)$$

由此我们可以得出 $SR^{HFT\,Ops}$ 为

$$SR^{HFTops}{}_{min} = \frac{Max\$\$\text{回撤}/\text{资本} + 1.96 \times \sigma[R_{\text{年化}}] \times L}{\sigma[R_{\text{年化}}] \times L} \quad (7\text{-}5)$$

若杠杆策略想保持偿还能力，夏普比率需要考虑超过由式（7-5）确定的 $SR^{HFT\,Ops}$ 最小值的操作成本 $SR^{HFT\,Ops}$。图 7-4 显示了样本高频策略的总计绩效。根据该策略的样本历史，该策略提供 2.78 的毛夏普利率，2012 年 7 月发生的最大回撤为 0.93%，每日波动率为 0.15%。当杠杆超过式（7-5）确定的 $SR^{HFT\,Ops}$ 最小值时，该策略提供的最低运营夏普比率 $SR^{HFT\,Ops}$ 为 1.41。如果这个特定策略被分配 1000 万美元的资本，并允许 9:1 的杠杆，$L = 10$，则最大每日运营支出不能超过 13 730 美元，或者每年 250 个交易日总计 3 432 729 美元。这个数字远远小于从日平均收益率计算的数量：如果因为最大回撤而破产的风险被完全忽略，那么预期杠杆表现被计算为年化平均日收益乘以资本和杠杆：

$$E[\text{收益}_{\text{纯}}] = E[R_{\text{每日}}] \times 250 \times \text{资本} \times \text{杠杆} \quad (7\text{-}6)$$

如果按照式（7-6）来计算，那么毛收益可能接近 6 959 034 美元——当回撤风险被考虑时，这个数字会误导成本费用。

如果要求一个更严格的绩效指标，从而观测到最大回撤发生在所有小于 5% 的情况下，式（7-5）可以重写为：

$$SR^{HFTops}{}_{min} = \frac{Max\,\text{回撤}/\text{资本} + 1.96 \times \sigma[R_{\text{年化}}] \times L}{\sigma[R_{\text{年化}}] \times L} \quad (7\text{-}7)$$

其中最大降幅处的标准偏差从 1 变为 3。对于策略中所投的 1000 万美元资本，最小夏普比率为 2.41，所允许的最大年度费用为 931 801 美元。

如果高频交易操作具有杠杆和很高的夏普比率，则更有可能持续使用和发展。高杠杆率增加了弥补成本的可能性，并且高的夏普比率降低了灾难性损失的风险。

高频交易

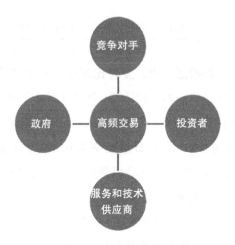

图 7-4　高频交易行业的参与者

市场参与者

与任何其他行业一样，高频交易会受到外部力量影响，图 7-4 总结了高频交易的市场。本节的其余部分详细讨论市场参与者。

竞争对手

高频交易公司与其他更传统的投资管理公司以及做市的经纪商竞争。与传统的共同基金和对冲基金的竞争集中在吸引投资。量化对冲基金和其他高频交易公司的竞争还包括招聘有才能和有经验的策略专家和技术专家，以及对于市场无效性的直接竞争。同样，与传统的非高频交易经纪经销商的地盘之争，涉及成为获得在传统做市场所的盈利机会的"第一优先权"。

投资者

高频交易的投资者包括旨在使其投资组合多样化的基金中的基金（funds-of-funds），渴望在其现有组合中增加新策略的对冲基金，以及想获得可持续创造财富的机会的私募股权投资公司。大多数投资银行通过它们的"优先资金"服务来提供交易杠杆。

服务和技术供应商

与任何业务一样,高频交易操作需要特定的支持服务。最常见的是,在许多情况下,高频交易商业群体的主要供应商包括在本章前面提到的数据、硬件、通信连接、软件、执行、托管和清算、人员配置、管理和法律服务。

政府

在编写本书时,世界各地正在颁布一些监管举措。第 13 章总结了最新的监管思想。

| 总　结 |

开发高频交易业务涉及很多挑战,包括许多系统"灰箱"或"黑箱"性质所带来的各种问题。快速和复杂的算法决策导致的低透明度,要求尽职的风险管理和监控,以及持续的人员监督。配置和执行的成本随时间显著降低,使利润生成的引擎持续运行,且不带任何感情、疾病或其他人为因素。精心设计和执行的高频交易系统,在证券价格的多个短期变化时资本化,能够在所有类型的电子交易市场上产生可靠的盈利能力。

| 章末问题 |

1. 算法开发中的关键步骤是什么?
2. 稳定的高频交易操作需要花费多少时间来监控?
3. 拥有 1 亿美元的资本和净(减去交易成本后)夏普比率为 1.5 的高频交易策略,其运营成本是多少?

4. 具有以下盈亏平衡的高频策略所需的最低资本是多少？

    a. 净（减去交易成本后）夏普比率为 2.8

    b. 三名全职工作人员每年赚 15 万美元

    c. 办公室每年的开销（办公空间、网络和计算机开支）为 72 000 美元

    d. 每年主机托管费为 36 000 美元

5. 高频交易行业参与者有哪些？

High-
Frequency
Trading

第8章

统计套利策略

和人工交易一样,高频交易策略也可以细分为三个主要的方面(per Harris, 1998)。

1. 统计套利(statistical arbitrage, stat-arb),也称为价值驱动型策略。使用统计套利策略的交易商,在证券的价格相对于基本面价值低估或纯统计指标低时进场。这里说的金融工具的基本面价值是由这些交易商通过模型来判断得到的。使用统计套利策略的交易商可以是传统的做低频交易的机构资金管理者,也可以是那些做高频交易的专注于交易短期价格偏离的资金管理者。交易商在执行套利策略时,可以使用市价订单交易那些转瞬即逝的短期价格偏离,也可以使用限价订单交易那些变动缓慢的机会(Kaniel and Liu, 2006; Angel, 1994)。

2. 方向性策略(directional strategies),也称为知情交易。使用方向性策略的交易商需要成功地预测出市场潜在变动的方向。通常此类交易商是高频交易的资金管理者和其他具有信息渠道且有能力分析市场状况的自营交易商。他们的信息包括付费的新闻分析，如彭博，这些付费的新闻通常在市场公开前就能在彭博看到；根据市场微观结构的预测；其他来源。

此类交易商的预测对时机是非常敏感的。一次指定时间的预测，当该时间过去后，这次预测就不再有效。从优质渠道获取的信息也许会迅速地在公开渠道传播，进而降低这笔信息的作用。因此，方向性交易商通常不会很耐心地等待指令成交，他们一般会下市价订单或者在靠近市价的价位下"激进"的限价订单（Vega, 2007）。基于事件的方向性策略将在第9章讨论。

3. 做市交易（market-making），也称为流动性交易。做市商没有重要的市场判断和见解，他们主要靠提供流动性来获取利润。当使用高频算法时，流动性交易商使用自动的做市策略，这将会在第10、11章讨论。做市商通常偏爱使用限价订单，尽管在有些场合也会使用市价订单。

图8-1显示了在限价订单簿上交易商类型与下单激进性相对于市价的分布。

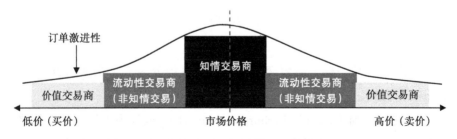

图8-1　限价订单簿上交易商类型和下单激进程度相对于市价的分布图示

随着一些交易商根据简单的统计现象就轻松获得两位数的收益，统计套利于20世纪90年代在交易市场上开始大规模流行起来，本章主要讨论高频交易中常见的统计套利策略。

统计套利的名称源于它的核心功能，即发现统计意义上的持续现象，并且通常这些现象是基于基本面的。此类统计意义上的持续关系可以存在于证券的价格与公司最新申报的盈利数据上。这样的关系也可以存在于多个金融资产的股票价位上，或者其他一些基本面变量，比如一个金融工具的价格水平和另一个金融工具的波动率及其变量。

确定哪些金融工具适合应用统计套利策略时，关键的一点是，变量之间的关系必须在至少 90% 的置信水平下统计显著。在该置信水平下，可以保证 90% 的观测值在平均值的两倍标准差内。因此，某种意义上说，统计套利是技术分析策略中"布林带"（Bollinger Bands）的现代版本或者说复杂版本，因为"布林带"展示了一块随着平均价格变化上下两倍标准差的区域带，表明股票走势将在该区域内运行。

统计套利模型发现的那些统计显著的经济现象比纯粹简单数据挖掘获取的统计显著模型具备更高的盈利能力及更长时间的有效性。一个基于经济理论的统计套利例子是 ETF 或指数套利：根据金融学中的一价定律，一个可交易的指数或 ETF 应该与构成该指数的金融工具及相应权重篮子价格一致。如果该篮子和可交易的 ETF 之间存在价差，那么交易员可以基于此价差进行套利，本章稍后将会讨论这一点。

相反地，在两个完全不相关的股票之间观测到的价格统计关系，也许是纯随机的，或者说是"伪随机"。尽管这层关系显示了非常显著的统计关系，但是很难在评估股票未来价值上做出有意义的预测。从交易策略的角度来看，这样的关系与 Challe（2003）提出的关于太阳黑子的出现和资产收益预测之间的关系是统计显著的，没有太大区别，都是属于虚假的。

本章深入探讨侦测统计套利关系的技术方法，并且展示一些已被证明的例子。

统计套利的实际应用

一般的讨论

在统计套利模型中，交易的两个或多个金融工具的价格一般而言是基本面相关的，可以跨越各种资产类别和名称。在股票市场，发行股票的公司可能属于同一行业，因此对市场的变化所做出的反应会非常接近。也有一种可能，这些股票是由同一家公司发行的。一家公司通常会发行多种类型的股票，这些不同类型的股票分别享有不同的股东投票权利。即使是同一家公司发行的同一类证券，也会由于在不同交易所上市交易而导致有利可图的日内价差。在外汇市场，模型选出的交易资产配对可以是外汇现货和其对应的衍生产品（如期货合约）。同样的衍生品和现货的配对可以用在股票和固定收益证券上。被动型指数，如 ETF，当指数和构成该指数的标的物出现短暂的价差偏离时，也存在套利机会。在期权市场上，交易对可以是两个标的物相同但到期日不同的期权。

本部分内容讨论一些应用在不同金融工具上的统计套利例子。表 8-1 列出了接下来要讨论的策略清单。挑选出来的策略主要为了展示套利的基本理念。这份清单并不是一份完整的策略清单，市场上还有很多基本面套利的机会。

表 8-1 本节提到的按资产类别分类的基本面套利策略汇总

资产类别	基本面套利策略
股票	配对交易
股票	隶属同一发行人的不同类别的股票套利
股票	风险套利
股票	流动性套利
外汇	三角套利
外汇	非抛补利率平价（UIP）套利
指数和 ETF	指数构成套利
期权	波动率曲线套利
跨资产	期货基差套利
跨资产	期货/ETF 套利

股票

基于股票基本面模型而获得成功的统计套利策略非常多。这部分主要回顾以下比较流行的股票统计套利交易策略：配对交易、隶属于同一发行人的不同类别的股票套利、市场中性配对交易、流动性套利和大对小信息溢出等。

配对交易

配对交易是统计套利策略中最简单的也是使用最广泛的。从数学上讲，开发统计套利交易信号的步骤是基于任意两个金融工具的价格水平或其他变量特征的关系。对于任意两个金融资产 i 和 j，基于其价格水平的 $S_{i,t}$ 和 $S_{j,t}$ 的关系可以通过下述步骤得到。

1. 确定具备足够流动性的金融工具：所有在期望的交易频率单元内可交易的金融资产。例如，对于一个小时级别频率的交易策略，应当选择那些每小时至少有一次交易的股票。

2. 步骤 1 特定的 t 时段内，测量任意两只股票 i 和 j 的价差：

$$\Delta S_{ij,t} = S_{i,t} - S_{j,t}, t \in [1,T] \tag{8-1}$$

式中，对于每日观测而言，T 是个足够大的数字。根据统计学上的中心极限定理（central limit theorem，CLT），在所选的交易频率内，应该达到 30 个的绝对最小观测值。对于日内数据，会显示出较强的季节性，即在一天内的某几个小时，某种关系会持续地显现。因此，强烈建议选取一个较大的 T 值，通常是大于 30 天的观测数据。出于对推断结论稳健性的考虑，最好是可以选取 T 为 500 天（两年）的观测值。

3. 对每一股票配对，选择具有（即同升共跌）最稳定关系的一对股票。Gatev、Goetzmann 和 Rouwenhorst（1999）采用了一种简单的最小化每对每两种流动性较好的股票计算历史收益差的平方和方法：

$$\min_{i,j} \sum_{t=1}^{T} (\Delta S_{ij,t})^2 \tag{8-2}$$

股票价格关系的稳定性也可以通过协整（cointegration）或其他统计方法来评估。

下一步，对每一只股票 i，选择使式（8-2）具有最小平方和的股票 j 与之配对。

4. 估计价差的基本分布性质的方法如下。

价差的均值：

$$E[\Delta S_t] = \frac{1}{T} \sum_{t=1}^{T} \Delta S_t$$

标准差：

$$\sigma[\Delta S_t] = \frac{1}{T-1} \sum_{t=1}^{T} (\Delta S_t - E[\Delta S_t])^2$$

5. 关注股票价格的价差。

在特定的时间 τ，如果

$$\Delta S_\tau = S_{i,\tau} - S_{j,\tau} > E[\Delta S_\tau] + 2\sigma[\Delta S_\tau]$$

那么卖出股票 i 并且买入股票 j。但是，如果

$$\Delta S_\tau = S_{i,\tau} - S_{j,\tau} < E[\Delta S_\tau] - 2\sigma[\Delta S_\tau]$$

则买入股票 i 并且卖出股票 j。

6. 如果股票间的价差翻转使我们获得预期的盈利，那么就立即平仓了结头寸；如果价格朝我们预先设定的相反方向变动，则止损出局。

除了发现价格层面的统计异常现象，统计套利还可以被应用到其他变量，比如两只股票或传统基本面关系的相关性。关于基本面因素的统计套利实施细节，在下文会详细提及。

配对交易策略可以根据市场的状况进行动态调整，使之适应市场。统计关系所考虑的变量（比如均值）可以调整，例如，可以通过对最近观测值施加更高的权重来计算移动平均值。类似地，标准差的计算也可以只使用最近的观测样本来反应最新的经济环境状况。

经济与金融的学术研究领域中证明的统计关系，使得许多交易商产生了持续的正收益。全面理解经济理论，将有助于数量分析师区分该统计关系是固有的还是随意的，进而可以提高该统计策略的获利能力，同时降低交易操作的风险。

除了在估计统计关系时的技术问题以外，统计套利策略也会受到许多不利的市场条件影响。

隶属于同一发行人的不同类别的股票套利

对于由同一发行人发行的两类不同权益的股票，股票价差会在相对稳定的价格区间内浮动，这是非常合理的。同一公司发行的不同类别的普通股通常仅在两个特征上有所不同：表决权和发行股数。

拥有较高级别表决权的股票通常要比普通投票权或无表决权的股票价值更高，因为有高级别表决权的股票使得股东对公司的发展方向有更多的掌控，见 Horner（1988）以及 Smith 和 Amoako-Adu（1995）的研究。Nenova（2003）发现，在大多数国家，有表决特权的股票存在溢价现象。这种溢价大小根据不同国家之间，法制环境、对投资者的保护程度，以及强制

接管规定等因素的不同而有所不同。在透明度最高的国家，如芬兰，表决特权股票的溢价接近于 0；在韩国，表决特权股票溢价可以达到股票市场价值的将近 50%。

拥有较高发行量的那类股票通常流动性更好，这促使交易活跃的投资者赋予它们更高的价值（见 Amihud and Mendelson，1986，1989；Amihud，2002；Brennan and Subrahmanyam，1996；Brennan，Chordia, and Subrahmanyam，1998；Eleswarapu，1997）。同时，流动性较好的股票较流动性较差的股票能更快地反映市场信息，从而创造出信息套利的机会。

一个典型的交易机制可能如下：如果没有什么充足的理由，价差范围扩大至平均每日价格范围值的两倍标准差之外，那么就可以认为该价差会在接下来的几小时内回归。

这种双类别股票策略有两个主要缺点，而且可能无法运用于资产管理规模（assets under management，AUM）较大的基金。

1. 能够在公开市场发行两种不同类别股票的上市公司数量非常有限，这一点使得策略的适用条件受到限制。例如，在 2009 年 1 月，从雅虎财经上筛选出的在纽交所发行的双类别股票的上市公司只有 8 家，它们分别是：Blockbuster, Inc.；Chipotle；Forest City Entertainment；Greif, Inc；John Wiley & Sons；KV Pharma；Lennar Corp.；Moog, Inc。

2. 对于双类别股票中流动性较差的那一类股票，通常它们的日成交量都比较小，这一点进一步限制了此种策略的应用。表 8-2 给出了 2009 年 1 月 6 日在纽交所上市的同一公司双类别股票的收盘价和日成交量。对于所有的 B 类股票，2009 年 1 月 6 日的日成交量甚至都不到 100 万股，这对于一个维持任何合理交易规模的交易策略来说都太小了。

风险套利

风险套利或市场中性套利策略指的是基于经典的金融均衡理论所发展出来的一类交易策略。绝大多数此类策略的核心思想是基于 Sharpe（1964），Lintner（1965）和 Black（1972）的资本资产定价模型（CAPM）。

表 8-2 2009 年 1 月 6 日纽交所上市的同一
公司双类别股票的收盘价和日成交量

公司名称	A 类股票	A 类 收盘价	A 类成交量（百万股）	B 类股票	B 类 收盘价	B 类成交量（百万股）
Blockbustyer, Inc.	BBI	1.59	2.947	BBI-B	0.88	0.423
Chipotle	CMG	60.38	0.659	CMG-B	55.87	0.156
Forest City Entertainment	FCE-A	8.49	1.573	FCE-B	8.41	0.008
Greif, Inc.	GEF	35.42	0.378	GEF-B	35.15	0.016
John Wiley & Sons	JW-A	36.82	0.237	JW-B	36.63	0.005
K V Pharma	KV-A	3.68	0.973	KV-B	3.78	0.007
Lennar Corp.	LEN	11.17	8.743	LEN-B	8.50	0.074
Moog, Inc.	MOG-A	37.52	0.242	MOG-B	37.90	0.000

CAPM 的基本理念是所有股票的收益率都受到市场大市收益率的影响。每一只股票与整个市场的联动程度又各不相同，并且这种变化程度在不同的时间内也会随之不同。例如，奢侈品公司的股票在大盘上涨时也会产生正的收益，然而酿酒公司和电影公司反而会在大盘下跌时表现出很高的正收益。

CAPM 的公式如下：

$$r_{i,t}-r_{f,t}=\alpha_i+\beta_i(r_{M,t}-r_{f,t})+\varepsilon_t \tag{8-3}$$

式中，$r_{i,j}$ 是股票 i 在时间 t 的收益率；$r_{M,t}$ 是时间 t 的市场指数收益率；$r_{f,t}$ 是 t 时刻的无风险利率，如美国的联邦基金利率。该等式的估计值可以通过普通最小二乘法回归得到，参数估计值是 $\hat{\alpha}$ 和 $\hat{\beta}$。参数估计值 $\hat{\alpha}$ 代表了该股票的非常规收益，参数估计值 $\hat{\beta}$ 代表的是该股票相对于市场变化的程度。

最简单的基于 CAPM 的股票市场中配对交易套利策略是，同时交易两只股票，它们对市场的变化反应一致，即具有相同 β 但不同 α 的股票配对。这种策略被称作市场中性策略，做多其中一只股票，同时做空另一只，可以使得两只具有相同 β 的股票可以中和投资组合所面临的市场风险。

通常情况下，用于配对的股票属于相同或相近的行业，当然也不是必须如此。股票 i 和 j 的 α 和 β 由式（8-3）的 CAPM 得出。一旦两只股票的 α 和 β 参数及它们的标准差被确定，就可以由假设检验的方法检验两个参数之间的差异是否统计显著，这里只列出 β 的检验式：

$$\Delta \hat{\beta} = \beta_i - \beta_j \tag{8-4}$$

$$\hat{\sigma}_{\Delta\beta} = \sqrt{\frac{\sigma_{\beta_i}^2}{n_i} + \frac{\sigma_{\beta_j}^2}{n_j}} \tag{8-5}$$

式中，n_i 和 n_j 分别是用来估计式（8-3）的样本股票 i 和 j 的样本容量。

标准的 t 统计量由下式确定：

$$\text{Student } t_\beta = \frac{\Delta \hat{\beta}}{\hat{\sigma}_{\Delta\beta}} \tag{8-6}$$

α 系数的差异性检验也遵循上述步骤，得出式（8-4）～式（8-6）的 β。

与其他的估计值 t 检验一样，当 t 统计量落在式（8-7）的区间内时，可以认为两个 β 在统计上是近似的：

$$t_\beta \in \left[\Delta \hat{\beta} - \hat{\sigma}_{\Delta\beta}, \Delta\beta + \sigma_{\Delta\beta}\right] \tag{8-7}$$

与此同时，α 值之间的差异必须在统计意义上和经济意义上显著，即 α 值之间的差异必须至少要大于交易成本（trading cost，TC），t 检验也必须有很强的统计显著性，一般至少要达到 95% 的置信水平：

$$\Delta \hat{\alpha} > TC \tag{8-8}$$

$$|t_\alpha| > [\Delta \hat{\alpha} + 2\hat{\sigma}_{\Delta\alpha}] \tag{8-9}$$

一旦找到了一对股票满足了式（8-7）～式（8-9），交易商可以买进具有高 α 值的股票，同时卖空具有低 α 值的股票。并且，持有头寸的时间为事先根据模型预测确定好的时间长度。

基本的市场中性配对交易策略还有一些其他变种，比如用于解释一些股票特有的因素（如股票基本面）的策略。例如，Fama 和 French（1993）证明下面的三因子模型在股票配对交易中表现得很成功：

$$r_{i,t} = \alpha_i + \beta_i^{MKT} MKT_t + \beta_i^{SMB} SMB_t + \beta_i^{HML} HML_t + \varepsilon_t \tag{8-10}$$

式中，$r_{i,t}$ 是股票 i 在时间 t 的收益率；MKT_t 是时间 t 的广基市场指数收益率；SMB_t（small minus big，小减大）是 t 时刻小市值股票减去大市值股票的市场指数或投资组合的收益率之差；HML_t（high minus low，高减低）是 t 时刻高账面市值比的股票减去低账面市值比的股票形成的投资组合的收益率。

流动性套利

在经典的资产定价理论中，如果某一金融资产给潜在的投资者造成了不便，那么该资产应当给投资者更高的收益率以补偿。流动性不足就是这种不便之一，较低的流动性使得个体投资者更难了结头寸，从而带给他们更高的成本。从另一方面来说，如果流动性已经反映在资产的定价中，那么有限流动性的时期可能会给那些灵活的投资者提供获取丰厚利润的交易机会。

事实上，相当多的研究发现，流动性较低的股票具有较高的平均收益，具体可参见 Amihud 和 Mendelson（1996）；Brennan 和 Subrahmanyam（1996）；Brennan、Chordia 和 Subrahmanyam（1998）；以及 Datar、Naik 和 Radcliffe（1998）。但是，如果只凭流动性低这一点而交易股票，却无法获取正的超额收益。相对较高的平均收益仅仅是补偿了潜在投资者持有这些低流动性股票的风险。

然而，Pastor 和 Stambaugh（2003）发现，至少有一部分观测到的金融资产流动性不足是由市场层面的原因造成的。如果把市场层面的流动性因素反应在单个资产收益率中，那么市场流动性套利策略会收到正的超额收益。

Pastor 和 Stambaugh（2003）发现，对市场层面流动性暴露大的股票相对于不受市场流动性影响的股票要有更高的收益率。为了测度证券 i 对市场流动性的敏感度，Pástor 和 Stambaugh（2003）设计了一个测度 γ，可以用下面的最小二乘法估计得到：

$$r_{i,t+1}^e = \theta + \beta r_{i,t} + \gamma sign(r_{i,t}^e).v_{i,t} + \tau_{t+1} \quad (8\text{-}11)$$

式中，$r_{i,t}$ 是股票 i 在时刻 t 的收益率；$v_{i,t}$ 是股票 i 在时刻 t 的成交额；$r_{i,t}^e$ 是股票 i 在时刻 t 的超出市场收益率的部分：$r_{i,t}^e = r_{i,t} - r_{m,t}$。$r_{i,t}^e$ 的正负号代表 t 时刻交易委托订单流的方向；当股票的收益率为正时，可以假设市场的买单数量大于卖单数量，反之亦然。公式中还有前一时刻的收益率 $r_{i,t}$，这是为了使该式能反应大多数金融资产收益率时间序列中普遍具备的一阶自相关的影响。

大对小的信息溢出

市值相对较小的股票或其他证券我们称为"小"。对"小"的精确定义，不同的交易会有所不同。以 2002 年的纽交所为例，"小盘股"是指那些市值低于 10 亿美元的股票，市值在 10 亿~100 亿美元的称为"中盘股"，"大盘股"则是那些市值超过 100 亿美元的股票。

小盘股被认为对于新闻和信息的反应要显著地慢于大盘股。Lo 和 MacKinlay（1990）发现，小盘股的收益率随大盘股收益率的变化而变化。一种对于该现象的解释是大盘股的激进交易更多，因此对于信息的吸收相对于小盘股更有效。Hvidkjaer（2006）进一步发现，小盘股相对于大盘股"反应极其慢"，并且把这种不充分的反应归结于小投资者的低效行为。

对于小盘股反应缓慢的一种解释是，小盘股对于机构投资者相对缺少吸引力，而这些机构投资者是构建市场价格的市场信息的主要来源。小盘股对于机构投资者没有吸引力是因为它们的规模，一家投资机构的中级经理，通常要管理 2 亿美元的资产，如果该投资经理打算投资小盘股，即使把分散投资做得足够好，也会显著地推动这些小盘股的价格，进而影响他们的获利，同时也增加了他们头寸的流动性风险。此外，持有一只股票超过 5% 必须上报给美国证券交易委员会，这使机构投资者投资小盘股更显麻烦。因此，小盘股大多数由小投资者交易，他们大多数只使用日线数据和传统的"低技术含量"的技术分析来做决定。

小盘股的市场特征是低流动性、高无效性，因此也造就了可获利的交易机会。Lorente、Michaely、Saar 和 Wang（2002）进一步研究了成交量中所蕴含的信息，他们发现小盘股和买卖价差较大的股票，在成交量放大时表现出动量效应；大盘股和买卖价差小的股票在成交量放大时并没有表现出动量效应，甚至有时候还表现出了反转效应。因此，可以根据小盘股与大盘股滞后收益率之间相关性和协整的结果，以及大盘股和小盘股的成交量来交易小盘股。

外汇

一些经典的模型被证明在短期的外汇市场上是有效的。这一部分的统计套利应用于三角套利（triangular arbitrage）和非抛补利率平价模型（uncovered interest rate parity models）。其他基本面的外汇模型，比如弹性价格货币模型、黏性价格货币模型和资产组合模型，在统计套利框架下都可以产生持续盈利的交易。

三角套利

三角套利是利用三种外汇对合理交叉价格的暂时性偏离来套利。下面的例子仿照 Dacorogna 等人（2001）描述的欧元/加元（EUR/CAD）的三角套利。这个策略利用 EUR/CAD 和 "合成" EUR/CAD 价格的偏离机会进行交易，其中合成欧元/加元价格由下式来计算：

$$EUR/CAD_{合成,买价} = EUR/USD_{市场,买价} \times USD/CAD_{市场,买价} \quad (8\text{-}12)$$

$$EUR/CAD_{合成,卖价} = EUR/USD_{市场,卖价} \times USD/CAD_{市场,卖价} \quad (8\text{-}13)$$

如果 EUR/CAD 的市场卖价低于合成 EUR/CAD 的买价，此时可以买入 EUR/CAD，同时卖出合成的 EUR/CAD，并且等待当市场价格和合成价格恢复一致时，平仓获利。而市场卖价与合成买价的价差应当足够大，至少大于欧元/美元（EUR/USD）和美元/加元（USD/CAD）两者的价差才能保证该策略有利可图。EUR/USD 和 USD/CAD 的汇率价格应当是同时获取的，在计算价格时，即使存在 1 秒的延误，也可能由于发生了没有观察到的但在背后影响价格的交易，而导致这种关系被显著扭曲；当交易员收到延误的第二个报价时，该价格可能已经恢复到了无套利均衡状态。

非抛补利率平价套利

非抛补利率平价（UIP）是这样的关系中的一种。Chaboud 和 Wright（2005）发现，UIP 在美国东部时间下午 4~9 点时，对于基于高频和日内汇率的变化预测上面表现得最好。UIP 可以写成如下的形式：

$$1 + i_t = (1 + i_t^*) \frac{E_t[S_{t+1}]}{S_t} \quad (8\text{-}14)$$

式中，i_t 是本币一个周期的利率；i_t^* 是外币一个周期的利率；S_t 是即期汇率，代表一单位外币的本币值。例如，如果把美元当作本币，瑞士法郎当作外币，根据 UIP 等式，可以计算瑞士法郎/美元的均衡汇率为：

$$1+i_{t,USD} = (1+i^*_{t,CHF})\frac{E_t[S_{t+1,CHF/USD}]}{S_{t,CHF/USD}} \quad (8\text{-}15)$$

该表达式可以非常方便地转换成下面便于做线性估计的回归形式：

$$\ln(S_{t+1,CHF/USD}) - \ln(S_{t,CHF/USD}) = \alpha + \beta(\ln(1+i_{t,USD}) - \ln(1+i^*_{t,CHF})) + \varepsilon_{t+1} \quad (8\text{-}16)$$

当式（8-16）的两边出现了统计偏差，那么统计套利的机会就出现了，据此可以做交易决策。

指数和 ETF

指数套利的原理是利用指数和构成指数的那些股票所出现的价差进行交易。在"一价定律"（Law of One Price）下，指数的价格应当等于组成指数的证券组合的价值，其中几个证券按照它们在指数中的权重进行加权。偶尔，指数和相对应的证券会背离"一价定律"，因此出现了套利的机会。如果构成指数的组合价格在扣去手续费后仍然大于指数本身的价格，则可以卖出指数组合的那些证券，同时买入指数，并且持有至指数定价被市场修正时再平仓获利。类似地，如果构成指数组合的价格在扣去手续费后仍然小于指数本身，则可以卖出指数，同时买入组合，当获利后平仓。

Alexander（1999）发现，基于协整关系的指数套利策略可以产生持续的正收益，具体步骤如下：

1. 投资组合的经理首先选择一个基准指数。对于投资国际证券的组合经理，可以选择欧洲、亚洲或远东（EAFE）摩根士丹利指数及其成分指数，并且把目标定位组合回报超过 EAFE。

2. 接着，该投资组合经理决定哪些国家将会引领 EAFE，具体方法是通过误差修正模型（ECM），把 log（EAFE）作为因变量，构成指数价格的对数作为自变量（解释变量）：

$$EAFE_t = \alpha + \beta_1 x_{1,t} + \cdots + \beta_n x_{n,t} + \varepsilon_t \quad (8\text{-}17)$$

式中，$\beta_1\cdots\beta_n$ 系数如果统计显著，则说明在对应国家指数 $x_1\cdots x_n$ 上分配资金是可行的，如果模型残差是平稳的，α 则代表超过 EAFE 基准指数的预期超额回报。$\beta_1\cdots\beta_n$ 以根据投资者的个人偏好在估计过程中设限。

一个绝对回报策略可以按步骤 2 确定的比例买入成分指数，同时卖出 EAFE 指数实现。

期权

对于期权以及其他具有非线性支付结构的衍生工具，统计套利的对象一般是具有相同标的物，但其他特征有一项不同的衍生工具组成的交易配对。这个不同的特征经常要么是到期日，要么是衍生品的行权价。策略的构建过程和之前提到的步骤差不多。

跨资产

统计套利不仅仅限于单一的某类资产。相反，统计套利可以应用在金融产品及其衍生品组成的交易配对上，或者是两个有着相同基本面价值的金融工具上。

基差交易

期货是在跨资产统计套利中经常被选择的一类金融工具。期货价格是标的资产价格的线性函数，很容易通过下面的模型定价：

$$F_t = S_t exp[r_t(T-t)] \quad (8\text{-}18)$$

式中，F_t 是 t 时刻期货合约的价格；S_t 是 t 时刻标的资产的价格（如权益股、外汇汇率或利率等）；T 是期货离到期日的时长；r_t 是 t 时刻的利率。对于外汇期货；r_t 是本币和外币的利率差。

期货合约和对应标的资产的统计套利通常称作"基差交易"（basis trading）。和股票配对交易一样，基差交易遵循下面的步骤：估计同期价差的分布；持续监测该价差；根据该价差进行交易。

Lyons（2001）研究了以下六种货币对的基差交易：马克 / 美元、美元 / 日元、英镑 / 美元、美元 / 瑞士法郎、法国法郎 / 美元和美元 / 加元。该策略对现货和期货的价差下注，并假定该价差会回归至其均值或中位数。具体而言,当期货价格超过现货价格于一个事先设定的水平时,则卖出外汇期货;当期货价格低于现货价格于一个事先设定的水平时,则买入外汇期货。Lyons(2001)发现,当这个事先设定的水平设为基差的中位数水平时,该策略的夏普比率可以达到0.4~0.5。

期货/ETF 套利

对于宏观经济新闻的反应,期货市场被证明要比现货市场更快。Kawaller、Koch 和 Koch(1993)使用 Granger 因果检验发现,标准普尔500指数期货相较于标准普尔500指数本身对于新闻的反应要更快。Stoll 和 Whaley(1990)也发现了类似的影响:如果每隔5分钟计算一次收益率,则标准普尔500指数期货和货币市场指数期货都要领先股票市场指数5~10分钟。

期货市场的这种快速调整很有可能是因为期货和股票市场的历史发展造成的。芝加哥商品交易所,作为北美最大的期货合约结算中心,早在20世纪90年代就推出了功能齐全的电子交易平台,而股票交易所则直到2005年前还一直在使用人工交易员和机器混合的清算机制。因此,快速的信息套利策略在期货市场表现得非常完美,而系统的股票策略时至今日仍然不发达。在本书撰写期间,期货和现货市场的领先滞后关系已经从 Stoll 和 Whaley(1990)研究时的5~10分钟降低到了1~2秒。但是,这对低手续费的高频交易系统仍然是有盈利机会的。

多个金融工具/资产的协整

统计套利模型也可以建立在两个或多个完全不同的金融工具上,甚至可能来自完全不同的资产类别。很多时候,这类多资产的模型可以使用协整的方法开发。协整(cointegration)指的是一种状态,在该状态下,历史参数中的两个或多个金融资产的价格同步变化。一个两资产的协整模型可以写成如下形式:

$$P_{1,t}=\alpha+\beta P_{2,t}+\varepsilon_t \tag{8-19}$$

式中,$P_{1,t}$ 是第一个金融工具的价格;$P_{2,t}$ 是第二个金融工具的价格;α 和 β 是普通最小二乘法的系数。如果模型的残差 ε_t 是平稳的,那么称金融工具1和金融工具2是协整的,这意味着两者的价差有均值回归的性质。有许多检验残差平稳性的检验方法。最简单的检验工作是这样的,如果至少有90%

的残差观测值 ε_t 落在 ε_t 均值的两倍标准差内，则可以认为该残差序列是平稳的。

为了进一步对两个证券的关系进行微调，统计套利研究者会在等式中加入已实现的价格变化滞后值，使用向量自回归模型探测交易时刻前几期的统计套利关系：

$$P_{1,t} = \alpha + \beta_0 P_{2,t} + \beta_1(P_{2,t} - P_{2,t-1}) + \beta_2(P_{2,t-1} - P_{2,t-2}) + \cdots + \beta_k(P_{2,t-k+1} - P_{2,t-k}) + \varepsilon_t \tag{8-20}$$

$$P_{2,t} = \gamma + \delta_0 P_{1,t} + \delta_1(P_{1,t} - P_{1,t-1}) + \delta_2(P_{1,t-1} - P_{1,t-2}) + \cdots + \delta_k(P_{1,t-k+1} - P_{1,t-k}) + \omega_t \tag{8-21}$$

回归式（8-20）和式（8-21）所使用的滞后阶数 k，是由系数 β_k 和 δ_k 的统计显著性决定的。如果 β_k 和 δ_k 的 t 统计量绝对值小于 2，那么第 k 期滞后则不考虑，第 k 期滞后为回归的终止滞后期。

另一种常见的提高统计套利模型绩效的方法是使用额外的金融工具来扩展式（8-19）：

$$P_{1,t} = \alpha + \beta P_{2,t} + \gamma P_{3,t} + \cdots + \delta P_{n,t} + \varepsilon_t \tag{8-22}$$

与式（8-19）一样，多资产协整统计套利的关键标准是残差项的平稳性。与式（8-20）和式（8-21）类似，式（8-22）也可以拓展加入观测价格的滞后项。

| 总　结 |

统计套利在高频环境下非常有用，因为它提供了非常清晰的条件定义，这些条件在高频设置中以系统的方式容易实现。基于可靠的经济理论开发的统计套利策略，相较于仅依靠统计现象开发的策略，要更有效且更长久。

| 章末问题 |

1. 金融市场上的交易商是哪三类？他们是如何区分并且共存的？

2. 统计套利背后的关键原则是什么？

3. 假设你正在考虑使用 SPY 和电子迷你标准普尔 500 指数期货进行统计套利。根据式（8-18），SPY 和电子迷你期货存在理论上的数学关系。假设回归式（8-20）和式（8-21）的协整模型的短期估计得到系数 $\beta 1$ 和 $\delta 1$ 是显著为负。在这种情况下，如何操作才能套利？

4. 假设，在长考察周期上，两个股票的高频收益率满足式（8-3）～式（8-10），（同样的 β，不同的 α，$\alpha 1 > \alpha 2$）。短周期上，这样的关系正好相反，在过去 30 分钟内，$\alpha 1 < \alpha 2$。对于这种现象，如何进行统计套利？

5. 一个 ETF 的数据是每日更新的。假设你打算对 ETF 和其对应篮子的证券进行套利。你计算了高频 ETF 收益率，并对其关于篮子内的股票使用协整模型，选出那些统计显著的变量。你如何根据你的模型发现进行具体的套利？

High-Frequency Trading

第9章

围绕事件的方向性交易

许多传统的、低频的数量模型都假设了几个理想化的市场条件，而以下这个假设使用得颇为频繁：市场会立刻吸收相关的可得的公共信息。并且有理论认为，好的长期数量化估值，只有当价格总是能够反应所有基本信息时才有可能实现（欲知更多细节，请参见 Muth 在 1961 年的理性预期，以及 Fama 在 1970 年的有效市场假说）。

任何人只要见过在有新消息发布情况下的实际价格演变，都会注意到价格对新消息的调整很难说是立即反映出来的。事实上，信息对价格的"约束"可以做以下描述：价格首先会不稳定地摆动，然后确定在某一个范围内。价格从来不会在某个值上确定下来，无论多小，价格都会伴随所有市场情况的变动而波动。市场找到它最终的价格区间的过程被称为"摸索"（tâtonnement），这个词源于法语的"不断试错"。

价格在向最优价格摸索的过程，通常发生在买家和卖家通过订单的流向进行隐含试协商的时候。

新闻报道能被立刻收到,而且能实现交易分笔挂单,所以高频交易商完全具有从消息对市场的影响中获利的优势。通过套利价格围绕着每一条信息的波动,高频交易商的高频策略进一步体现了一个常见的好处:它们使得现实市场越来越接近他们的理想状态,所有的价格瞬间根据最新的新闻更新。本章讲述的高频交易策略,是在市场行动围绕整个市场范围事件的基础上交易,比如新闻公告和其他事件。

开发基于事件的方向性策略

基于事件的方向性策略（directional event-based strategies）指的是,一类利用市场对事件的反应进行交易的策略。这些事件可以是经济事件,也可以是行业相关事件,这些事件会重复地对所感兴趣的证券产生影响。例如,美国联邦基金利率的意外上涨会使美元持续升值,与此同时提高美元/加元的汇率,并降低澳元/美元的汇率。因此,美国联邦基金决议的宣布是一类可以持续的并且有利可图的套利事件。

事件套利策略的目标,就是在每个事件发生的时间窗口内建立能够产生盈利的投资组合。一个时间窗口通常是一段在事件发生前的一瞬,在事件发生后的很短时间内结束。对于事前就有预期的事件,比如按确定时间分布的经济数据等,在这种情况下,或者刚刚公布之后就建立投资组合头寸,这个组合在消息公告后迅速就会被清算。

交易头寸的持有可以是任何时长,从几分之一秒到几个小时,并且能够以低波动率产生稳定的利润。对事件的响应速度经常会决定交易收益,响应得越快,策略抓住事件公布后价格向均衡价格调整所产生的一波价格变动的可能性就越大。因此,事件套利策略非常适合高频交易,并且在完全自动的交易环境中执行能够获得最大盈利。

开发事件套利交易策略需要利用到关于价格均衡方面的研究,还需要利用杠杆统计工具来评估分笔交易数据和立即发布的事件。本章接下来的部分，我们将简要介绍学术界对事件价格影响的研究。现在，我们来开始讨论开发一个事件套利交易策略的机制。

大部分事件套利策略都遵循以下三阶段的步骤。

1. 对每一类事件，确定历史上这类事件发生的日期和时间。
2. 以合适的频率计算所感兴趣的证券在步骤1中事件前后的历史价格变动。
3. 在历史价格围绕过去事件的表现的基础上估计预期的价格反应。

过去某类事件发生日期和时间可以在各种网站上找到。大部分消息公告都在一天的同一时间发生，这使得收集数据的工作变得简单了很多。例如，美国失业率数据总是在东部时间上午8:30公布。还有一些信息，比如美国联邦开放市场委员会的利率变动，是在白天发布时没有什么时间规律，收集这些数据就需要花更多功夫。一些公司，比如路透社、Reuters、Dow Jones、RavenPack、SemLab、HFTIndex.com和AbleMarkets.com，会以机器可读的格式发放新闻和其他可交易数据。这使得事件驱动策略的自动化进一步简化。

什么构成了一个事件

事件套利策略中的时间可以是任何的经济活动新闻公布、市场干扰，或者其他影响市场价格的时间。事件的重复发生使得研究者能够估计事件的历史影响，并且将这种影响投射到未来。

不同事件的量级（magnitude）不同。有些事件可能会对价格有正向或负向的影响，还有一些事件可能会产生相比其他事件更为严重的后果。一个事件的量级可以用实际发生事件的数据对预期值的偏离大小来衡量。在经济上，这个偏离经常被称为"意外"。例如，在一个比预期高或低的业绩报告之后，一只股票的价格应该调整到未来现金流的净现值。然而，如果利润和投资者预期相同的话，价格就不会变动了。类似地，在一个外汇市场上，一对外汇的水平应该对未被预期的变化做出改变，比如居民消费价格指数（CPI）水平的变动。然而，如果CPI刚好和市场预期的一致，那么几乎不会有变化发生。

在统计数据正式被公布之前，市场参与者就会对事件的数据形成预期。许多金融经济学家会基于连续市场观察，政治变量和纯粹的新闻舆情来预测通货膨胀率、收入以及其他经济数据。当相关事件变得可以预测时，市场参与者就会在预期的基础上进行证券交易，在正式宣布发生之前将他们的预期加在价格之上。

衡量新闻影响的关键步骤之一，是将意想不到的变化或新闻与预期的变化和价格定价方法分离。早期的宏观经济事件研究（如 Frenkel，1981；Edwards，1982）假设大多数经济新闻会随时间推移而缓慢变化，因此在过去几个月或几个季度中观察到的趋势，将是在下一个预定的新闻发布日所公布数据的最佳预测值。新闻或是新闻中的未预期部分，就是公告中公布的数值与自回归分析所得的预期值之间的差异。

之后的研究者，比如 Eichenbaum 和 Evans（1993）以及 Grilli 和 Roubini（1993）曾经用自回归预测过中央银行的决策，包括美联储的决策。同样，中央银行行为的自回归预测性的原理在于，考虑到剧烈的变化会引发大规模的市场混乱，中央银行并没有对他们控制的经济变量做出巨大改变的自由。取而代之的是，为了将经济引到预期的方向，中央银行会采取并实施一系列长期行动，逐步调整它们所控制的变量，如利率和货币供应量。

经验数据表明，用自回归的方式定义的新闻影响，这个框架确实可以用来预测未来证券的变化。然而，事件的影响只在相对较短期限内表现才明显——比如日内数据。Almeida、Goodhart 和 Payne（1998）记录了宏观新闻的发布后，5 分钟的间隔下，取样的美元/德国马克汇率的受到显著影响。不过，关于美国非农就业数据和消费者信心指数对价格变动的影响，能够持续到消息公布之后的 12 小时甚至更久。

后来，人们根据相对此前公布的经济学家预测平均值来衡量宏观经济数据中未预测的部分。例如，《巴伦周刊》（*Barron's*）和《华尔街日报》（*Wall Street Journal*）都会刊登接下来一周即将公布数据的一致预期，正如彭博和路透社所做的一样。这些预测是对领域内的专家进行调查后产生的。

预测方法

预测的开发涉及非常详细的围绕关键性事件公告的交易数据的研究。对事件的研究考量了围绕公告对新闻事件相关的收益的定量化影响，一般有如下执行步骤。

1. 确认并记录公告的日期、时间和事件的"超预期"的变动。为了创建出有效的模拟测试，事件和事件前后交易的证券价格的数据库必须非常详细，必须仔细将事件分类，报价和成交的数据必须在高频基础上进行抓取。未预期的部分成可以用以下两种方式来测量：

- 实际值与基于自回归分析的预测值之间的差值。
- 实际值与分析师一致预测值之间的差值。

2. 计算出所研究的证券在信息公布前后所关注时间段的收益率。例如，如果研究者对评估 CPI 发布事件对美元/加元汇率在 1 秒内变化的影响感兴趣，他们就可以用过去 CPI 公布日的历史数据去计算上午 8:30:00 ~ 8:30:01 美元/加元汇率 1 秒内的变化（美国 CPI 公告总是在东部时间上午 8:30 发布）。

3. 用简单线性回归方程估计公告的影响：

$$R_t = \alpha + \beta \Delta X_t + \varepsilon_t$$

式中，R_t 是按公告顺序排列的利益相关证券的收益向量；ΔX_t 是按公告顺序排列的"超预期"的变化向量；ε_t 是关于消息公告的特异性误差；α 是回归方程的截距，用来表示除了公告超预期的其他因素导致的收益变化；β 衡量了公告对所分析证券收益的平均影响。

在计算股票价格变化时，需要使用宏观形势变化对其进行调整，以消除其对股票价格的影响。这些调整往往用夏普（1964）的市场模型来表示：

$$R_t^a = R_t - \hat{R}_t \tag{9-1}$$

式中，"^"符号表示平均估计，$\hat{R}_t$ 是在历史数据基础上利用市场模型估计的股票预期收益：

$$R_t = \alpha + \beta R_{m,t} + \varepsilon_t \tag{9-2}$$

Ball 和 Brown（1968）第一次使用了这种方法，这种估计方法到今天为止已经产生了统计显著性的交易机会。

在任何一个平常的交易日，世界上都有大量的经济公告产生。这些公告可能关系到某一公司、某一行业或某一国家，甚至像宏观新闻那样，具有全球影响力。公司的新闻公告通常包括季度或年度业绩报告、收购和兼并公告、新产品发布等。行业新闻包括某国行业监管法规、关税，以及行业经济环境的改变等。宏观经济新闻包括主要中央银行的利率公告、政府发布的宏观经济指标，以及区域经济表现评估数据等。

随着科技的发展，如 RSS 资讯、提醒、专线报道，还有谷歌之类公司的新闻聚合引擎等，现在公告公布后投资者就可以立刻获取。一个良好的自动化事件套利系统能够抓取新闻，将事件分类，并且根据历史数据将事件与证券对应起来。不同的公司提供不同的机器可读的数据流，这些数据流可以被计算机轻易解析并用作事件驱动策略的输入量。提供机器可读产品的公司包括托马斯路透社、道琼斯和大量其他的小公司。

一个实际例子

最新的美国通货膨胀率数据每月在预定日期的上午 8:30 公布。当消息公布时，美元/加元即期汇率和其他货币对美元汇率都会即刻有一次性调整，至少从理论上说是这样。如果识别出这些调整实际发生的时间和速度，我们就可以构建有利可图的交易组合，这些组合能够抓取紧随最新通货膨胀数据公告之后的价格水平变化。

确定一个可盈利的交易机会，第一步是定义从公告开始到交易机会结束的时间段，这个时间段被称为"事件窗口"（event window）。我们挑选了最近美国通货膨胀数据公告的，2002 年 1 月~2008 年 8 月的分笔数据样本。由于所有的美国通货膨胀率数据公告均在东部时间上午 8:30 公布，我们将上午 8:30 ~ 9:00 定义为交易窗口，并且下载了这个时段内所有的报价和交易数据记录。我们将数据进一步分为 5 分钟、1 分钟、10 秒和 15 秒的区间，接下来测量了 5 分钟、1 分钟、10 秒和 15 秒的美元/加元即期汇率的收益变动。

购买力平价（purchasing power parity，PPP）理论指出，本币和外币的即期汇率就是国内和国外购买力之比，当美国通货膨胀率变化时，原本的购买力平价平衡就会被打破，从而促使以美元为基础的汇率调整到新的水平。当美国的通货膨胀率上升时，美元/加元的汇率会同时上升，反之亦然。为了让问题更简单一些，在本例中我们只考虑通货膨胀数据公布所带来的影响，忽略市场在公告之前对通货膨胀数据的预期值做出的调整。

符号检验法能够告诉我们，在上午 8:00~9:00 的"交易窗口"之内，如果市场对数据公布时间有恰当和一致的反应的话，这样的反应存在于怎样的时间间隔下。我们的数据样本仅包括公布通货膨胀数据的那些交易日，表 9-1 展示了主要的统计结果。

表 9-1　美国通货膨胀率公告之后美元/加元持续交易机会的数量

估计频率	美国通货膨胀率上升	美国通货膨胀率下降
5 分钟	0	0
1 分钟	1	0
30 秒	4	1
15 秒	5	6

就美国通货膨胀数据公布后的 5 分钟间隔的数据来看，发现似乎美元/加元只对美国通货膨胀率的下降做出持续反应，并且这个反应是瞬时完成的。当通货膨胀率下降时，美元/加元汇率在上午 8:25 ~ 8:30 的 5 分钟区间内，以 95% 的统计置信水平做出下降反应。这个反应可能潜在地支持了瞬时调整假说，毕竟美国通货膨胀新闻是在上午 8:30 公布的，这个时间对通货膨胀率下降的调整看起来已经完成了。如果通货膨胀率有所上升，则不存在任何有统计显著性的反应。

更高频率的抽样间隔则向我们展示了另外一幅景象——调整在短期内爆发式地发生。例如，在 1 分钟的时间间隔，我们可以看到，对通货膨胀率上升的反应在上午 8:34 ~ 8:35 持续发生。因此，这个消息公布后的价格调整，能够带来一个持续稳定的盈利机会。

如果将数据以 30 秒的间隔细分，我们观察到交易机会进一步增加了。对通货膨胀率上升的公告来说，价格调整在公告后四个 30 秒的时间间隔都可以发生。对显示通货膨胀率下降的公告来说，价格调整在公告后一个 30 秒的时间间隔内可以发生。

再进一步检查 15 秒的时间间隔，我们注意到甚至更多时间内有持续的交易机会。对通货膨胀率上升的公告来说，有五个 15 秒的时间间隔美元/加元都对上午 8:30 ~ 9:00 的通货膨胀公告做出了持续上升的反应，因此出现了唾手可得的交易机会。在同样的上午 8:30 ~ 9:00 区间内，持续伴随通货膨胀率下降的公告的是六个 15 秒的时间间隔。

总的来看，我们观察的时间间隔越短，能发现的货币对信息有统计显著性的反应次数就越多。这些机会短期的本质使得它们更适用于系统交易（比如黑箱交易）的方法，如果系统交易实施得好，可以减少执行延迟的风险，减少持有成本，并避免人类判断可能发生的昂贵错误。

可用于交易的新闻

这一节总结了不同的事件类型和它们对特定金融工具的影响。这些事件的影响可以从各种学术资源中得出。因为这些研究第一次是由于机器可读新闻的大量产生和对这一系列交易策略的广泛兴趣才发表的，这些新闻影响的时间框架可能已经大大缩短。然而，描述的影响是基于很强的基本面因素，并且这种影响很容易持续，即使对更短的时间段来说也是如此。一些纳入研究的低频数据估计了这种影响，而研究中使用的高频响应变量则倾向于更有可比性，甚至更加明显。

公司新闻

公司活动，比如利润季度或年度的公告，显著地影响了公告发布公司的股票价值。未预期的正向利润通常提升股票价值，未预期的负向利润经常降低企业股票估值。

分析师会在业绩公布之前对业绩做出预测。如果实际公布的数据与分析师预测的数据不一致，会导致证券价格快速调整到新的均衡水平。实际公布的数据与分析师预测数据的中值或均值的差异，就是公布数据的未预期部分，在估计事件对价格的影响时，未预期部分是影响价格的关键变量。

理论上讲，股票的价格应该等于公司未来现金流量的现值，而贴现时既可以取决于资本资产定价模型所确定的利率，也可以使用 Ross（1977）提出的套利定价理论，或者是特定投资者的机会成本：

$$股价 = \sum_{t=1}^{\infty} \frac{E[Earnings_t]}{(1+R_t)^t} \qquad (9-3)$$

式中，$E[Earnings_t]$ 是公司在未来 t 时刻的预期现金流量；R_t 是 t 时刻的股息贴现到当下的贴现率。未预期的业绩变化会使价格产生快速的反应，股票价格会迅速对新的业绩信息做出调整。

如果实际业绩大幅偏离预测值，会导致市场大幅波动甚至市场的崩溃。为了避免业绩报告对总体市场产生过大的影响，大部分业绩报告都选择在股市收盘后才发布。

其他公司层面的新闻也会影响股票的价格。例如，股票分割效应就被 Fama、Fisher 和 Roll（1969）证明，他们发现相对于股票的均衡价格水平，股价往往会在分割之后有所上升。

事件套利模型包括了业绩报告对不同公司会有不同影响的现象。公司市值大小是研究最为广泛的公司层面的影响因素之一（欲知更多细节，详见 Atiase, 1985; Freeman, 1987; Fan-fah, Mohd and Nasir, 2008）。

行业新闻

行业新闻，主要由法律法规和监管的制定和新产品的发布等组成。这些公告会影响整个行业，并且倾向于使市场内的所有证券都朝同一个方向波动。不像宏观新闻那样是用系统的方式收集和发布的，行业新闻通常是无规律出现的。

对监管法规决策的实证研究表明，那些放宽某一特定行业的政策通常会导致股票价格的上升，而收紧政策会压低股票价格。Navissi、Bowman 和 Emanuel（1999）的研究结果就是证据之一，他们发现，放松或取消价格管制的公告会导致股票价格的上升,而价格管制则会压低股票价格。Boscaljon(2005)也发现,当美国食品药品监督管理局(FDA)放宽广告法规时,往往也伴随着股票价格的上涨。

宏观经济新闻

一些政府机构会在预先确定的时间内,公布各项宏观经济决策和一些经济指标。例如,利率就是由中央银行的一些经济学家确定的,比如美联储或英格兰银行。另一方面,像 CPI 之类的指标通常不是人为确定的,而是由一些国家中央银行的附属机构调查研究后得出的。

其他宏观经济指标一般是由研究部门发布的,包括营利性和非营利性的私人机构。例如,ICSC 高盛连锁店销售指数,这些指数是由国际购物中心协会(ICSC)编制,并由高盛集团进行支持和推广。这个指数跟踪了样本零售点的每周销售情况,并且以此作为消费者信心的指标:消费者对经济和他们未来收入潜力越自信,他们的零售消费就越高,这个指数也越高。其他的指标也用来衡量经济活动的不同方面,包括从不同国家的麦当劳汉堡相对价格水平,到石油供应,以及特定行业的就业水平等。

表 9-2 展示了 2009 年 3 月 3 日周二这个普通交易日的宏观经济数据的发布计划表。欧洲的经济数据经常在欧洲的上午交易时段发布,而这时北美市场已经收盘了。美国和加拿大政府的大部分宏观经济数据通常是在北美的上午交易时段公布,也刚好是欧洲的下午交易时段。大部分来自亚太地区的经济数据,包括加澳大利亚和新西兰,都是在亚洲的上午交易时段发布的。

表 9-2 2009 年 3 月 3 日宏观消息发布计划时间表

时间(东部)	事 件	先前值	一致预期值	国家
上午 1:00	挪威消费者信心指数	−13.3		挪威
上午 1:45	GDP Q/Q 指数	0.0%	−0.8%	瑞士
上午 1:45	GDP Y/Y 指数	1.6%	−0.1%	瑞士
上午 2:00	批发价格指数 M/M	−3.0%	−2.0%	德国
上午 2:00	批发价格指数 Y/Y	−3.3%	−6.3%	德国
上午 3:00	挪威采购经理指数 SA	40.8	40.2	挪威

(续)

时间（东部）	事件	先前值	一致预期值	国家
上午 4:30	建筑业	34.5	34.2	英国
上午 7:45	ICSC 高盛连锁店销售指标			美国
上午 8:55	红皮书			美国
上午 9:00	加拿大银行利率	1.0%	0.5%	加拿大
上午 10:00	未决房屋销售指数	6.3%	−3.0%	美国
下午 1:00	四周票据拍卖			美国
下午 2:00	汽车总销售量	9.6M	9.6M	美国
下午 2:00	国内汽车销售量	6.8M	6.9M	美国
下午 5:00	ABC/《华盛顿邮报》消费者信心	−48	−47	美国
下午 5:30	AIG 服务业表现指数	41		澳大利亚
下午 7:00	全国消费者信心指数	40	38	英国
下午 7:30	GDP Q/Q 指数	0.1%	0.1%	澳大利亚
下午 7:30	GDP Y/Y 指数	1.9%	1.1%	澳大利亚
下午 9:00	澳新银行大宗商品价格	−4.3%		新西兰

注：SA＝季节性调整的数据；NSA＝非季节性调整的数据。

大多数公布的经济数据都有"一致预期值"，它是对不同金融机构分析师的预测值的整合值。一致预期值常常由彭博等大型媒体数据公司发布，它们每周对分析师的预测进行调研，并且计算出行业的平均预期值。

宏观经济新闻来自世界的每个角落。人们常常通过事件研究来估计它们对货币、商品、股票、固定收益和衍生工具的影响，以此衡量新闻对利益相关证券价格的持续影响力。

事件套利的应用

事件交易可以应用于许多资产类别，然而每一事件对每种金融工具的影响却有可能是不同的。这一小节研究了事件对不同金融工具的持续影响。

外汇市场

Almeida、Goodhart 和 Payne（1997）；Edison（1996）；Anderson、Bollerslev、Diebold 和 Vega（2003）；Love 和 Payne（2008），还有许多其

他学者，都研究过外汇市场对宏观新闻的反应。

Edison（1996）发现，外汇市场对实体经济活动的新闻做出的反应更为显著，比如非农就业数据。Edison（1996）特别指出，非农就业数据非预期每增加100 000人，美元汇率就会平均上涨0.2个百分点。与此同时，他还发现，通货膨胀数据对外汇汇率基本没有影响。

Andersen等人（2003）基于时间戳的插值，以精确的5分钟为间隔，对外汇报价进行了分析，他们的研究表明，根据信息发布的内容，平均汇率会快速有效地调整到新的水平。然而，在大多数新闻公告之后，波动性需要更长的时间才能逐渐消失。他们还发现，利空消息通常比利好消息具有更显著的效果。

Andersen（2003）等人将由国际货币市场服务（International Money Market Services，MMS）整理的一致预期，用作估计发布新闻中欧未预期部分的基准。他们对外汇汇率5分钟变化 R_t 建立模型如下：

$$R_t = \beta_0 + \sum_{i=1}^{I}\beta_i R_{t-i} + \sum_{k=1}^{K}\sum_{j=0}^{J}\beta_{kj}S_{k,t-j} + \varepsilon_t, t=1,\cdots,T \tag{9-4}$$

式中，R_{t-1} 是5分钟即期汇率的 i 周期的滞后值；$S_{k,t-j}$ 是第 K 个基本面变量的 j 周期滞后值的超预期部分；ε_t 随着时间以及日内季节性差价变化而变化的波动率。Andersen（2003）等人估计了以下变量的影响：

- GDP（初始值、修正值、终值）；
- 非农就业数据；
- 零售数据；
- 工业生产值；
- 产能利用率；
- 个人收入；
- 消费者信贷；
- 个人消费支出；
- 新屋销售额；

- 耐用品订单；
- 建设支出；
- 工厂订单；
- 商业库存；
- 政府预算赤字；
- 贸易收支平衡；
- 生产者物价指数（OPI）；
- 消费者物价指数（CPI）；
- 消费者信心指数；
- 供应管理协会(ISM)指数 [正式称为全国采购经理协会（NAPM）指数]；
- 房屋开工率；
- 领先指标指数；
- 联邦基金利率目标；
- 首次申请失业救济人数；
- 货币供应量（M1、M2、M3）；
- 就业率；
- 制造业订单；
- 制造业产量；
- 贸易差额；
- 经常账户；
- 生产者价格；
- 批发价格指数；
- 进口价格指数；
- 货币存量 M3。

Anderson、Bollerslev、Diebold 和 Vega（2003）研究了以下几个货币对：1992 年 1 月 3 日~1998 年 12 月 30 日的英镑/美元、美元/日元、德国马克/美元、瑞士法郎/美元和欧元/美元。他们发现，在 99% 的统计显著性下，所有的货币对都对下列指标的超预期改变有积极的反应：非农就业数据、工业生产指数、耐用品订单定数、贸易差额、消费者信心指数、全国采购经理协会指数。所有的货币对都被认为对首次申请失业救济人数和货币存量 M3 的超预期增加做出消极反应。

Love 和 Payne（2008）的研究，显示了不同国家的宏观经济数据会对不同的货币配对产生影响。Love 和 Payne（2008）研究了源于美国、欧元区和英国的宏观经济新闻对欧元/美元、英镑/美元和欧元/英镑的影响，发现英镑/美元受英国经济数据影响最大。Love 和 Payne（2008）还在文章中研究了公布的指标，对三个地区各自货币的具体影响，其发现展示在表 9-3 中。

表 9-3 特定地区的新闻公告对各自货币的影响，Love 和 Payne（2008）

新闻起源的地区	新闻公告的种类		
	货币或价格的上升	产出的增加	贸易差额的增加
欧元区，对欧元的影响	升值	升值	
英国，对英镑的影响	升值	升值	升值
美国，对美元的影响	贬值	升值	升值

股票市场

一个典型的交易日总是充满了各种宏观经济数据的公告，包括国内的和国外的。宏观经济新闻是如何影响股票市场的呢？

根据古典金融学理论，股票价格的变动主要由两个原因造成：上市公司预期股息的变化，以及这些公司相关的贴现率的改变。例如，消费者信心和消费者消费支出的提高很有可能会刺激零售额的增长，进而提高零售机构的潜在利润。然而，劳动力成本的上升，可能会预示艰难的商业困境，从而降低股息的预期值。

现实中，宏观经济数据是如何影响股票价格的？大量的实证研究表明，股票价格对利率的公告有着较强烈的反应，但是对其他宏观经济数据的反应不那么明显。长期利率和短期利率的下降事实上都会对股票的月度收益产生积极的影响，并且长期利率有 90% 的统计置信水平，短期利率有 99% 的统计置信水平（欲知具体案例，请看 Cutler、Poterba, and Summers, 1999）经验之感，价格最大的调整发生在公告发布时间的几秒钟或几分钟之内。

股票对非货币宏观经济数据的反应通常不一样。在其他市场条件不变的情况下，通货膨胀的上升倾向于降低股票的投资收益（欲知更多细节，参见Pearce and Roley, 1983, 1985）。几个其他宏观经济变量的影响视经济周期的具体状况而定。在经济衰退时期，比预期要高的工业生产值对股市来说是好消息，但是根据McQueen和Roley（1993）的研究发现，在经济高速活动的时期这却是坏新闻。

类似地，失业统计数据的未预期改变，对股市的影响也视经济情况而定。例如，Orphanides（1992）的研究发现，只有在经济扩张时失业率的上升才会使股票的收益也会上升；在经济萎缩时，股票收益会随着失业率的升高而下降。Orphanides（1992）将这种股票的不对称反应归因于"过热假说"（overheating hypothesis）：当经济过热时，失业率的上升实际上是好消息。这些研究发现已经被Boyd、Hu和Jagannathan（2005）证实。对宏观经济数据的不对称反应并不仅仅限于美国市场。例如，Loflund和Nummelin（1997）就在芬兰股票市场上观察到，对预期外的工业生产数据的不对称反应；他们发现，在经济萧条状态下，比预期高的生产增长率会使得股票更强势。

不管宏观经济数据的公告是否会改变股票价格，这些公告的公布总是伴随着市场波动性的增加。尽管Schwert（1989）指出，股票市场的波动性并不一定和其他宏观经济因素的波动性相关，不过预期之外的宏观经济数据已经被证明对市场波动性有显著的影响。例如，Bernanke和Kuttner（2005）的研究显示，美国开放市场委员会（FOMC）公布利率的未预期变动，会导致股票收益率波动幅度的增加。Connolly和Stivers（2005）记录了组成道琼斯工业平均指数成分股的波动情况，作为对美国宏观经济数据的反应。更高的波动性预示了更高的风险，并且金融学理论告诉我们更高的风险应该伴随着更高的收益。事实上，Savor和Wilson（2008）的研究证明，股票收益在有美国主要宏观经济数据新闻公告的日子里，要比没有主要公告的日子要高。如果新闻是有关CPI、PPI、就业数据或FOMC的利率等，Savor和Wilson（2008）就认为它们是"主要新闻"。Veronesi（1999）证明，经济环境不稳定时，也就是资产价格不确定性更高的时期，投资者会对宏观经济数据更加敏感。在欧洲市场方面，Errunza 和 Hogan（1998）发现，货币和实际宏观经济数据对欧洲最大的股票市场的波动性有非常强烈的影响。

不同来源的信息会以不同的频率影响股票。随着股票贯彻数据频率的增加，宏观经济对股票数据的影响会越来越明显。例如，Chan、Karceki 和 Lakonishok（1998）分析了在套利定价理论框架下的美国和日本市场的月度收益，并且发现，股票自身的一些独特性质对未来收益最有预测能力。通过利用因子模拟组合，Chane 等人（1998）证明了，规模大小、过去收益、账面市值比，以及股票本身的股息收益率，是与相应股票的收益联动（共变）最多的因素。然而，Chan 等人（1998，p.182）记录到，在月度收益频率之下，"宏观经济因素不能很好地解释股票收益的共变"。Wasserfallen（1989）发现，宏观经济数据对季度股票数据没有任何影响。

Flannery 和 Protopapadakis（2002）发现，几种类型的宏观经济数据对美国股票日收益的影响非常显著。作者估计了独立变量的广义自回归条件异方差（GARCH）收益模型，发现以下宏观经济公告对股票的收益和波动性均有显著影响：CPI、PPI、货币供应量、国际贸易差额、就业报告、房屋开工率等数据。

Ajayi 和 Mehdian（1995）记录到，发达国家的外国股票市场，通常会对美国的宏观经济数据的公告有过度反应。因此，外国股票市场倾向于对基于美元的汇率和国内经常项目平衡表现比较敏感。例如，Sadeghi（1992）注意到，在澳大利亚市场上，股票的收益率会随着现金账户赤字、澳元/美元汇率、实际净国内生产总值（GDP）的增加而增加，而股票收益会随着国内通货膨胀或利率的上涨而下降。

来自不同行业的上市公司的股票已经被证实对宏观经济公告各有不同的反应。例如，Hardoucelis（1987）指数金融机构的股票，对货币调整的公告呈现更高的敏感性。股票的市值看起来也会有影响。Li 和 Hu（1998）的研究表明，市值高的股票对宏观经济的未预期改变的反应，比小盘股更为敏感。

宏观经济数据中"超预期"程度的大小，对股票价格的影响略有不同。

例如，Aggarwal 和 Schirm（1992）的文章显示，当超预期的部分较小，偏离均值在一个标准差之内时，会相比较大超预期对股票和外汇市场会造成更大的变动。

固定收益市场

Jones、Lamont 和 Lumsdaine（1998）研究了就业和 PPI 数据对美国国债的影响。研究者发现，尽管债券价格的波动性会在公告当天显著加大，但波动性并没有持续到公告日之后，这也说明了公告的信息会迅速被整合到了价格之中。

Hardouvelis（1987）和 Edison（1996）的研究，注意到了就业数据、PPI 和 CPI 都会影响债券价格。Krueger（1996）记录了一次美国失业率的下降，导致美国财政部发行的票据和债券更高的收益率。

关于债券市场对宏观经济公告的高频研究包括：Ederington 和 Lee（1993）；Fleming 和 Remolona（1997，1998，1999）；Balduzzi，Elton 和 Green（2001）。Ederington 和 Lee（1993）和 Fleming 和 Remolona（1998）证明，在数据公告后的两分钟之内，新的信息就会被充分包含到债券价格之中。Fleming 和 Remolona（1999）估计了高频环境下宏观经济公告对整个美国国债收益曲线的影响。Fleming 和 Remolona（1999）测量了 10 种不同的公告分类的影响：CPI、耐用品订单、GDP、房屋开工率、失业率、领先指标指数、非农就业数据、PPI、零售销售和贸易差额。Fleming 和 Remolona（1999）将宏观经济数据的超预期部分，定义为实际宣布数字减去汤森路透对该数据的一致预期值。

Fleming 和 Remolona（1999）所研究的 10 种宏观经济数据都是在上午 8:30 公布的。研究者接下来测量了上午 8:30 ~ 8:35 新数据公布对整个收益曲线的影响大小，并且记录了对宏观变量 1 个百分点的正向超预期变化导致的统计显著的平均变化。结果在表 9-4 中。正如表 9-4 展示的一样，失业率 1 个百分点的"超预期"上升会引起 3 月期国债收益 95% 置信水平下 0.9 个百分点的下降，引起 2 年期国债收益 99% 置信水平下 1.3 个百分点的下降。

相应的 30 年期国债收益的平均下降值统计上没有显著性。

表 9-4 宏观经济数据公告的影响，Fleming 和 Remolona（1999）

公布数据	3 月期国债	2 年期国债	30 年期国债
CPI	0.593①	1.472②	1.296②
耐用品订单	1.275②	2.180②	1.170②
GDP	0.277	0.379	0.167
房屋开工率	0.670②	1.406②	0.731②
失业率	−0.939①	−1.318②	−0.158
领先指标指数	0.411②	0.525①	0.271①
非农就业数据	3.831②	6.124②	2.679①
PPI	0.768②	1.879②	1.738
零售销售	0.582①	1.428②	0.766②
贸易差额	−0.138	0.027	−0.062

注：表中列出了宏观经济数据每非预期改变 1%，美国 3 月期国债、2 年期国债和 30 年期国债平均变动的百分比。①和②分别代表 95% 和 99% 的统计置信水平。估计所用样本数据来自 1991 年 7 月 1 日~1995 年 9 月 29 日。

期货市场

Becker、Finnerty 和 Kopecky（1996），Ederington 和 Lee（1993），Simpson 和 Ramchander（2004）研究了宏观经济新闻对期货市场的影响。Becker、Finnerty 和 Kopecky（1996），Simpson 和 Ramchander（2004）的研究显示，PPI、商品贸易、非农就业数据和 CPI 的新闻公告会对债券期货的价格产生影响。Ederington 和 Lee（1993）发现，由新闻导致的利率期货和外汇期货的价格调整，往往在数据发布之后的 1 分钟内就会发生。然而，新闻引起的价格波动可能经常会在接下来的 15 分钟内持续。

新兴经济体

很多人都研究了宏观经济新闻对新兴经济体的影响。例如，Andritzky、Bannister 和 Tamirisa（2007）研究了宏观经济数据公告是如何影响债券息差的。他们发现美国新闻具有主要影响，而国内公告却并没有产生很大的影响。然而，Nikkinen、Omran、Sahlström 和 Äijö（2006）对股票市场做了类似的分析，发现尽管成熟的股票市场会立刻对美国宏观经济公告做出反应，新兴权益市场却不会被影响。Kandir（2008）估计了宏观经济数据对伊斯坦布尔交易所的影响，发现土耳其里拉/美元汇率、土耳其的利率和全球市场收益率显著地影响了土耳其的股市，反而一些国内的经济数据变量（如工业生产和货币供应）几乎没有影响。Meradoglu、Taskin 和 Bigan（2000）发现，新兴经济受全球宏观经济变量的影响，而受影响程度取决于新兴市场的规模及其世界经济联系的紧密程度。

然而，东盟（ASEAN）国家主要受其国内经济数据变量的影响。Wongbangpo 和 Sharma（2002）发现，当地国民生产总值（GNP）、CPI、货币供应量、利率，会让以美元为基础的 ASEAN 国家（印度尼西亚、马来西亚、菲律宾、新加坡和泰国）的利率显著地影响当地的股票市场。同时，Bailey（1990）发现，美国货币供应量与亚太地区股票市场的收益率之间没有因果关系。

商品市场

商品市场的经验证据包括 Gorton 和 Rouwenhorst（2006）的发现，他们记录了实体的经济活动和通货膨胀率对商品价格的影响。然而，新闻公告的影响并不完全相同，比预期要好的实体经济活动和通货膨胀率通常对商品的价格有一个正向影响，除非利率也上升因为利率的上升对商品价格有一个冷却作用。欲知更多关于商品价格和利率的关系，参见 Bond（1984），Chambers（1985）和 Frankel（2006）。

房地产投资信托基金

由美国国会 1960 年建立的房地产投资信托基金（real estate investment trusts，REITs）是比较另类的公开交易证券。美国 REITs 在 1991 年的总市值大约是 900 万美元，截至 2006 年已经稳定增长到 3000 亿美元。REITs 像普通股票那样交易，但是它要求有以下的特殊结构：至少 75% 的 REITs 资产应当投资于房地产，并且必须将 90% 的 REITs 应税收入作为股息。由于较高的股息支付率，REITs 可能会对宏观经济新闻有与普通股票不一样的反应。

Simpson、Ramchander 和 Webb（2007）记录了通货膨胀对 REITs 的影响。他们发现，不管通货膨胀率是未预期地上升还是下降，REITs 的收益率都会上升。Bredin、O'Reilly 和 Stevenson（2007）研究了 REITs 对未预料的美国货币政策变动的反应。作者发现，REITs 的反应与股票差不多——联邦基金利率的上升会提高 REITs 的波动性，降低 REITs 的价格。

总 结

围绕事件的方向性交易可以紧随消息的公布，并且在其他市场参与者做出反应之前就在狭窄的时间窗口产生利润。我们能对历史性数据的影响有正确估计，就能在市场信息公布前后做出有利可图的交易决策。

章末问题

1. 下列哪一个是/不是一个高频交易意义上的可交易事件？为什么？

    a. 标准普尔 500 指数的开盘价比前一次的收盘价有正盈利

    b. QE3（由美国联邦政府主导的量化宽松）的公布

    c. 就业数据的正常性公布

2. 在高频交易的背景下，哪些金融工具可以用于交易？

3. 假设有一只股票会对美国非农就业数据的正向变动，在 15 分钟内上涨。最新的公告数据已被公布，并且变动是负向的。你的系统如何利用这个消息做出交易？

4. 凭直觉，为什么某些东西（比如 CPI）的变动，会对期权价格产生短期影响？

5. 基于事件的方向性高频交易会让市场变得更有效还是更无效？

第10章

自动化做市 I：朴素存货模型

大部分高频交易系统用来提供自动化做市服务。大约 30 年以前，做市服务完全由人工完成，但是现在则变成几乎完全依靠计算机处理的方式来提供；本章分析了隐藏在成功的做市模型之后的基本原理。

引言

每个有经验的交易商都能详述一个居于主导位置的人工做市商所"持有"的某种特定金融工具交易的故事，这些金融市场的主要人物为他们的雇主创造了巨额的基于交易的利润，从而获得丰厚奖金并过着奢侈的生活。

除了少数情况，几乎所有讲述这些红极一时交易员的故事都是以相同的刺耳注解告终："于是有一天，市场开始背离他，他遭受了巨大损失并且在第二天被解雇。"这种"精疲力竭"的一个例子，是在某一家银行从事美元/加元外汇期货交易的交易员，长期以来他从事做市交易并通过自己的判断采取定向押注的方法来定期增加自己的获利和奖金。有一次交易员的判断急速背离市场，导致他的雇主几乎瞬时遭受数百万美元的损失。这次事件后，这个交易员立即被解雇了，且从此他被禁止踏足任何一个交易大厅一步。

相对做市机构和其他市场参与者而言，自动化做市具有几个优势。首先，自动化做市商保持基于脚本行事。与人类交易员不同，经过正确程序化和测试的计算机系统不会背离程序而任意采取自由行为。结果就是，自动化做市商减少了市场崩溃的概率和突破做市商底线的负面未预期程度。其次，自动化做市的执行具有成本效率：一旦人力密集的编程和测试极端结束（见第16章高频交易发展过程的细节），自动化做市商仅要求少量补偿。总人数的减少带来的节省是显著的，这些在利润提升和交易成本减少的形式下直接转为自动化做市商的股东和客户的利润。

也许做市策略最优的特征是它们可以在不同的市场间扩展。假定新的集合交易地点同样配置了集中限价订单簿方法（见第3章关于限价订单簿的定义和描述），运行于配置集中限价订单簿的几乎任何一个做市策略，也可以被运用于另一笔交易、另一种金融工具甚至另一种资产类别。现在世界范围内大部分交易配置了集中限价订单簿模型，这使得做市技术完全可跨平台运用。

一个做市的运作过程如下所示：一个做市商，无论是人工还是电子计算机控制的，执行限价买单和限价卖单。根据做市商现有投资组合的市场环境和头寸，做市商会选择只执行限价买单或者只执行限价卖单。然而，一些市场的参与者会认为，做市严格来说是一个涉及在市场买卖双方同时进行公开、持续放置限价订单的一个活动。流动性供给是一个更为普遍的用来描述做市和大部分限价订单交易的名词。

当市场价格达到做市商限价买单的最高价时，这个价格成为市场上的最优买价，并且被传递给市场上的其他参与者作为一个Level I的"报价"。同样地，当做市商的限价卖单是市场的最低限价卖单时，做市商的订单成为一个最优报价或最优卖价，并且被其他的市场参与者所报价。

做市商的交易订单通过与引入的市场反向交易订单进行撮合来达成。做市商的报价表明"获取"市价卖单，以及做市商询价或者提供的限价订单表明会被随之而来的市价买单所拉升。随着每个限价订单被执行，做市商在他的账户里积累了或放弃了相当数量的可交易金融工具，这些就是我们所熟知的存货。一旦获得存货，做市商就立即开始管理存货以减少风险和增加收益。

因此做市商的两个显著功能是：
- 管理存货来确保足够的获利。
- 关注并对信息做出反应以避免被市场"碾压"（run over）或"挑剩"（picked over）。

太少的存货可能不足以产生利润；太多的存货又会使得交易商承担迅速偿付并面临一定损失的风险。

做市：关键原理

简要地说，"做市"描述的是对市场买卖双方限价订单价格的布局。一个做市商将一个限价买单配制在略低于市场价格的位置，而将一个限价卖单配制在略高于市场价格的位置来创造或"制造""市场"。当另一个市场参与者报出一个买单，并且和做市商限价卖单相匹配，那么限价卖单就被执行（也就是说，一个空头头寸被记录在做市商的账户里）。相似地，如果另一个市场参与者报出一个卖单并与做市商的限价买单相匹配，一个多头头寸被增加到做市商的账户；如果在做市商的投资组合里空头头寸和多头头寸的规模相互抵消，做市商获取交易的差价作为提供限价订单的补偿，或者作为向交易商配售市价订单的流动性补偿。市价订单的交易商被称为流动性的提取者。

当然，做市商也容易遭受风险。一旦做市商发出限价订单，他会立即面临两类风险：
- 存货风险；
- 逆向选择风险。

存货风险描述的是由于自然的市场运动，使得存货价格下跌带来的做市商会遭受存货价值下跌的潜在损失。因此，在市场处于下跌趋势、做市商可能会遭受头寸损失时，至少从短期来看，做市商会积累多头头寸（买入）。此外，在做市商希望清空头寸、市场上其他参与者同时希望出售自己的头寸与做市商竞争时，存货风险就会发生，结果导致做市商在清偿存货时面临流动性难题。存货风险也包含了机会成本，来反映做市商在获取收益的同时等待执行限价订单的损失。

逆向选择风险衡量了做市商和市场接受者之间的信息差异带来的潜在损失。当市场的接受者相比，做市商拥有信息优势时，在交易中做市商最后可能出现损失。举例来说，当一个做市商的限价买单和市价卖单相匹配时，有可能是因为卖方相比做市商对即将到来的市场走向具有信息优势。在这个例子中，如果市场下行，那么做市商将要进行的是一笔会带来损失的交易。Per Copeland 和 Galai（1983）认为，所有的限价订单会因为信息劣势而遭受损失，从而被信息占优的投资者所击败。尽管存货风险和逆向选择会给做市商带来相当程度的损失，但这些风险可以被有效地控制。

模拟做市策略

限价订单的交易会产生非线性报酬；限价订单有时会被执行，有时不会被执行，这导致了限价订单建模的困难。这一部分研究了限价订单的建模逻辑。

假定在模拟订单被配置的同时，每个订单在最新的成交价格附近被执行，配置市价订单的策略可以通过可观测到的数据被模拟出来。与此相比，限价订单执行模拟的要求不止于此。大多数可靠的模拟认为，仅当最优反向报价达到或超越限价订单时一个给定的限价订单被执行，这个过程如图 10-1 所示。在最新交易价格或最优卖价落在模拟限价订单价格的下方时，一个限价买单被认为执行。在最新的交易价格或最优买价超过模拟的限价订单价格时，一个限价卖单标记被处理。

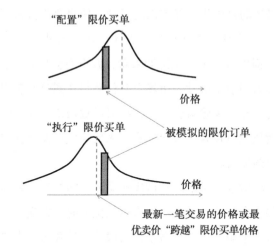

图 10-1　限价订单执行的技术模拟

朴素做市策略

在这一部分阐述了仅与有效存货管理有关的做市策略实际应用的细节。基于短期市场方向性预测的优化处理在第 11 章进行讨论。

固定偏离

最朴素的做市策略是根据事先决定的偏离市场价格的标记数在市场双向持续配置限价订单。自然而然，限价订单被执行的可能性依赖于限价订单的价格与现在市场价格的接近程度。限价订单配置在当前市场报价的位置很有可能被执行，而对于那些远离市场价格的被动限价订单的执行可能性接近于零。对大多数金融工具，做市商被允许仅在当前市场价格 10% 以内配置限价订单，来阻止所谓的偏离市场的"无成交意愿报价"在市场极度波动的情况下被执行。

在朴素策略中，一个限价订单偏离市场价格的幅度越小，订单被执行的概率就会越高，由此导致的做市商资本的再分配就越频繁。交易频率已经被证明是做市商盈利能力的关键。做市商"翻转"资本的次数越高，做市商能获取的累计价差就越高,并且做市商所承担的等待订单被执行的风险就越小。举个例子,斯德哥尔摩证券交易所进行的一项关于活跃交易股票的做市研究发现,当限价订单被撮合得越频繁,对限价订单的预期收益越高。Sandas(2001)所做的一项研究表明,做市商的盈利能力和他们花费在提供流动性上的时间不成比例,相反,做市商的利润直接依赖于他们的订单被执行的频率。

与此相对应,早期的做市理论假定做市商满足于根据花在提供流动性上的时间获得补偿;等待订单被执行的时间越长,那些一旦提交了订单就没有改变他们订单参数的流动性提供者所期望的预期报酬就越高。持这些观点的包括 Rock(1996)、Glosten(1994)和 Seppi(1997)认为是静态均衡模型。

静态均衡模型的假定,反映了早期的交易环境。改变一个限价订单的细节以及取消订单的成本是相当昂贵的,做市商的确期望由于承担一旦他们的限价订单被执行而最后会处于不利情形的风险获得相应的补偿。在撰写本书时,大部分市场上限价订单的删除和修改执行是免费的。因此,现在的高频交易做市商相比于人工做市商的做市商而言,享受更高的盈利。

然而,在最优买价和最优卖价的位置配置订单的能力会受限于高频交易做市商的技术。领先的技术水平使得做市商可以持续地取消和重新提交他们的限价订单来确保订单紧随市场的发展,具有较高的执行率和盈利能力;相对落后的技术可能依然通过与进行中的市场价格较大的偏离来实现获利的做市策略。

基于波动的偏离

可以通过区分不同市场环境下限价订单的偏离程度,来改进固定偏离策略。一种直观的方法是改变偏离程度使其具有波动性的功能:在高度波动的环境,偏离市场更远的限价订单很可能会被匹配,从而为做市商产生更高的溢价。然而在低波动的环境下,限价订单可能需要配置在更靠近市场价格的位置从而成交。式(10-1)列出了一种基于波动的偏离程度的决定方法:

$$offset_t = round\left(\frac{1}{T}\sum_{\tau=t-1}^{t-T}(P_\tau - P_{\tau-1})^2\right) \quad (10\text{-}1)$$

偏离程度是订单到达速率的函数

另外一种提升朴素做市策略的方法是根据市价订单的到达频率来决定偏离程度。正如 Parlour 和 Seppi（2008）所指出的，限价订单和其他同时存在以及未来提交的其他限价订单的竞争。此外，所有的限价订单执行的是未来的市场订单。因此，市价订单的到达率是做市获利能力的一个重要决定因素。

假定市价订单的到达之间相互独立且很大程度上具有随机性。然而，就像地铁列车或有轨电车的到达一样，订单到达的随机性能够通过使用良好定义的统计分布来模拟。举例来说，在到达间隔时间呈现指数分布的假定下，交易订单以某一特定的平均到达率 μ 到达市场来撮合竞价和询价，限价订单假定以平均到达率 λ 重新列入限价订单簿首位；那么限价订单簿首位的限价订单被撮合成交的概率，能被表示为一个由 $\lambda=1/\lambda$、$\mu=1/\mu$ 和给定的间隔时间 Δt 表示的函数：

$$P(hit, \Delta t) = 1 - P(not, hit, \Delta t) = 1 - \exp\left(-\frac{\lambda}{\mu}\Delta t\right) \quad (10\text{-}2)$$

参数 λ 和 μ 可以根据近期的交易数据进行校准。Level I 的数据可以用来对最小时间间隔 $\Delta t=1$ 进行参数校准。当最优买价上升或者最优买价的规模增加时，假定一个新的限价买单到达；当最优卖价上升或者最优卖价的规模减小时，一个市价买单被记录。Avellandea 和 Stoikov（2008）提出了一个部署到达率的案例。

另一个分析决定限价订单最佳偏离程度的模型起源于 Foucault、Kadan 和 Kandel（2005）。这个模型明确表明，一个交易商是应该配置一个被动的还是激进的限价订单，以及在市场价格偏离多远的程度配置他的限价订单。这个模型做出了如下主要假定：

- 所有其他的执行参数都已经被选定。
- 市场上所有的交易商都可以自由地从被动向激进执行转换，反之亦然。

交易商配置一个被动还是激进订单的决定性因素是所谓的"预期价差"，定义如下：

$$j^R = ceiling\left[\frac{\delta}{\mu\Delta}\right] \quad (10\text{-}3)$$

式中：

- δ 是做市商的预期执行美元成本，该成本可以体现对市场冲击的预期。
- Δ 是最小报价单位，对股票资产而言是 0.01 美元。
- μ 是在每个时间单位匹配市价订单的到达率；$1/\mu$ 代表了两个连续订单到达的平均时间间隔；如果这个模型被用来确定限价买单的活跃度，μ 就是市价卖单的到达速率，通过记录在每个时间单位市价卖单的数量来计算；Foucault 等人（2005）认为，所有的订单包括市价订单和限价订单都假定具有相同的规模。

Foucault 等人（2005）使用预期价差 j^R 建立了一个短期均衡，所有的交易商都达到他们的最优化。在进行分析的时候，Foucault 等人（2005）认为存在三种不同类型的市场：

1. 一个市场由相同的（同质的）交易商构成。
2. 一个市场由两种不同类型的交易商构成，他们面临不同的交易成本。
3. 一个市场由 q 种不同类型的交易商构成，他们的交易成本相异。

隐藏在该模型运作之后的主要判断如下：交易商的预期价差是对特定订单部分的执行成本。如果市场的即时价差比交易商的预期价差小，交易商可以避免在配置交易时与未能执行风险相关联的额外花费。如果交易商在每一反向订单到达速率条件的执行成本比市场价差小，交易商会配置一个激进限价订单，通过避免交叉价差缩小价差并进一步改进他的成本结构。

在由相同的交易商所构成的市场上，所有的交易商 $[1\cdots q]$ 具有相同的交易成本，面临共同的反向订单到达率，由此产生相同的预期价差：$j_1^R = j_2^R = \cdots = j_q^R = j^R$。在这样一个市场里，每当内部市场价差 s 大于 j^R 时，每个交易商会提交一个与市场价格背离 j^R 的限价订单，否则会提交一个市价订单。这样的一个市场以高度竞争性的产出为特征，同时交易商缩小市场价差至最小的交易规模。

在由两个面临不同交易成本的交易商构成的市场上，相似的动力发挥着作用。每当市场价差 s 大于 j_1^R，交易商 1 在市场价格偏离 j_1^R 的位置配置一个限价订单。同样地，每当市场价差 s 大于 j_2^R，交易商 2 在市场价格偏离 j_2^R 的位置配置一个限价订单。但是，当市场内部价差 s 大于 j_1^R 且小于 j_2^R 时，交易商 2 配置一个市价订单，而交易商 1 配置了一个偏离市场价格的 j_1^R 限价订单，潜在地缩小了价差。这个市场上的订单如果规模相同，那么没有交易商会配置一个限价订单"落后于"市场或者超过价差的远离市场。

在一个由互异的交易商 $[1\cdots q]$ 构成的市场上，$j_1^R < j_2^R < \cdots < j_q^R$，相似的动力机制作用着：每当市场价差 s 小于第 i 个交易商的预期价差 j_i^R，所有的交易商 $[i\cdots q]$ 配置市价订单；换而言之，所有预期价差小于市场价差 s 的交易商于他们预期价差的位置配置限价订单。

交易商交易成本的差异可能是由以下几个因素造成的：

- 交易费用：大型机构交易商很可能面临比小型交易商更低的交易费用。
- 市场冲击：大型交易订单相比较小型订单而言，预期能产生更大的市场冲击。
- 税费：个人投资者可能会在他们的交易获利中承担较高的边际税率。
- 其他可计量的交易成本。

Foucault 等人（2005）提出的模型仅仅考虑了一个交易商面临的综合交易成本，并没有将各种不同类型的成本区分开来。

Foucault 等人（2005）提出的模型 $j^R = ceiling\left[\dfrac{\delta}{\mu\Delta}\right]$ 的含义，主要包含以下结论：

- 较高的市价订单的到达率导致较低的预期价差，从而导致更低的市场价差。因此，竞争性市价订单对市场来讲是有益的，降低了总体的交易成本。
- 较低的交易成本同样导致了较低的价差，这表明折扣有利于促进订单以较低的成本执行，而不是使得交易更加昂贵。

- 然而，高的执行成本和低的市价订单到达率，导致了高的预期价差，这会造成无交易的真空，从而可能会破坏市场。这种情形可以通过观测遵循无成交意愿报价的远期期货市场所得：由于低需求和由此导致的低数量订单，在远期期货市场上的交易商遵循传统的在较宽范围内报价，整体偏离市场。欧洲颁布了这种报价的禁令；美国在2010~2011年禁止交易商在超过主导市场价格10%的位置配置限价订单，自然而然地消除了背离市场报价的成交能力，并且在这个过程中使得农户、农业生产过程和其他消费型的交易商免受损失。

同时，Foucault等人（2005）的模型为预测微观交易商行为奠定了开创性的基础，但几个模型的假设背离市场实际，也因此限制了模型的适用性。举个例子，模型假定所有的限价订单和市价订单总是具有相同的规模，反向市价订单的到达率 μ 和执行成本 δ 不随时间发生变化。因此，模型里所有的限价订单缩小了价差，不会有限价订单被配置在市场价格之后，由此产生了一个不切实际的结论。在现在的许多市场里，价差已经认可根据最小化交易规模来规定。

基于趋势的偏离

基础做市模型的一个改进就是考虑趋势和均值回归市场的区别。在一个均值回归市场，价格在一个范围内波动，这减少了逆向选择的风险，并且使得这样的市场环境对做市而言是完美的。然而在趋势市场里，一个做市商需要在"错误"的市场方向减少限价订单的规模，给敞口头寸进行套期保值，或者集体退出市场。为了判定市场是否处于趋势中，系统可以进行方向性分析，就像在第9章提到的事件驱动型框架和第11章讨论的智能预测。

做市作为一种服务

50多年前做市的关键目标就被正式定义为对证券交易的需求和"可预测的即时性"的供给（见 Demsetz, 1968）。其中，可预测的即时性即包含了流动性。

直观地讲，每当流动性水平较低时，增加流动性的服务尤其有用，并且与此相联系的奖金和策略的获利能力格外高。反过来，每当流动性水平格外高时，激进的流动性-消费型订单会释放较高的收益。

多年以来已经产生了许多对流动性的测度方法。其中最流行的是：
- 买卖价差的紧密程度；
- 位于最高买价和最低卖价的市场深度；
- 订单簿的形态；
- 大宗交易的价格敏感性；
- 订单流的不平衡对价格的敏感性；
- 每单位数量的价格变动；
- 技术支持和阻力位；
- 市场弹性。

买卖价差的紧密程度

买卖价差的紧密程度反映了配置限价订单的交易商之间的竞争程度。竞相提交和执行限价订单的交易商越多，交易商提交的限价订单与市场价格之间就越紧密，以此为结果的买卖价差就会收窄。这种测度是一种简单的流动性测量方法，适用于大部分市场，尤其适用于买卖价差较大的市场，比如大部分美国股票期权。

位于最优买价和最优卖价的市场深度

对许多有价证券而言，买卖价差经常会缩至它们的最小值，并且在大部分市场时间里停留在最小值上。例如，在撰写本书的时候普通的美国股票价差经常是 0.01 美元。在这种环境下，买卖价差的紧密程度丧失了度量的效力，与之相关的流动性水平可以使用位于最优买价和最优卖价的市场深度来估算。如果最小的价格变动单位变得较小，最优买价和最优卖价的规模可以被认为是交易商希望位于订单簿首位的限价订单的规模。

订单簿的形态

可获取的 Level II 数据可以被用来计算在一个给定的交易场所内，有效的总供给和需求的确切数据。通过使用 Level II 数据，供给和需求可以被认为是配置在限价订单簿上卖方和买方各自累计的限价订单的规模。

订单簿的形态也可以用来帮助迅速区分现有的订单簿首位订单的流动性和相对位于底部订单的"落后于市场"的流动性。这种区分对寻找调整算法以在选择的价格点配置订单的做市商来说尤其感兴趣。在订单簿相对底部的位置观察到的高流动性可能代表的是大型投资者的存在。学术研究表明，当存在一个大型投资者时，所有的人工和自动化做市商选择通过在限价订单簿的反向配置激进的限价订单来服务于这个特定的投资者。举例来说，Handa、Schwartz 和 Tiwari(2003) 认为，当订单簿由于大型投资者的存在而不平衡时，订单簿反向的做市商能够发挥更大的市场力量，并且从有众多交易商的投资者获取更优的价格。

限价订单簿也可能包含"遗漏"，即价格的范围在投资者提交限价订单时被遗漏。"遗漏"被 Biais、Hillion 和 Spatt(1995) 和其他人经过实证分析所证明，而"遗漏"对交易的影响还没有被彻底研究。

大宗交易的价格敏感性

当 Level II 数据不能被获取时，订单簿的形态依然可以使用技术分析的方法，比如用支撑位和阻力位以及移动平均线来估算。举例来说，考虑到支撑位和阻力位方法的广泛性，很多人工交易员和交易算法选择将限价订单配置在市场的支撑位和阻力位水平；计算支撑位和阻力位有助于精确解析流动性的峰值，而不需要烦琐地处理和解析 Level II 信息。Kavajecz 和 Odders-White（2004）最先指出了这一点。

从数学角度来讲，支撑位和阻力位可以通过最新行情线性预测的支撑最小值和阻力最大值来决定。要决定未来一分钟的支撑位，算法会计算过去一分钟以及再之前一分钟的最低价格，然后预测未来一分钟的最小趋势：

$$SL_{t+1}= \min(P_t)+(\min(P_t)-\min(P_{t-1})) \quad (10\text{-}4)$$

同样地，阻力位可以通过如下等式计算

$$RL_{t+1}= \min(P_t)+(\min(P_t)-\max(P_{t-1})) \quad (10\text{-}5)$$

此外，对支撑位和阻力位而言，基于移动平均线可以判断订单簿的偏态。当一根短期的移动平均线超过一根长期的移动平均线，限价订单簿的买方资金池会移向更靠近市场价格的位置。

Kavajecz 和 Odders-White（2004）的推断技术分析在黑市和没有集中订单簿的市场（比如外汇交易）依然会受欢迎，因为技术分析帮助交易商反向处理不可观察的限价订单簿，并部署可获利的流动性供给策略。

订单流的不平衡对价格的敏感性

大宗交易的价格敏感性衡量的是市场价格如何随订单变动。主要的思想是低流动性使得大的市价订单"吃掉"限价订单，大幅度地推动市场价格发生变动。价格敏感性衡量的是净方向型交易数量和由交易规模引致的价格变动之间的关系。敏感性参数在 Kyle(1985) 之后被称为 Kyle's λ：

$$\Delta P_t = \alpha + \lambda NVOL_t + \varepsilon_t \quad (10\text{-}6)$$

式中，ΔP_t 表示市场价格从时点 $t-1$ 到时点 t 的变动，该变动由订单的市场冲击所致；$NVOL_t$ 表示在时点 t 最优买价和最优卖价的规模之间的差异。α、λ 和 ε_t 是构成线性回归方程式（10-6）的参数：ε_t 是与每个观测值相关的误差项；α 是回归方程的截距；λ 就是 kyle's λ，是影响收益的参数，衡量的是价格随净头寸不平衡的敏感程度。λ 越低，价格对大型定向交易的敏感程度就越低，交易场所存在的流动性越高。

每单位数量的价格变动

Aldridge（2012d）提出了修正的 kyle's λ，如下所示：

$$\Delta P_t = \alpha + \lambda(S_t^b - S_t^a) + \varepsilon_t \quad (10\text{-}7)$$

式中，ΔP_t 表示在事先确定的时间段 t 内观测到的执行交易的价格变动；S_t^b 表示在时间段 t 内在每笔交易提交生效的时间点上的最优买价上执行的集合交易的数量；S_t^a 表示在交易时间与占主导位置的最优卖价匹配的交易数量。$S_t^b - S_t^a$ 可以理解为在 t 时间段内所观测到的净订单流绝对不平衡：在竞价上执行的订单数量可能是由市价卖单产生的，而在询价上完成的交易通常是由于市价买单所导致的。

技术支持和阻力位

每交易单位的绝对价格变动是流动性的另一种测度：

$$\gamma_t = \frac{1}{D_t} \sum_{d=1}^{D_t} \frac{|r_{d,t}|}{v_{d,t}} \quad (10\text{-}8)$$

这种来自 Amihud（2002）的测度标准，被称为非流动性比率。与 Kyle's λ 相似，非流动性比例估算了由于规模变动导致交易的金融工具价格的变动。每单位交易量平均价格变动越小，可用资金的流动性就越大。然而，修正的 Kyle's λ 将交易归因于占主导地位的买卖报价，而式（10-8）则假定在所有的时间点流动性都是平衡的，且只用来解释每交易单位的绝对价格的变动。

市场弹性

市场弹性是另一种流动性的测量方法，而且衡量了订单簿在一个市价订单发出后恢复至其原有"形状"的速度。关于市场弹性的估算将在本书第 15 章进行讨论。

有利可图的做市商

为了确保做市商交易是有利可图的，要把握住几个关键的条件。这几个关键的条件，追溯至加曼（1976），涉及了限价订单的到达率、盈利和损失的概率，以及交易工具的价格。

在买单和卖单之间暂时的不平衡，可归因于个人交易商和一个优化自己订单流的交易商之间的不同，这些潜在的不同可能会反映在预算、风险偏好、市场准入以及众多其他特质上。个人交易商对他们自己问题的优化，相比于这些优化差异导致的集合订单的不平衡而言，不那么重要。做市商的目标是最大化收益，同时避免破产或失败。当做市商没有存货或现金时，破产或失败就会出现。买单和卖单都是独立的随机过程。

模型对最优买价和最优卖价解决方案的提出，依赖于对资金的一个单位（例如，1美元或者是在外汇交易中的1000万美元）"到达"做市商和"离开"做市商比率的估算；在客户开始进入市场买入证券（付款给交易商）时，资金"到达"做市商；当客户卖出证券（交易商付款给客户）时，资金"离开"做市商。假定客户在市场卖价 P_a 时买入一只有价证券的概率用 λ_a 来表示；相应地，资金从做市商流向客户的概率，或者说一个客户在市场买价 P_b 时向做市商卖出有价证券的概率用 λ_b 来表示。

那么模型的求解就可以建立在对一个被称为"赌徒破产问题"（Gambler's Ruin Problem）的求解上。在交易商的赌徒破产问题的版本中，一个赌徒或一个交易商，开始有一定的初始财富积累和赌注（持续经营）直到他丧失所有的资金，这种赌徒破产问题的版本被称为无边界问题。有边界问题假定赌徒输光了他所有资金，或者他获得了一定的财富，然后在这个位置退出。

在赌徒破产问题中，赌徒失去他所有资金的概率是

$$\Pr_{Failure} = \left(\frac{\Pr(Loss) \times Loss}{\Pr(Gain) \times Gain}\right)^{Initial\ Wealth} \quad (10\text{-}9)$$

式中，$Initial\ Wealth$ 是赌徒的初始资金；$\Pr(Loss)$ 是赌徒输掉一定数量初始资金（$Loss$）的概率；$\Pr(Gain)$ 是赌徒获取一定数量资金（$Gain$）的概率。

根据赌徒破产问题，我们可以看出输光的概率永远是正的。更进一步来讲，这个等式表明了只要赢钱的概率超过了输钱的概率，最后输光是必然的。换言之，从长期来看，避免失败存在正概率的最低条件是：$\Pr(Gain) > \Pr(Loss)$。

加曼（1976）将赌徒破产问题从以下两个方面应用于做市商业务：

1. 如果做市商出现现金短缺，那么做市商就失败了。

2. 如果做市商出现存货短缺且不能满足客户的需求，那么做市商就失败了。

在利用赌徒破产问题构建做市商存货耗尽的模型中，我们假定变量 *Gain* 和 *Loss* 都是基础金融资产的一个单位，也就是说：

$$Gain=1$$

$$Loss=1$$

以股票为例，那么一个单位可能是一股股票；如果是在外汇交易中，那么一个单位可能是一手。从做市商的角度来看，"损失"一个单位存货的概率就是卖出一个单位存货的概率，并且这个概率等于买方入市的概率 λ_a。根据同样的逻辑，"获利"一个单位存货的概率就是一个卖方入市的概率 λ_b。那么赌徒破产问题的式（10-9）现在就变成

$$\lim_{t\to\infty} \Pr_{Failure}(t) \approx \left(\frac{\lambda_a}{\lambda_b}\right)^{\frac{Initial\ Wealth}{E_0(p_a,p_b)}}, \text{如果} \lambda_b > \lambda_a$$

$$=1, \text{其他} \quad (10\text{-}10)$$

式中，$E_0(P_a, P_b)$ 代表一单位库存的初始平均价格；$\frac{Initial\ Wealth}{E_0(p_a,p_b)}$ 代表的是做市商所拥有金融工具的初始数量。

更进一步，将赌徒破产问题应用于研究做市商由于现金短缺而失败的概率。从做市商的角度来看，获取一个单位的资金（比如一美元），发生在买方入市的时候。正如前文所述，一个买方在市场价格 p_a 时愿意入市买入的概率用 λ_a 来表示，结果是做市商获取一美元的概率是 λ_a。同样地，做市商"损失"或者在价格为 p_b 时支付一美元给卖方的概率是 λ_b。那么，现在赌徒破产问题的模型就变成

$$\lim_{t\to\infty} \Pr_{Failure}(t) = \left(\frac{\lambda_b p_b}{\lambda_a p_a}\right)^{Initial\ Wealth}, \text{如果} \lambda_a p_a > \lambda_b p_b$$

$$=1, \text{其他} \quad (10\text{-}11)$$

对一个做市商来说，要持续经营的首要条件是式（10-10）和式（10-11）必须同时满足。换言之，下列两个不等式必须同时满足：

$$\lambda_a > \lambda_b \text{ 且 } \lambda_a p_a > \lambda_b p_b$$

对上述两个不等式而言要同时满足，那么下述表达式必须完全为真，即 $p_a > p_b$，这就明确界定了买卖价差。买卖价差允许做市商获取现金的同时保持足够的存货头寸。然而，反之并不总成立，即买卖价差的存在不能保证做市商满足式（10-11）的盈利条件。

| 总　结 |

做市和任何流动性供给都是对市场提供的一项服务，且应该得到补偿。有利可图的自动化做市通过简单的模型仅仅考虑做市商订单簿存货头寸的做法是可行的。当 Level II 数据信息量大且令人满意时，Level II 数据传递的信息就能够利用简单的方法（比如技术分析）从 Level II 数据中提取出来。

| 章末问题 |

1. 什么是做市？它与流动性供给有何不同？
2. 为什么说做市天生具有盈利性？
3. 做市策略的核心是什么？常见的扩展形式有哪些？
4. 流动性常见的测度方法有哪些？
5. 做市策略的最低盈利要求是什么？

High-Frequency Trading

第11章

自动化做市 II：信息模型

在第 10 章讨论的存货模型，阐述了由于做市商订单簿或投资组合不平衡导致的短暂价格变动，并提出了管理策略和方法。该模型通常始于一个库存的"最优点"（sweet spot），存货的水平足以满足客户的即时需求，此后该模型进一步分析根据客户需求和市场情形调整库存。这种模型没有考虑到其他市场参与者的行为和可获取的信息。

与此相反，在本章分析的基于信息的做市模型详细分析了各种市场参与者的交易模式，推演他们可获取的信息，并且通过对市场上现有供给和现有需求的响应，优化了做市过程。基于信息的做市模型阐述现在和预期的未来交易，包括限价订单簿的形态、订单流、历史订单以及交易结果。

数据里隐含的内容

可公开获取的数据所包含的信息足以用来对短期价格的变动进行诊断，

并且据此管理自己的头寸。这一部分提供了四个案例来进行说明。案例和图表展示了所有市场参与者从一个给定的交易场所订阅的 Level I 数据可观察到的样本市场情形。案例可应用于所有的为配对交易配置了集中限价订单簿的交易场所。

在所有的图中，横轴代表的是时间。实线代表在某一指定的观察时点最高买价和最低卖价，即最优询价和最优报价；虚线代表的是中间价，即最高买价和最低卖价之间的简单平均数。星号代表的是价格和交易的时机：一些交易在买价上成交，一些在卖价上成交，并且有一些可能在买价或卖价的附近成交。

案例 1：市场不变

在图 11-1 中，市场交易按照如下顺序被记录：第一笔交易发生在最优买价，然后是最低卖价，最后又在最高买价处成交。最高买价和最低卖价均不发生变化。图 11-1 所表示的市场运作的机理和动力是怎样的呢？

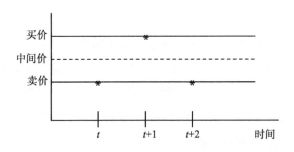

图 11-1　对交易无响应的市场

对于这个问题，一个简洁的回答是"没有"。在图 11-1 所示的市场，没有任何有意义的或不寻常的事情发生。第一笔订单入市产生了一个市场的卖单——交易在买价处记录，正如市价卖单一样。市价卖单在规模上比同时间在最高买价处抵达的订单规模要小——交易后，最高买价不会发生变化。这笔订单没有载明任何信息，至少没有任何来自更广阔市场角度的信息，最高买价和最低卖价的报价停留在它们最初的水平。如果有其他市场参与者已经重视交易的专业化知识，或者是关注到即将到来的市场变化，他们就可能会修订报价来最小化他们的风险。

在第一笔卖单之后，图11-1表明两个额外的订单在其后很短的时间内被执行：一个市价买单和一个市价卖单。买单因为在最低卖价处被执行——市价买单会与限价订单簿的卖方被撮合，接下来的交易在最高买价处成交，因此必然是一笔卖单。此外，图11-1表明，随后的每笔订单价格都没有变化，这隐含的意思是：

- 相比于在最高买价和最低卖价处的聚合规模来讲，订单的规模都很小。
- 这些订单不被认为具有任何特殊的信息优势。

案例2：市场的变化和反弹

图11-2展示了一个不同的情形：一笔交易在买价处成交，随后卖价降低直到随时间价格逐渐反弹。

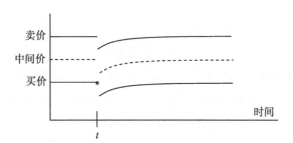

图11-2　一笔交易后市场移动并迅速恢复

图11-2里的交易在买价处成交，并且是因为一笔市价卖单而触发。随后报价下跌以及再之后的逐步反弹表明：

1. 交易的规模很大程度上与最高买价处的规模相关，市价卖单会"扫光"被完全撮合的交易订单。

2. 尽管交易的规模很大，但这些交易没有动摇驱动价格的基础——报价逐渐恢复至最初的水平。这些交易同样没有载明任何信息。

在图11-2里，最低卖价的报价同样在卖单成交后下降，这可能是因为做市商寻找将通过卖方交易所获取存货交付的活动。通过降低最低卖价，一个做市商能迅速将新购进的存货销售出去，从而实现快速获利。

案例3：一笔交易推动市场发生变化

图 11-3 的交易同样发生在买价处。和正文案例 2 中报价在交易后回复至最初水平的情形不同，在图 11-3 里交易实质性交易使得买价和卖价向下移动，报价没有被观察到出现迅速反弹。

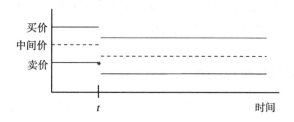

图 11-3　一笔交易使得市场发生变化

图 11-3 里市场变化最可能的解释原因是信息。交易再一次在买价处成交并且也因此是一笔卖单，然而市场将这笔卖单理解为一笔包含了足够信息来保证一个价格永远下跌的交易。和上文案例 2 不同，案例 3 里报价没有恢复至最初价位，与此相反的是，保持了它们的新低。这个新保持的价格水平最有可能是由卖单所载的基础信息导致的结果。

做市商可能会从几个方面考虑那笔卖方交易所拥有的信息。通常，配置市价卖单的交易商的经纪自营商，会注意到交易商拥有的优秀研究技术，并通常会将获利订单配置在其他交易商之前。在这种情况下，交易被执行后交易商的经纪自营商可能第一个调整报价，来保护自己免于接受与一个可能会导致失败的对手做进一步的交易。这种活动完全是合法的，并且通常被认为是提前对冲。作为一种选择，经纪自营商和其他市场参与者会通过本章后面部分阐述的信息提取模型，来考虑知情交易商存在的概率。

案例4：买卖报价价差变大

图11-4展示了另一种情形：在一笔交易后买卖报价价差变大。

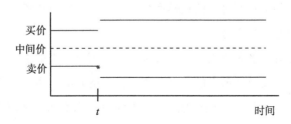

图11-4　一笔交易后买卖报价价差变大

图11-4中描绘的情形通常是作为市场不确定性增加的结果。这种不确定性的一个例子可能是在一个重大的被排上日程的新闻发布之前，这个新闻一旦被发布，不管如何都可能导致市场发生相当大的变动。做市商的本能反应是避免被信息占优的交易商所淘汰，并且会将订单拉至最靠近市场价格的位置，图11-4中展示的做法被称为"宽幅报价"（quoting wide）。

案例1～4阐述了在不同市场环境下可预见的做市商行为。另外的一些情况也可能会发生。在特定市场事件后的做市商行为，根据公开的报价资料是可以观察到的，这有助于自动化交易系统单独提取可获取的信息给其他做市商。

订单流里的建模信息

本章余下的部分描绘了四种成熟的技术，这些技术被用来根据其他市场参与者的行为，来判断即将的市场走势。本章所阐述的模型将下列因素列入考虑：

- 订单流的自相关；
- 订单（指令）流的激进程度；
- 订单簿的形态；
- 报价的时序演化。

作为市场走向预测器的订单流的自相关

订单流是作为终端客户接受信息并基于信息做出行为的结果。对各种不同类型的市场参与者而言,信息模型被用来训练观察订单流、提取信息并根据可获取的信息进行交易。

订单流是指在事先所决定的一段时间所有记录下来的由市价买单发起的交易量与由市价卖单所触发的交易量之间存在的差异。由一笔市价买单引发的交易称为买方触发型;同样地,由市价卖单引发的交易称为卖方触发型。式(11-1)列出了订单流的定义

$$x_t = v_t^a - v_t^b \tag{11-1}$$

式中,v_t^a是指由市价买单被订单簿上的卖单撮合而产生的交易量;v_t^b是指市价卖单被交易订单簿上的买单撮合而产生的交易量。

根据学术研究的结果,订单流直接反映了市场价格中至少50%的信息。在新信息发布前后,订单流表现出高度的方向性。例如,Love 和 Payne(2008)认为,紧随一个重大的欧元区与美国的新闻发布之后,关于欧元/美元汇率交易的订单流会紧随所发布新闻的指向。因此,"利好"的美国新闻预期会拉升美元,订单流会被"买入美元"或"卖出欧元"所主导。其他关于各类有价证券的研究,包括 Lyons(1995)、Perraudin 和 Vitale(1996)、Evans 和 Lyons(2002a)以及 Jones、Kaul 和 Lipson(1994),也得出了类似的结论。

Lyons(2001)认为,订单流具有信息提供的功能基于以下三个原因。

1. 订单流可以被认为是市场参与者根据自己的预期来配置股票。对买方或卖方来讲,市价订单是不可被撤销的承诺,也因此载有最大量的信息。限价订单同样能被执行并且具有高成本,也因此会承载信息。因而,订单流反映了市场参与者关于即将到来的市场走向的真实意愿。

2. 有限分布的订单流数据被离散化处理。经纪商可直接观察到客户的订单流数据和交易商之间的网络分布。从根本上讲,终端投资者几乎看不到任何直接的订单流,但是他们可以像在这一部分描述的那样,根据市场数据部分推断订单流信息。交易所拥有来自经纪商和其他市场参与者的订单流数

据。然而，在经纪自营商越来越多地在内部撮合订单时，交易所数据会遗失相当数量的投资者订单，这个过程被称为订单流的内部化。这个内部化现在被视为只要在可能的情况下不通过交易所来获取经纪商的成本的一项必需功能。由于订单流不是任何人都可获取的，那些具有全部订单流信息或成功模拟出订单流信息的人，就处于一个信息在市场价格中表现出来之前分析研究市场的有利位置。

3. 订单流表明，不论交易的初始发起者是否具有信息优势，归因于市场冲击的大规模和重大头寸会暂时导致市场发生变化。同时，观察或模拟订单流的交易商处于最优位置来利用交易所处环境的市场走势。

Lyons（2001）进一步将订单流区分成透明和不透明两种，透明的订单流提供了市场即时信息，而不透明的订单流则不能产生有用的数据，或者产生个人主观分析来提取市场观点。根据 Lyons（2001）研究，订单流的透明度包含以下三个维度：

- 交易前信息和交易后信息的对比。
- 价格信息与数量信息的对比。
- 公众信息和交易商信息的对比。

观察客户和交易经纪行信息流一手数据的经纪商可以获取交易前信息，能够观察到交易价格和数量，并且能够获取公开信息和交易商信息。终端客户一般只能在这些信息对所有客户公开或者可获取时看到交易的价格信息。毫无疑问，考虑到可以通过适当的资源来有效地使用信息，交易商处于更有利的位置来使用包含在订单流中的信息资源，从而获取超额回报。

订单流可直接观察到

正如 Lyons（1995）、Perraudin 和 Vitale（1996）、Evans 和 Lyons（2002b）等人所指出的，订单流事先就已被分散在市场参与者中，但是能被经纪自营商或一个交易场所集中地观察到。对一个特定的金融证券的订单流，在任意一个给定时间可以正确地测度买方发起交易和卖方发起交易之间收益的不同。有时订单流被称为买盘压力或卖盘压力。当交易规模可观察到时，订单流能够通过计算买方发起交易的累积规模和卖方发起交易的累积规模之间的差异得出。当交易数量不能被直接观察到时（这通常发生在外汇交易中），订单流可以通过计算在每一个特定时间区间买方发起交易的数量和卖方发起交易的数量之间的差异得出。

对订单流基于交易规模的测度和基于交易数量的测度在实证分析文献里都被用到过。由于大部分订单以"clips"或者以一个标准交易规模为基础的集合来传递，这些测度方法是可比较的，从根本上来讲是为了避免不适当的关注以及伴随更大交易可能出现的价格急剧上涨。事实上，Jones 等人（1994）发现，根据交易数量测度的订单流对价格和波动性进行预测，要优于根据交易的合计规模对订单流进行测度。

实证分析已经证实了一个新闻发布之后，订单流达到一个新的价格水平的重要性。例如，Love 和 Payne（2008）检验了在外汇交易中围绕所发布宏观经济新闻的订单流，结果表明，订单流直接说明了隐含在市场价格中至少 50% 的信息。

Love 和 Payne（2008）研究了订单流对三个货币对的影响：美元/欧元、英镑/欧元和美元/英镑。Love 和 Payne（2008）所发现的订单流对各自汇率的影响，如表 11-1 所示。他们将订单流测度为在每分钟买方发起交易的数量和卖方发起交易的数量之间的差异。Love 和 Payne（2008）论证了在来自欧元区新闻发布的时点上，买方发起交易的数量超过卖方发起交易的数量，每增加一笔导致美元/欧元上升 0.006 26，或者说上升了 0.626%。

表 11-1　买方发起交易的数量超过卖方发起交易的数量，
每增加一笔交易导致货币每分钟收益的平均变化

	美元/欧元收益	英镑/欧元收益	美元/英镑收益
与欧元区发布新闻的时点一致的订单流 t	0.006 26[①]	0.000 544	0.002 06
与英国发布新闻的时点一致的订单流 t	0.000 531	0.003 39[③]	0.003 22[③]
与美国发布新闻的时点一致的订单流 t	0.007 01[③]	0.002 01	0.003 42[②]

注：①、②和③分别表明 90%，95% 和 99.9% 置信水平上统计显著。

订单流不能被直接观察到

对所有的市场观察者来讲,订单流不是必须透明的。举例来讲,执行经纪商能直接观察到的来自客户的买方和卖方订单,但是一般来讲,客户只能看到竞价价格、报价价格以及可能的市场深度。

因此,各种模型建立和发展是为从可观察到的数据里提取订单流信息。最基础的算法检测了交易信号的自相关。首先,算法将过去一段时间 T(比如 30 分钟)所记载的所有交易分成了卖方交易和买方交易。对交易的判定可以采用 Lee-Ready 判别法或者是本书第 4 章所描述的交易量时钟法则,被判定为买方的交易在交易的方向上赋值 +1,每笔卖方交易则为 –1。然后,算法计算出滞后交易方向的变量 (x_t) 的自相关函数(ACF)

$$\rho_{t,t+\tau} = \frac{1}{N}\sum_{t=1}^{N} x_t x_{t+\tau} \qquad (11\text{-}2)$$

式中,t 代表的是在一个选定的评估区间段 T,一笔给定交易记录的顺序数;N 代表的是在给定的时间区间内所有的交易记录数。在一个自相关函数图形(ACF plot)里,将所有计算出的自相关函数 $\rho_{t,t+\tau}$ 连接起来,同时考虑到一个滞后期,来揭示交易的相关性。

图 11-5 显示了两个金融工具可比较的自相关图形。

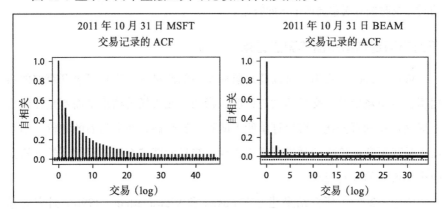

图 11-5 在 2011 年 10 月 31 日观察到的 MSFT 和 BEAM 订单流的自相关

资料来源:Sotiropoulos,2012.

Hasbrouck(1991)在估计订单流的自相关时,对由于预先配置的订单和一天里的影响产生的收益进行了调整：

$$x_t = \alpha_x \sum_{k=1}^{K} \beta_k r_{t-k} + \sum_{m=1}^{M} \gamma_m x_{t-m} + \sum_{t=1}^{T} \delta D_t + \varepsilon_t \qquad (11\text{-}3)$$

式中，x_t 代表在 t 时刻观察到的订单流，当给定的交易被判断为来自一个市价买单时为 +1，否则为 –1；r_t 代表一笔交易的收益；D_t 是被控制的虚拟指标，表明时间 t 的流逝。

Ellul、Holden、Jain 和 Jennings（2007）将高频交易订单流中短期自相关，解释为竞争性订单流对即时市场事件以及流动性枯竭和补充的波浪形反映。Ellul 等人（2007）证实了在高频交易中订单流呈强的正序列相关，但是也发现在低频交易中出现订单稳定的负相关性。一些学者包括 Hedvall、Niemeyer 和 Rosenqvist（1997），Randaldo(2004)，Hollifield Miller 和 Sandas（2004），Foucalt、Kadan 和 Kandel（2005），Rosu（2005），以及 Biais、Hillion 和 Spatt（1995），也进行了订单自相关的其他研究。

订单流的信息可以很容易地使交易获利。不成比例的大规模买单将不可避免地推动交易的证券价格变高，在大规模的买单被观察到的时点配置一个买单将会获得正收益。同样地，大规模的卖单会打压价格，因此在卖单流被观察到的时点及时配置卖单会产生正向收益。

作为市场走向指示器的激进订单

Vega（2007）指出，可以通过监控交易的激进程度来从可公开获取的数据里提取市场信息。交易的激进程度，指的是在市场价格水平而不是在限价上提交订单的百分比。市价订单所占的百分比越高，在交易商的竞价中用来捕捉最优可获取价格的激进程度就越高，交易商就越有可能相信证券价格会向市场价格的方向变动。

Vega（2007）研究结果建立在 Foster 和 Viswanathan（1996）研究的基础上，他们分析了在不同市场参与者获取信息程度不同的情况下价格的平均反应。例如，在一个预期的经济新闻发布之前，通常会看到"一个一致预期"，该预期是通过几位市场分析师给出的平均预期得来的。这个一致预期通常会附有所有分析师给出的预期分布范围的衡量。举例来说，在 2009 年 1 月美国零售销量月度变动的数据发布之前，彭博资讯报道分析师的一致预期结果是 –0.8%，然而所有分析师预期的数字变动范围为 –2.2% ~ 0.3%（实际的数字在 2009 年 12 月 12 日上午 8:30 揭晓，实际零售月度变动的数据为 1%）。

Foster 和 Viswanathan（1996）研究表明，不同市场参与者的信息量程度的相关性影响了价格中所隐含的信息的传播速度，从而影响了交易商获取的信息盈利，并且也决定了市场参与者之间相互学习的能力。换言之，在一个新闻如期发布之后，分析师预期范围越窄，市场到达证券合理价格的速度就越快。实际的公告信息通过积极激进交易进入市场价格。限价订单相比市价订单会产生一个更有利的执行价格，然后价格有时也会产生成本——等待和无成交的关联风险。市价订单被迅速执行，但是可能会受不利价格的支配。在激进的交易中，市价订单被采用，这时价格迅速变化并且可以使得订单被快速执行以及保持交易获利。交易商拥有的信息越优，在交易中就越激进，信息整合到价格中的速度就越快。

因此，激进订单本身会传递出即将到来的证券价格变动的走势信息。如果一个交易商立即执行订单，而不是为了获取一个更有利的价格采取等待的行为，这个交易商的行为会传递出他自己关于未来市场走势的观点。Vega（2007）的研究表明，信息占优的市场参与者的交易更激进。因此，模拟激进交易会产生一个持续盈利的交易策略。订单流激进程度的测度会进一步捕捉知情交易商的信息，并有利于产生短期收益。

Anand、Chakravarty 和 Martell（2005）研究发现，在纽约证券交易所，机构的限价订单相比于个人配置的限价订单，表现要更为优异，在市场价格上的或者由于市价订单比配置在买卖价差以内的限价订单表现要优异，规模较大的订单优于较小的订单。为了对订单进行评估，Anand 等人（2005）抽取了纽约证券交易所三个月中所有订单及其执行细节，跨度为 1990 年 11 月 ~ 1991 年 1 月。

Anand 等人（2005）使用下列回归方程来估算各类订单的特征对价格变动的影响，这个变动值用 $Diff_t$ 来表示，那么买卖差价中间价在时点 $t \sim t+n$

的差异为：

$$Diff_t = \beta_0 + \beta_1 Size_t + \beta_2 Aggressiveness_t + \beta_3 Institutional_t + D_{1t} + \cdots + D_{n-1,t} + \varepsilon_t \quad (11\text{-}4)$$

式中，t 代表提交订单的时间；n 为订单提交后的 5 分钟和 60 分钟；$Size$（规模）代表在特定订单中股票数量除以该股票在样本时间段进行交易的平均日交易量；对于买单来说，$Aggressiveness$（激进程度）是一个虚拟变量，如果订单报价正好等于或者优于现存最优报价，则赋值为 1，否则赋值为 0；$Institutional$（机构）是一个虚拟变量，如果是机构订单则赋值为 1，如果是个人订单则赋值为 0；$D_1 \sim D_{n-1}$ 是一个代表特定交易具体股票的虚拟变量。

根据 Anand 等人（2005）的研究，表 11-2 总结了回归方程对机构订单和个人订单表现差异的稳健性检验结果。机构和个人交易商可选择的股票是回归方程的控制变量。回归方程中的因变量是在订单提交后的 5 分钟和 60 分钟买卖价差中间点的变化。

表 11-2 机构订单和个人订单表现差异的回归稳健性检验的总结

	截距	规模	激进程度	机构
样本 A：97 只股票				
提交订单后的 5 分钟	0.005	0.010[①]	0.016[①]	0.004[①]
提交订单后的 60 分钟	0.020[②]	0.020[①]	0.012[①]	0.006[①]
样本 B：144 只股票				
提交订单后的 5 分钟	0.006	0.012[①]	0.014[①]	0.004[①]
提交订单后的 60 分钟	0.021[②]	0.023[①]	0.012[①]	0.004[①]

① 表示在 1% 的置信水平下 t 检验是统计显著的。
② 表示在 5% 的置信水平下 t 检验是统计显著的。
资料来源：Reprinted from Amber Anand, Sugato Chakravarty, and Terrence Martell, "Empirical Evidence on the Evolution of Liquidity: Choice of Market versus Limit Orders by Informed and Uninformed Traders," *Journal of Financial Markets* (August 3, 2005):21, with permission from Elsevier.

根据几位研究者的结论，市场的激进程度所展示出的自相关，能用来预测未来市场的激进程度。市场激进程度的自相关被认为来自以下两种途径：

- 大笔机构订单在一个长时间段内在可比较的市场激进水平上被分割成小单。
- 简单的价格动量。

Biais 等人（1995）对市场激进程度自相关进行了研究，他们将巴黎证券交易所可观察到的订单根据激进程度进行分割，从激进程度最小的市价订单对价格的推动，到激进程度最高的在即时订单簿之外的限价订单。他们认为，订单在激进程度方面的分布依赖于市场和订单的提交是否是自相关的。他们还发现了一种"对角线效应"，即在具有一定激进程度的初始订单之后，跟随的是具有相同激进程度的订单。之后对不同证券交易所的实证研究证实了他们的结论。举例来说，可以参见 Griffiths、Smith、Turnbull 和 White（2000）对多伦多证券交易所的研究，Ranaldo（2004）对瑞士证券交易所的研究，Cao、Hansch 和 Wang（2004）对澳大利亚证券交易所的研究，Ahn、Bae 和 Chan（2001）对中国香港证券交易所的研究，以及 Handa 等人（2003）对在巴黎证券交易所交易 CAC40 股票的研究。

作为市场走向预测信号的订单簿的形态

有几项研究分析了限价订单簿能被用来预测短期的价格走势。例如，Cao 等人（2004）发现，一个紧靠市场价格的流动性峰顶倾向于将市场价格推离该峰顶；然而，一个远离市场价格的流动性峰顶则倾向于推动市场价格靠近该峰顶。Cohen、Maier、Schwartz 和 Whitcomb（1981）将这个现象称为"报价的万有引力"。图 11-6 展示了市场深度的演进以及与之相关的流动性。

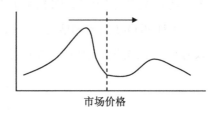

图 11-6 一个不对称的流动性峰顶靠近市场价格，倾向于推动市场价格远离该峰顶

Rosu（2005）表明，限价订单簿的形态依赖于市价订单入市的概率分布。大笔市价订单的高概率导致驼峰形限价订单簿。Foucault、Moinas 和 Theissen（2005）发现，限价订单簿的深度能预测未来资产价格的波动性：深度越低，预期的波动程度越小。Berber 和 Caglio（2004）发现，限价订单载有诸如收益公告之类的保密信息：集中度远离即时市场价格的限价订单可能反映出一些人对交易工具进行估值的事后公告。

Cont、Kukanov 和 Stoikov（2011）的研究表明，即使是 Level I 数据也能用来生成对即将到来的价格走向的正确预测。Cont 等人（2011）界定了一个新变量用来预测价格走向，即订单流的不平衡（OFI）

$$OFL_k = \sum_{n=N(t_k-1)+1}^{N(t_k)} e_n \qquad (11-5)$$

式中，e_n 代表订单簿顶端流动性的即时变化，且被定义如下：

$$e_n = I_{\{P_n^B \geq P_{n-1}^B\}} q_n^B - I_{\{P_n^B \leq P_{n-1}^B\}} q_{n-1}^B - I_{\{P_n^A \leq P_{n-1}^A\}} q_n^A + I_{\{P_n^A \geq P_{n-1}^A\}} q_{n-1}^A \qquad (11-6)$$

式中，I 代表指标函数，在括号里条件为真时等于 1，否则为 0；同时，q^A 和 q^B 是在最高买价和最低卖价处各自的规模。

式（11-5）和式（11-6）能被理解为如下含义：订单流的不平衡依赖于交易订单簿顶端流动性的即时变化，反过来依赖于在最高买价和最低卖价处的高频变动。如果最高买价上升，订单流的不平衡由于在新的最高买价处产生的规模而增加；如果最高买价价格从一个时点到下一个时点下跌，与之相关联的 OFI 会由于在最高买价规模被记录在上一个交易点上而减少。同样地，如果卖价降低，OFI 会由于新的最低卖价处产生的规模而减少；如果询价从上一个时点到现在时点上升，OFI 因为在前一笔最低卖价处的规模而增加。

为了证实 OFI 的预测能力，Cont 等人（2011）跟踪了由短期价格变动导致的 OFI 数据并绘制成图，并且得到了一个如图 11-7 所示的线性关系。

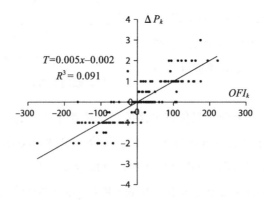

图 11-7　订单流的不平衡与短期价格变动

资料来源：Cont, Kukanov and Stoikov（2011）.

作为市场走向预测器的高频数据的走势

高级分类的信息模型具体致力于研究各种类型的市场参与者的意图和未来的行为。这种模型包括基于博弈论的方法来逆向推演报价和订单流,从而来发现一个做市商所拥有的信息。信息模型也使用观察到的或推断的订单流来进行知情交易决策。

信息模型的核心描述了基于信息流和在信息传递过程中可能出现的信息不对称的交易。不同市场中的信息流存在差异。在透明集中的市场,信息流相对以较快的速度传递,比如大部分股票市场和电子化市场;在不透明的市场,信息流传递相对较慢,比如外汇交易市场和进行债券和衍生品交易的场外交易市场。

存在于市场中的信息不对称导致了逆向选择,或者导致了知情交易商具有将不知情交易商"淘汰"的能力。根据 Dennis 和 Weston(2001), Odders-White, Ready(2006),长久以来对信息不对称进行测度的方法有如下几种:

- 买卖报价价差;
- 买卖价差的有效性;
- 基于信息的影响;
- 买卖价差中逆向选择的构成;
- 知情交易的概率。

买卖报价价差

买卖报价价差是最简略的也是最容易观察到的对信息不对称的测度。Bagehot(1971)首先提出利用买卖报价价差衡量信息不对称,后来经过众多研究者的进一步发展,买卖价差反映了做市商利用不对称信息反映市场走向的预期。当报价商收到他怀疑可能来自一个知情交易商的订单流时,这可能会使得交易商在市场走向中处于不利,交易商会增加他所报出的价差来弥补自己面对的可能在价格变动中出现的潜在不利的不确定性。因此,所报的买卖价差越大,交易商所估计的他和客户之间的信息不对称程度就越高。在任何一个给定的时点,假定交易商具有与其大部分客户一样的获取公众信息的途径,买卖报价价差可以作为整个市场上存在的信息不对称的一种测量。

买卖价差的有效性

买卖价差的有效性可通过计算最近交易价格与买卖报价的中间价差值的平方，再除以买卖报价的中间值得到

$$S_t^e = \left(\frac{4S_t}{S_t^a + S_t^b} - 1 \right) \quad (11\text{-}7)$$

买卖价差的有效性以百分比的方式衡量了最近实际价格与简单中间报价之间的偏离程度。当市场是平衡的且不存在信息流传输时，真实的中间报价是正常的交易价格。在限价订单簿存在偏斜或其他不平衡时，交易价格会移向位于或靠近订单簿顶端的超出的限价订单。

基于信息的影响

对信息不对称采用基于信息影响的测度归因于 Hasbrouck（1991）。Brennan 和 Subrahmanyam（1996）详细阐述了利用如下向量自回归（VAR）模型来估算基于信息影响的测度，λ：

$$V_{i,t} = \theta_{i,0} + \sum_{k=1}^{K} \beta_{i,k} \Delta P_{i,t-k} + \sum_{m=1}^{M} \gamma_{i,m} V_{i,t-m} + \tau_{i,t} \quad (11\text{-}8)$$

$$\Delta P_{i,t} = \phi_{i,0} + \phi_{i,1} sign(\Delta P_{i,t}) + \lambda_i \tau_{i,t} + \varepsilon_{i,t} \quad (11\text{-}9)$$

式中，$\Delta p_{i,t}$ 代表证券价格从时点 $t–1$ 到时点 t 的价格变动；$V_{i,t} = \text{sign}(\Delta p_{i,t}) \cdot v_{i,t}$，同时 $v_{i,t}$ 表示证券 i 从时点 $t–1$ 到时点 t 所记录的交易量。Brennan 和 Subrahmanyam（1996）在估计方程式（11-8）时指出滞后期数为5，即 $K=M=5$。

买卖价差中逆向选择的构成

买卖价差中逆向选择的构成由 Glosten 和 Harris（1988）提出。模型将买卖价差分成了以下三个部分：

- 逆向选择的风险；
- 订单处理的成本；
- 存货风险。

Roll（1984），Stoll（1989）以及 George、Kaul 和 Nimalendran（1991）提出了具有类似思路的模型。Glosten 和 Harris（1988）提出的模型版本被

Huang 和 Stoll（1997）普及，他们集成了存货风险和订单处理的成本，并且明确等式如下：

$$\Delta P_{i,t} = (1-\lambda_i)\frac{S_{i,t}}{2}sign(\Delta P_{i,t}) + \lambda_i \frac{S_{i,t}}{2}sign(\Delta P_{i,t}) \cdot v_{i,t} + \varepsilon_{i,t} \quad (11\text{-}10)$$

式中，$\Delta p_{i,t}$ 表示证券 i 从时点 t–1 到时点 t 的价格变动；$V_{i,t}=sign(\Delta p_{i,t}) \cdot v_{i,t}$，$v_{i,t}$ 代表的是证券 i 从时点 t–1 到时点 t 所记录的交易量；$S_{i,t}$ 是前文所定义的有效买卖价差；同时，λ_i 是由于逆向选择导致的交易价差部分。

知情交易的概率

Easley、Kiefer、O'Hara 和 Paperman（1996）提出了一个模型，来从序列报价数据中提取知情交易的概率。模型反向推演交易商所提供的序列报价，来获取交易商看见的订单流的概率性想法。

模型建立在如下思路上。假定一个事件的发生一定会影响价格，但是只会被某一群选定的投资者所观察到。这样的一个事件可能是选定的信息被有控制性地发布，或者是一个杰出分析师得出的一个研究发现，这样一个事件的概率是 α。再进一步，假定这个事件发生，其概率对价格产生一个负向影响 δ，也就是说，事件发生的概率对价格会产生一个正向影响（1–δ）。当这个事件发生时，信息知情者知道这个事件的影响可能会对价格产生怎样的影响，于是他们根据他们的所知以速率 μ 配置交易订单。这样，所有的知情投资者会在市场相同的方向配置订单——买单或卖单。同时，不知情投资者将会以速率 ω 在市场两个方向上配置指令。那么，知情交易发生的概率被如下等式所决定：

$$PI = \frac{\alpha\mu}{\alpha\mu + 2\omega} \quad (11\text{-}11)$$

然后，参数 α、μ 和 ω 根据在时间段 T 的似然函数所估计

$$L(B,S|\alpha,\mu,\omega,\delta) = \prod_{t=1} \ell(B,S,t|\alpha,\mu,\omega,\delta) \quad (11\text{-}12)$$

式中，$\ell(B, S, t|\alpha, \mu, \omega, \delta)$ 是在一个特定时间段内观察买单 B 和卖单 S 的似然值：

$$\ell(B,S,t\,|\,\alpha,\mu,\omega,\delta) = (1-\alpha)\left[\exp(-\omega T)\frac{(\omega T)^B}{B!}\right]\left[\exp(-\omega T)\frac{(\omega T)^S}{S!}\right]$$

$$+\alpha(1-\delta)\left[\exp(-(\omega+\mu)T)\frac{((\omega+\mu)T)^B}{B!}\right]\left[\exp(-\omega T)\frac{(\omega T)^S}{S!}\right]$$

$$+\alpha\delta\left[\exp(-\omega T)\frac{(\omega T)^B}{B!}\right]\left[\exp(-(\omega+\mu)T)\frac{((\omega+\mu)T)^S}{S!}\right]$$

(11-13)

总　结

理解每个市场参与者的类型和动机，能够开启可获利的交易策略。例如，对一个特定的市场参与者，拥有关于即将到来的市场走向的信息会产生直接获利，这个获利既可能来自当该市场参与者是非知情交易商时进行的交易，也可能来自当这个交易商有信息优势时跟随这个交易商的走势进行的交易。

章末问题

1. 在一笔交易后，如果报价差价变宽，并且反转至它们的最初水平，那么这笔交易所隐含的信息内容是什么？请解释。
2. 什么是订单流？订单流如何被测度？从交易数据中能如何被估算？
3. 在 Cont、Kukanov 和 Stoikov（2011）所提出的订单流不平衡的测度中，在最高买价规模增加时，订单流的不平衡性是否会增加？请解释。
4. 假定你观察到在 MSFT 中存在订单流的高度自相关，那么谁最有可能进行交易？说明原因，并说明如何利用信息来产生正收益的算法。
5. 什么是逆向选择？当逆向选择风险降低时，对一个做市算法而言这意味着什么？

第12章

额外的高频交易策略、市场操纵和市场崩溃

如第 8 ~ 11 章所述,高频交易大体上就是让人们的交易自动化进行。然而,我们意识到高频交易的反面,是它有可能会对市场动态造成一定程度的负面影响。本章将会详细讨论这些威胁,并且提出察觉高频交易市场操控和期货市场崩溃的方法。

让我们继续从全局去考虑高频交易。一方面,我们发现金融服务业的雇主。只要在《华尔街日报》的"金融与投资"栏目中打开"招聘"版面,你一定会发现对有高频交易才能人才的招聘。招聘的雇主是像摩根士丹利这样被称为"白鞋"⊖的投资银行。这些谨慎的公司总是将资源投到它们认为值得和合法的地方。他们招聘的程度(常常是《华尔街日报》上唯一的招聘广告)意味着该行业利润巨大,值得留在那。

⊖ 白鞋(white shoe),指的是美国主流白人的企业,在华尔街便是最顶级的金融、法律、管理咨询类服务提供商,如摩根士丹利、JP 摩根、高盛。——译者注

另一方面，我们发现像马克·库班（一个成功的达拉斯商人）这样的个人，最近他宣称害怕高频交易员。库班的担心是基于他认为高频交易员无非是"黑客"，一群寻求操纵市场和占有不公正优势的系统和投资者。

那么为什么库班和摩根士丹利会对高频世界具有如此分歧的观点呢？一方面，库班可能沦为了一些既无节操也无竞争力、反而把高频交易当作替罪羊的金融服务提供商的受骗者。高频交易的反对者确认了一系列所谓高频交易如何破坏市场的证据。据称，美国商品期货交易委员会下属委员会的一个工作组编制的恶意高频交易策略，包含了像价差剥头皮（spread scalping）、市场点火（market ignition）和市场狙击（market sniping）等。

被视为恶意的且往往与高频交易相关的策略，主要归为以下几类：
- 服务价格发现的合法策略。
- 无法在"明市"（如规范化的交易所）实施的策略，在暗池是可行的。
- 对市场造成拉高出货行为的直接后果的策略，大多数金融市场都禁止这种市场操纵技术。

商品期货交易委员会负责确认高频交易不良策略的下属委员会确认了如下实例：
- 潜伏套利；
- 价差剥头皮；
- 回扣获取；
- 报价撮合；
- 分层挂单；
- 点火；
- 试盘/狙击/嗅探；
- 塞单；
- 幌骗；
- 拉高出货；
- 机器学习。

我们下面将对此处提出的行为一一来做详细的讨论。虽然有些市场参与者宣称，高频交易也能通过预先交易的订单类型来操纵市场，比如预付款订单通常带有更重要的价格标签，使得这类订单长期来看毫无超额盈利空间，并使订单对高频交易无利可图。本章还将讨论针对拉高出货行为的侦测方法。

潜伏套利

潜伏套利常常被高频交易的反对者作为技术军备竞赛最直接的例子，但并没有明显的影响。与第8~11章其他高频交易策略不同，想要成功进行潜伏套利，部署最快的技术是至关重要的。然而，和有些人的想法相反，潜伏套利有一个定义明确的促进市场效益，稍后将会说明。

金融理论的一个重要概念是一价定律。这个定律指出，在良好运行的市场，给定的某一金融工具总是有统一的价格，无论金融工具所交易的市场特性是什么。一价定律同时确保，无论低频交易商决定在哪个市场进行交易，他们始终会在公正的市场价格上进行交易。换句话说，在理想的理论市场条件下，伦敦的IBM股票价格应该总是和调整汇率后的纽约的IBM股票价格一样。

无论因为什么原因，同一金融工具在不同市场发生定价偏离时，高频潜伏套利者就会跳入市场，然后赚走市场价差。例如，当IBM股价被暂时高估时，高频潜伏交易商在市场中卖出IBM股票，同时在股价过低时立即买入。在这个过程中，高频交易商制造的需求和供给，起到了在之前有价格分歧的市场中进行均衡市场价格的作用。高频交易商然后快速地反转他的头寸来锁定收益，保证所有频段的交易商都可以在全球一致的价格上交易金融工具，服从于一价定律。

潜伏套利是一个基于利用高速度来获得优势的交易策略的例子。市场参与者和监管机构通常会问的问题是：多快的速度就够了？速度竞赛何时结束？应该限制市场中的可接受速度吗？从经济学的观点来看，只要增长的科技能力和交易获利之间是均衡的，速度竞赛就会结束：如果多花一美元在技术上已经无法产生额外的回报。在此之前，高频交易商的竞赛将会持续在交易领域内不断推进创新。

价差剥头皮

高频价差剥头皮常常指一些市场参与者认为很简单的自动做市行为：在买卖两边为生成或"剥头皮"价差价值的高频交易账户持续提供流动性。如第10章所述，这样的行为会遭遇持仓过大和逆向选择的风险，并且在其最简单的形态中几乎无法获利。甚至在一个不景气的市场中，随着做市商在市场变化中累积头寸的增加和减少，做市也会有持仓过大的风险。如果缺少了市场反向订单，做市商可能无法有利地清理仓位。在第10、11章中提出的市场状态的显著性分析，对保证看似单纯的价差剥头皮策略的获利是必要的。

正如在第11章中讨论的，即使在正常状态下市场也充满了信息不对称，因为总有些交易商比做市商掌握更多的消息。获得更优质情报的知情交易商可能对行业基本面有优先信息，或者只是具有卓越的预测能力。在这种情况下，这些有更优质情报的知情交易商将做市商可能积累的所有其他价差剥头皮利润抹去，势必将做市商置于交易的落败方。

举一个具体的例子，比如某个新闻公告。设想一个所谓的价差剥头皮高频交易商，在即将公布上一个月新增或减少就业岗位数量的就业数据之前，在市场上买卖双方均有头寸。一个更厉害的知情交易商，无论是高频类还是低频类，可能已经用合理的准确性预测了就业数据可能增加多少。假设更厉害的知情交易商决定下一步押注于他的预测，向市场发出一个大的市价买单。假定价差剥头皮做市商此后与知情交易商反向操作，在消息公布即将大涨的市场中大量卖出。在几秒钟之内，因为低频交易商的行为，高频交易做市商可能会在他的投资组合中以损失惨重收场。

总而言之，于某些市场参与者而言，价差剥头皮可能看起来像一个掠食策略，虽然从它最朴素的形态中极难获利。价差剥头皮佐以持仓存货与信息化考量，就是大多数市场参与者称为的做市，这是一种合法的行为，是市场功能的重要组成部分。失去了价差两边的限价订单，需要立即成交的交易商的市价订单就无法被执行。相对于为了每天在市场两边提供限价订单而付出的工作量，价差补偿只是一份微不足道的盈利。

回扣获取

另一个经常提出作为高频交易危险性的例子就是回扣（rebate）获取。在这种策略下，高频交易商被认为简单地通过在不同交易所间对限价订单和市价订单的成本进行套利，就能产生收益。该策略被认为是没有经济价值的空转，也是市场分化错误的一个常见例子。在现实中，如本节所示，回扣有助于提高交易策略的盈利能力，但无法在像第 8～11 章提到的预测方法的情况下提供盈利。

为了盈利，高频交易商需要执行一个订单并持有足够长时间的头寸来实现盈利。如第 3 章所述，限价订单和市价订单的回扣目前只存在于股票中，许多交易所想要将它们与其他回扣区分开来。在大多数美国股票市场，每宗交易的最低盈利目前为 0.01 美元。在正常的回扣市场中，交易所支付回扣给发出限价订单的交易商，因为他们为市场提供了流动性。例如，纽交所向发出限价订单的交易商提供每 100 股 0.13~0.3 美元。假设交易商每次交易都猜对了股票上涨一个价位方向的概率是 P_{up}。在当前的纽交所环境中，只有当边际累积回扣超过了交易商的期望收益时，理性的高频交易商才会发出限价买单。

$$\$0.01P_{up}-\$0.01(1-P_{up})-\$\,(transaction\ costs) \geq -\$\,rebate \quad (12\text{-}1)$$

式中，$\$rebate$（回扣）是每股回扣价值；$\$transaction\ costs$（交易费用）代表交易商为了执行交易，每股需要付出的单位成本。股票的交易费用可能包含清算费、交易费、FINRA 通道费用和 NYSE 通道费用，以及经纪商与交易商费用。

式（12-1）等价于

$$P_{up} \geq \frac{\$transaction\ costs - \$rebate}{\$0.02} + 50\% \quad (12\text{-}2)$$

由式（12-2）可以看出，在没有回扣的情况下，发出限价订单的交易商需要以超过 50% 的概率正确预测出价格的方向。经纪商与交易商宣布不考虑 NYSE 回扣的情况下卖出 3000 万股的成本大约在 5 万美元，也就是每股 0.0016 美元。当以市价执行时，这 3000 万股会触发额外的 NYSE 通道费用，这是一种吞噬流动性的反向费用，大约是 7 万美元，也就是每股 0.0023 美元。为了在这种成本结构下获利，理性的高频交易商需要预测市场波动方向的概率 P_{up}，至少要 70%：

$$P_{up} \geq \frac{0.0016\,\text{美元} - (-0.0023\,\text{美元})}{0.02\,\text{美元}} + 50\% = 70\% \quad (12\text{-}3)$$

当以限价订单发出同样的 3000 万股，交易商收到 6 万美元，也就是每股 0.0020 美元的回扣，抵消了没有回扣的交易成本并且产生了 1 万美元，即每股 0.0003 美元的盈利。这种回扣驱动的盈利性降低了高频交易商需要对市场做出正确预测的概率，只需要 48%：

$$P_{up} \geq \frac{0.0016\,\text{美元} - (-0.0020\,\text{美元})}{0.02\,\text{美元}} + 50\% = 48\% \quad (12\text{-}4)$$

换言之，回扣虽然减少了高频预测所需要的准确度，以及预测正确性的各自可能性，却不允许随机交易策略盈利。与价差剥头皮策略相比，成功的回扣获取是一个复杂的做市运作，回扣只能作为表现提升的微小部分，而不是主要的盈利来源。

报价撮合

在所谓的报价撮合策略中，高频交易商被认为是模仿另一个交易商的限价订单。然后，高频交易商被认为搭上原始订单产生的市场冲击影响的顺风车。如果可行，这样一个策略会因为放大市场的反应，使投资者以后续附属交易获得的定价恶化来消极影响大型投资者的交易。该策略假设高频交易商能够确定哪些限价订单同时在短期内使市场向确定的方向波动，从而使高频交易商快速地从波动中占优，将头寸反转和捕获利润。具体而言，该策略的成功是基于高频交易商预测哪些限价订单产生正面或负面市场冲击。

该策略的关键假设是它不可行性的主要原因。现今大多数交易所都采取匿名报单：他们保护交易商的身份，不允许高频交易商标记和跟踪特定主体的订单。此外，正如第 5 章所讨论的，虽然许多买单进入市场后短期内价格上涨，但这个波动是不保险的。以限价订单为例，当限价买单进入市场，随后的市场冲击平均而言是良性的，甚至是排在最前面的挂单，其影响也是极小的，但对于市价背后的订单也可能是消极的，或者从统计学角度来说是不能持久的。因此，仅仅依赖复制其他交易商的限价订单的报价撮合策略很可能让人失望。

分层挂单

在分层挂单策略中，高频交易商以市场价格之外的不同水平的价格发出限价订单，通常很快就取消订单，然后又重新挂单。分层挂单的目的常常是使普通市场观察者混淆，因此他们怀疑这是非法的。

一些分层挂单可能确实有操纵性。操纵分层挂单是一方面：市场参与者在订单簿中分层挂入买单或卖单，然后迅速撤销挂单，这样可以混淆其他交易商对现有买卖供给情况的判断。2012 年 9 月，美国证券交易委员会在高度公开的案件中惩罚了这种分层挂单。

然而，许多分层挂单其实是合法的策略，如第 3 章所述，许多执行经纪商和做市商都会以此种策略和价格 – 时间优先原则来处理限价订单簿。在大多数分层策略中，经纪商或做市商将"占位符"（placeholder）限价订单挂在不同的价格水平，希望确保限价订单簿给定价格队列的时间优先。当市场价格触及经纪商的订单价格，经纪商可以选择两条路径中的一条：

- 经纪商可以使用优先权执行一部分订单，为客户确保一个优惠的价格。
- 如果客户的订单没有下达，经纪商可以直接撤销占位符挂单。

同样地，做市商可以决定执行或撤销订单，这取决于他对库存和信息风险的估计。

因此，实际上大多数分层挂单策略并不具有操纵性，但确实因为撤单堵塞了网络和撮合引擎，并在市场中产生了不必要的噪声。芝加哥商品交易所（CME）实现了一个成功的解决方案，比如将撮合引擎的运行机制从价格-时间优先改为按比例编排。如第3章所述，在按比例编排机制下，当价格水平达到最优买价或卖价时，所有以给定价格水平发出的限价订单都会同时运行。给定价格水平的订单队列中，每个限价订单都会部分撮合成交，撮合比例与每个限价订单的大小成正比。这样的策略消除了需要确保给定队列中的时间优先，而且还完全消除了分层挂单作为确保执行优先级的方式。

点火

在点火策略中，高频交易商被认为能探测到长期投资者的止损位并与之匹配，叫"点火"。下一步，该策略假设大型止损将对市场产生重大影响，让高频交易商搭上了市场波动的顺风车，迅速平仓并了结头寸。以牺牲长期投资者的损失为代价收获了小的收益。

在现在的交易所和其他"点火"交易场所里，这样的策略可能只能作为市场操纵的结果，类似拉高出货。为了匹配某人远离市场价格的止损订单，他需要将市场价格向止损订单的方向大幅推动。市场操纵一直以来都是非法的，也是可以审查到的，我们将在之后的章节讨论。

虽然在规范化的交易所这样的公开交易场所操纵合法的点火策略是不可行的，但是在暗池中却是可行的。不过暗池被视为为复杂机构交易商而设立的，明确没有监管保护，并且要在"买方小心"的原则下运行。

试盘/狙击/嗅探

试盘、狙击、嗅探和钓鱼这些绰号，通常指的是同一种策略类型。试盘策略就像点火策略，找出限价订单的隐藏池并与之反向撮合，创建和驱动临时的市场冲击以获取小利。就像点火策略一样，这样的策略经常在暗池中出现。有些暗池，比如花旗银行的自动交易柜台，已经设计出能够检测试盘者并且向试盘行为收费的方法。这样的费用让试盘无法获利,用市场机制阻碍了试盘者。

试盘虽然在暗池中是可行的,但在公开市场(比如交易所)中基本上是不可能的,除非这些交易场所允许非法市场操纵。和点火策略中的情形一样,公开市场的交易商无法选择性地以现行市场价格之外的随机价格交易,除非他们首先明显地将价格远离市场。这样的价格波动就是市场操纵。

正如本章后面将讨论的,一些市场条件比其他情况更有利于市场操纵。避开有利于市场操纵的条件可能有助于交易商消除与点燃与其他各种侦测策略相关的风险。

塞单

塞单指的是声称自己是高频策略的交易商,故意用大量的限价订单和撤单来堵塞网络和撮合引擎。和分层挂单不同,高频交易商寻求确保订单执行的优先级队列,塞单交易商被认为是快速挂单和撤单,其目的在于拖延其他交易商从而操纵市场。进一步说,塞单交易商延误了其他交易商,确保了塞单者优先进入撮合引擎和报价流,然后有效地超越了其他交易商。

塞单策略的思想包含了一个关键缺陷:任何网络工程师都知道,单个网络账户不能选择性地为某些参与者减缓网络流通速度,同时仍然能够高速访问交易场所。当一个撮合引擎被挂单和撤单堵塞了,所有市场参与者都无法访问,无论是谁造成的问题。很显然,这样的网络堵塞行为对具备高速技术的交易商几乎没有影响,如果有,网络堵塞也只是抵消了高速技术的优势。不过,网络堵塞策略可能有利于那些真的想要放慢撮合速度的低频交易商。如果有人涉嫌故意堵塞通信线路(一种市场操纵行为),自然导致低频肇事者失去高速技术,因为这样的操作可能确实导致盈利能力增强。

幌骗

幌骗策略类似于分层挂单策略,但是目的却完全不同。在幌骗策略中,交易商故意扭曲订单簿却不成交。在这个过程中，交易商改变其他交易商对有效买单和卖单的推断，以及由此产生的价格。原则上，幌骗策略在多数公开市场是可以被检查和探测到的：分层挂单需要所有价格区间的限价订单平衡输入，然而幌骗会显示选择交易账户中的限价订单的单边峰值。在美国《多德－弗兰克法案》已经公开规定幌骗为非法，并且被积极起诉。例如，2011年，美国商品期货交易委员会对邦吉全球市场（Bunge Global Markets）做出了55万美元的处罚，以惩戒它在市场开盘时的幌骗行为。

总之，大多数被认为是非法的高频交易行为和高频交易商应该被禁止的原因并不存在，或者是已经非法行为的直接结果，比如说市场操纵。在下面章节中我们将讨论市场操纵行为的识别和有利于市场操纵的市场条件。

拉高出货

无论是高频还是低频的环境，拉高出货都是一个真正的恶意行为。电影《锅炉房》（*Boiler Room*）很好地描述了低频拉高出货，影片中肆无忌惮的经纪人"拉高"或提高一个特定金融工具的价值，只是为了在第一机会出来时抛售，以牺牲其他投资者的代价获取利润。拉高出货的反面是大量抛空。其中交易商人为地压低金融工具的价格，只是为了在第一次机会出现时了结他的头寸，同时弃其他投资者于尘埃。

在高频拉高出货中，计算机辅助交易商急速推高或砸低证券的价格，被认为只是为了扭转头寸，以牺牲其他交易商为代价，在错误的势头中获利。Huberman 和 Stanzl（2004）、gatheral（2010）已经开发出高频拉高出货机会的必要条件：盘后永久市场冲击作用对于潜在激进买家和潜在激进卖家应该是均衡的。例如，当对潜在激进买家盘后永久市场冲击超过了对潜在卖家的盘后永久市场冲击，高频交易商就可以通过反复买入将证券价格拉到新高，然后抛售，了结头寸获得盈利。这种盈利将会引起非对称的市场冲击：跟随买入交易的市场冲击绝对值与跟随卖出交易的市场冲击绝对值不同。此外，当拉高出货策略不可行时，抛售交易量 V 导致的价格变化，等于买入交

易量 V 导致的负的价格变化,如图12-1所示。当"不拉高就不出货"的状态被破坏时,拉高出货套利机会就会出现。

Aldridge(2012e)正式用永久市场冲击函数 $f(V_t)$ 描述了拉高出货策略。其中,V_t 指交易量;t 指交易时间,当 $V_t>0$ 时暗示会发生买方引发的交易,$V_t>0$ 时暗示会发生卖方引发的交易。如果 $f(V) > -f(-V)$,交易商可以人为地先拉高然后再出货,即以同样的交易量 V 先买后卖;相反,如果 $f(V) < -f(-V)$,交易商可以通过先卖出再买入证券来操纵市场。

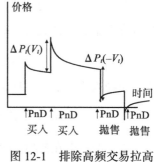

图12-1 排除高频交易拉高出货操纵的市场冲击

为了检验市场冲击随时间的演变,我们考虑不同时间窗口下的市场冲击,窗口的长度取决于市价订单在事件之前和之后的一些交易,如图12-2所示。

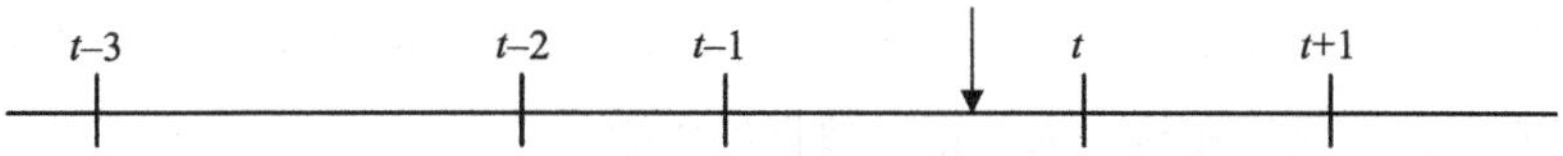

图 12-2

为了描述市场冲击函数 f,我们做出以下规划:

$$f_{t+1} = \ln[P_{t+1}] - \ln[P_{t-1}]$$
$$\vdots$$
$$f_{t+\tau} = \ln[P_{t+\tau}] - \ln[P_{t-1}]$$

为了评估拉高出货策略的可行性,我们使用一个线性规划来描述市场交易量 V 的市场冲击函数,此处与下列学者的研究结果一致:Breen、Hodrick 和 Korajczyk (2002),Kissell 和 Glantz (2002),Lillo、Farmer 和 Mantegna (2003),Huberman 和 Stanzl (2004),Gatheral (2010):

$$f_{t+\tau}(V_t) = \alpha_\tau + \beta_\tau V_t + \varepsilon_{t+\tau} \qquad (12\text{-}5)$$

式中,V_t 是在 t 时刻的交易成交量;β_τ 是单位交易量下的市场影响;α_τ 指与

交易量无关的 t 时刻记录的每笔交易的单独市场冲击。如果高频拉高出货是可行的，买家引发交易的 β_τ 与卖方引发交易的 $-\beta_\tau$ 是不同的。所以，拉高出货存在于金融工具交易活动中的原假设可以确定为

$$H_0: \beta_\tau|_{买方引发的交易} \neq -\beta_\tau|_{卖方引发的交易} \quad (12\text{-}6)$$

而排出拉高出货的另一种假设就可以确定为

$$H\text{-}A.:,, \beta-\tau.|_{买方引发的交易} = -,, \beta-\tau.|_{卖方引发的交易} \quad (12\text{-}7)$$

以上的框架在各种金融工具中直接筛选了市场操纵行为。

拉高出货为了查明什么？图12-3说明了一系列欧洲期货交易所欧洲期货（符号FGBL）交易的分析，并且以毫秒级时间粒度按时间先后记录。除了时间戳，这份数据还包含交易价格和交易量。这份数据是欧洲期货交易所交易类型的"官方"副本，交易商可以购买到。这份数据并不包含最优买卖价的信息或者对到底是买方还是卖方引发的交易识别信息。为了确认交易是市价买入还是市价卖出，可以参考第3章中的一个分笔数据规则。

在计算市场冲击（MI）时，隔夜回报被视为遗漏的观测值，确保MI在特定的一天，仅仅在这一天所记录数据的函数。

表12-1记录了2009~2010年逐月的所有交易量的交易代入式（12-5）的结果。图12-3生动地说明了买卖交易量的相关性。图12-4显示出对买卖交易量的相关性所做的不同测试的结果。

表12-1　欧元大豆期货大宗商品市场冲击，按月计算的估计值

	买入，所有交易量					卖出，所有交易量				
	# obs	α_5	t–stat	β_5	t–stat	# obs	α_5	t–stat	β_5	t–stat
200901	373631	1.6E-5	50.7	1.6E-7	24.1	367857	−2E-5	−50.5	−1.4E-7	−18.6
200902	332584	1.4E-5	37.4	1.3E-7	20.0	334078	−1.7E-5	−46.0	−1.1E-7	−17.6
200903	400829	1.5E-5	54.8	3E-8	11.8	402137	−1.6E-5	−55.5	−4.8E-8	−17.4
200904	319454	1.0E-5	39.5	1.8E-7	37.3	318556	−1.4E-5	−46.2	−1E-7	−21.8
200905	298859	1.2E-5	37.1	1.1E-7	23.3	300020	−1.4E-5	−41.4	−1.2E-7	−23.4
200906	348640	1.2E-5	32.4	3.8E-8	11.9	341341	−1.5E-5	−38.5	−2.6E-8	−7.7
200907	310745	7.5E-6	20.8	1.4E-7	22.8	303278	−1.2E-5	−29.3	−1.1E-7	−17.1
200908	284896	8.6E-6	23.1	1.2E-7	20.1	285690	−1.3E-5	−30.3	−1.2E-7	−17.0

(续)

	买入，所有交易量				卖出，所有交易量				
	# obs	α_5	t–stat	β_5	t–stat	# obs	α_5	t–stat	β_5	t–stat
200909	331673	9.5E-6	43.5	1.8E-8	12.4	325211	−1.1E-5	−42.5	−2.9E-8	−15.0
200910	337226	7.2E-6	35.6	8.4E-8	32.4	330927	−8.1E-6	−38.2	−8.3E-8	−28.9
200911	283547	7.5E-6	35.1	7.6E-8	29.6	281327	−9.6E-6	−39.2	−5E-8	−18.6
200912	249533	8.6E-6	23.2	1.4E-8	6.4	248061	−1.3E-5	−36.1	−1.1E-8	−5.1
201001	247741	5.7E-6	14.9	9.9E-8	21.0	247258	−1.1E-5	−22.7	−6.9E-8	−12.1
201002	298294	6.5E-6	16.9	8.1E-8	19.8	295019	−1.1E-5	−29.5	−5.4E-8	−14.1
201003	295452	6.6E-6	26.4	2.9E-8	16.4	297502	−9.5E-6	−34.8	−1.9E-8	−11.9
201004	297115	6.4E-6	23.1	8.3E-8	26.2	298106	−8.3E-6	−31.7	−7.3E-8	−24.6
201005	413507	1.1E-5	33.5	1.1E-7	22.9	409226	−1.3E-5	−45.1	−8E-8	−20.3
201006	393351	1.1E-5	41.1	2.5E-8	11.8	387231	−1.4E-5	−45.8	−2.1E-8	−9.0
201007	314054	6.3E-6	18.5	1.2E-7	23.9	307322	−1.1E-5	−29.4	−1.1E-7	−20.4
201008	299741	7.1E-6	17.4	9.9E-8	18.6	296117	−1.2E-5	−26.9	−6.6E-8	−12.4
201009	422759	1.3E-5	61.0	2.5E-8	15.5	419480	−1.4E-5	−55.0	−2.9E-8	−17.0
201010	345432	8.7E-6	41.6	1.0E-7	35.5	328033	−9.6E-6	−42.2	−1.1E-7	−35.2
201011	447795	1.1E-5	55.6	1.0E-7	33.8	426999	−1.3E-5	−52.9	−9.3E-8	−27.8
201012	305279	1.4E-5	45.2	2.2E-8	8.8	302936	−1.8E-5	−49.3	−3E-8	−9.3

注：整个例子包括大笔交易和小笔交易的相关系数，是使用线性规划来估计的，这里的观测值分为买入和卖出。

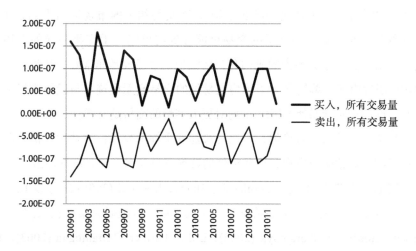

图 12-3　买入和卖出交易的市场冲击量系数，FGBL 期货，2009 ~ 2010 年

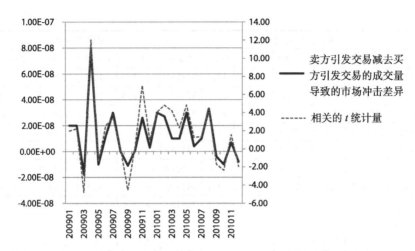

图 12-4　卖方引发的交易减去买方引发的交易的成交量导致的市场冲击差异

我们观察到买方引发的市场变化与卖方引发的市场变化之间的差异，每个月都会发生变化，缺乏统计学意义。基于这个结果，FGBL 期货数据并不支持高频拉高出货策略。

表 12-1 中的结果表明另一个有趣的现象：交易量相关的市场冲击直到交易量达到约 100 手时才会出现。这个无法解释的变量，截距 α，在市场冲击等式中很大（大约是 10^{-5} 数量级），而交易相关的市场冲击大约是 10^{-7} 数量级别，单笔超过 100 手的交易可能导致与单笔一手交易一样的市场冲击。这对于关注市场冲击的机构和其他大型基金经理是非常好的消息——在 FGBL 期货市场，单笔远大于平均交易量的交易毫无痕迹。与股票市场不同的是，欧洲期货交易所 FGBL 市场对更大容量的交易是有弹性的。

为了确认结果是否稳健，可以再添加几个辅助变量：波动性、价差和交易持续期。其他研究发现，这些额外的解释变量存在于临时市场冲击。

例如，在期货市场，Burghardt、Hanweck 和 Lei (2006) 研究发现，盘后市场冲击也取决于流动性特征，如市场深度。其他研究集中在股票市场。Breen、Hodrick 和 Korajchyk (2002)，Lillo、Farmer 和 Mantegna (2003)，以及 Almgren、Thum、Hauptmann 和 Li (2005) 研究发现，股票市场中永久市场冲击的函数取决于特定股票的流动性特征。Dufour 和 engle (2000) 发现，更长的交易持续期导致较低的市场冲击,反之亦然。Ferraris (2008) 指出,有些股票市场冲击的商业模式使用波动性和交易发生时主导性的买卖价差,作为预测性的输入来预测交易的市场冲击。根据目前的研究,我们发现波动性、价差和交易持续期,也有助于解释期货市场中的市场冲击。但是,没有一个辅助变量可以改变由买方引发和卖方引发的交易导致的、依赖于交易量的市场冲击相关系数。辅助变量也改变不了交易量无关组件,即拦截变量的值或统计意义,导致主导与交易量无关的市场冲击仍然无法解释。

机器学习

机器学习通常被认为是伴随高频交易的最令人不安的事情。例如,CNBC 的评论员 Doug Kass 提出,投资者应该在机器攻击投资者之前关闭机器。这种理念就是,机器类似阿诺德·施瓦辛格的《终结者》系列电影中的角色,具有独立思考和智能,这在一些很少接触到技术原理的传统市场参与者中产生了共鸣。机器学习就被作为这种机器智能的证据。

现实中,机器学习起源于控制理论,往往是一系列的嵌套分析。每个分析都可以是参数,最基本的就是一个简单的线性规划;或者非参数,一组自由形式的函数估计。机器学习的性质独立于所使用的分析类型,但在数据发现模式上仍然是相同的。因此,机器学习越来越少地威胁着人类智慧,更多的是数据挖掘。

机器学习可以分为两大类:监督学习与无监督学习。监督学习是迭代估计的数据关系,其中每个后续迭代的目的是尽量减少偏离以前的分析。用于监督学习模型的数据模型,可以从回归到神经网络,再到 Boosting 算法,这个我们稍后讨论。无监督学习寻求在所谓的毫无关系的非结构化数据中做模式识别。在无监督学习的保护伞下,提取信息所使用的的技术包含通过观察数据点集群确认重要信号。

例如,受监督的 Boosting 算法,工作原理如下:一个独立变量 Y,比如在一个特定的金融工具收益率时间序列中,配有一个函数 G,表示 Y 独立于

另一个金融工具 X 的依赖度，以及参数 θ：

$$Y_t = G(X_t, \theta) + \varepsilon_t \qquad (12\text{-}8)$$

然后，Boosting 错误类型的计算如下：

$$E = \sum W_t I_{st \diamond 0} \qquad (12\text{-}9)$$

式中，$I_{st \diamond 0}$ 是指示函数，当 $G(X_t, \theta)$ 与 Y_t 准确匹配时，$I_{st \diamond 0}$ 的值就为零；当 ε_t 不等于零时，$I_{st \diamond 0}$ 等于 1。时间序列 W_t 代表分配给每个观测时间的 Boosting 权重，其中第一次迭代时所有的权重均为 1，在此后的迭代中按如下的公式计算权重：

$$w'_t = w_t \exp(\alpha_t I_{st \diamond 0}) \qquad (12\text{-}10)$$

式中，

$$\alpha = \log\left(\frac{1 - s_t}{s_t}\right) \qquad (12\text{-}11)$$

这种机器学习算法最终产生一个函数 $G(X_t, \theta)$，紧密贴近 Y_t。运行机器学习模拟的人类研究人员选择这样的训练及测试，和额外的预测等的参数。

机器学习算法可能会有一个致命的缺陷：缺乏经济基础的数据挖掘可能产生在过去稳定但长期看未必稳定的关系。这种偶然的关系被称为虚假推论，用来对因变量的未来行为进行预测是不可靠的。在本书成书之时，还没有机器学习算法可以超越其立即交易应用程序而智能化，所以也不会威胁到人类。

总 结

本章讨论了常常表现为高频交易不良后果之证据的算法。如本章所述，围绕高频交易策略的大多数担心都是不必要的。不过，有些策略确实是高频市场操纵的直接结果，即便如此，这些策略也是可以筛选出来的，因此大大降低了所有市场参与者的风险。

| 章末习题 |

1. 什么是潜伏套利?
2. 假设 IBM 股票同时在 NYSE 以 125.03 以及在东京以 125.07 交易。从市场有效性的观点看,潜伏套利对 IBM 股价造成良性还是不良的冲击?
3. 什么是价差剥头皮?什么是回扣获取?
4. 什么样的分层挂单是操纵性的?什么样的是良性的?
5. 我们如何发现拉高出货的高频操纵?
6. 什么是机器学习?

High-
Frequency
Trading

第13章

法　　规

在本书成书之时，高频交易已经是经纪行级别中监管非常严格的市场活动了。高频交易现行规则与特定金融工具的其他形式遵守基本一致的规则。正如本书所示，高频交易仅仅是传统交易过程的自动化，所以监管也应同等级别。但是，高频交易规则的支持者以市场失灵的例子要求严格监控。例如，2010年5月6日闪电崩盘，3月23日的电子ATS BATS（最佳另类交易系统）搞砸了的IPO，2012年8月1日骑士资本集团惊险的每分钟1000万美元的损失。本章将会讨论高频交易相关的现代法律，包括传统和目前的做法，以及将来可能的方向。

全球监管机构的主要举措

目前，监管层的主要问题包括：

- 管辖权；
- 系统稳定性；
- 投资者保护；
- 高效的交易撮合；
- 市场结构。

本节详细讨论每一个问题。

管辖权

市场监管者对高频交易的监管深而广，他们的工作之一就是对市场提供合法的监督。由于个人管辖权的哲学与历史原因，市场监管机构的角色和目标在区域基础上已发生了进化。

大部分美国的监管代表了以规则为基础的方法，其中监管机构为在市场中观察到的某些行为规定特定的补救和惩罚措施。相比之下，欧盟监管机构已经建立了一个以原则为基础的监管体系，即对每个监管案例用是否符合预期的市场体系的一般原则进行评估。美国和欧盟监管模式之间的差异可以追溯到两个地区监管体系之间存在的哲学差异。在美国，监管的目标是公平竞争，允许大投资者和"老弱妇孺"平等地进入市场。妨碍公平进入市场的行为被认为不利于美国市场的发展，这种行为被积极地识别、记录和处理。在欧盟，监管的主要原则乃是获利的公正性，对交易商团队不公平的行为可能违反了欧洲监管机构的公平性。

其他国家都制定了自己风格的监管制度。例如，澳大利亚监管机构的主要目标往往是市场完整性；英国政府已经采取更多的前瞻性方法实施监管，以预测未来的发展，从而评估所产生的影响；加拿大监管机构寻求符合金融监管的国际标准，特别是那些由国际证监会组织（IOSCO）颁布的标准。

司法管辖权问题也会出现在每个国家。比如在美国，不同市场监管规则被几个机构制定和实施。美国证券交易委员会（SEC）负责股票和相关产品的交易，如股票期权、ETF基金等；美国商品期货交易委员会（CFTC）处理期货合约交易及相关市场，如期货期权。固定收益和外汇交易中的掉期和期货，甚至外汇交易本身也在 CFTC 管辖范畴之内。除了 SEC 与 CFTC，美国监管系统还包括行业自律组织（SRO）。金融业监管局（FINRA）指导着股票市场，在这个角色中，FINRA 管理行业资格考试，保持对市场弊端的一级监督。FINRA 发现的潜在市场操纵案件将送交 SEC 进一步检查。美国期货业协会（FIA）相当于期货业的 FINRA，促进期货交易商之间的最优实践。

一个资产监管机构的监管方法可能和另一个有很大的不同。例如，在过去的 15 年里，美国股票有三项开创性的规定。1997 年的订单显示规则，要求交易所显示所有交易商的限价订单，无论多小。该规则首次允许各种交易实体（包括个人）做市。此前，这种特权只授予交易所会员和指定的为此支付昂贵费用的经纪交易商。具备法律效力的自动交易系统规则（Reg ATS）始于 1998 年，进一步授权交易所电子化，使之可以接受、自动处理和存储报价，这极大地增强了分笔数据的价格水平的透明度。2005 年制定的美国全国市场系统规则（Reg NMS）进一步增强了投资者跟踪经纪自营商执行交易的能力。20 世纪 80 年代，执行市价订单的客户只能在次日的报纸上看到开盘价、最高价、最低价和收盘价，作为经纪行给出的参考价格。在 Reg NMS 下，所有投资者可以在一分钟内从证券信息处理器（SIP）集中盘口数据的交易记录看到他们的执行价格的有效性。一分钟窗口提交报价的数据量似乎太大了。毕竟，在美国大多数的经纪商可以保证执行百分之一秒（10 毫秒）或更快的市价订单，而所选择的美国交易所可以接到市价订单，并撮合它，然后在 0.25 毫秒（250 微妙）内发送确认。不过，即便有 Reg NMS 发送的一分钟窗口，投资者和终端交易商也非常需要执行基准价格。

Reg NMS 引入了另外一个对股票来说独特的结构：全国最优买卖报价（NBBO）。在 NBBO 规则下，所有的股票交易所可能只执行 SIP 分布的或更好的价格。如果给定交易所手头没有足够的限价订单去执行一个 NBBO 中的市价订单，此交易所必须将该市价订单转发给另外一个交易所。

Reg NMS 的订单转发规则为交易所创造了一种新的分化线路：闪电订单（flash order）。当美国交易所不执行满足 NBBO 规则的限价订单时，该交易所可以选择广播或闪单订单来发送急速进入和离开的市价订单给交易所数据用户。目前，大多数交易所自愿禁止闪电订单，但有些交易所（如 DirectEdge）仍坚持闪电订单处理。闪电订单其实是一个让交易商选择在 DirectEdge 交易所发出订单的谈判策略：当 DirectEdge 没有 NBBO 系统时，交易商快速执行他们的意图，并且用当前的 NBBO 系统到交易台上，用潜在价格改进来请求撮合限价订单。大多数 DirectEdge 的订单通常被转发给波士顿 OMX，在那里 DirectEdge 的闪电订单观察者可以立即指导他们的订单，使他们倾向于在 DirectEdge 中让订单闪电化。当闪电订单系统作为一个整体并没有在慢速交易通信系统中为投资者设置好，该系统是公平的，因为它基于自愿参与：只有要求闪单或被闪单的交易商在 DirectEdge 中交易时，才会 DirectEdge 成为一个特别的谈判场所并将交易所从其他群体中分开。例如，Brodsky (2011) 的研究证实了闪电订单导致价格改进，即便闪电交易所的流动性产生了抑制因素，并且减少了交易量。

　　美国证券交易委员会也采取措施禁止"裸访问"（naked access），也被称为保荐准入和直接市场准入（DMA）。在 DMA 中，经纪商会将他们的身份信息借给交易商，允许交易商使用该信息直接访问交易所，无任何风险检查。DMA 对那些能研发自己交易系统（将会在 15 章讨论）的老练交易商是合情合理的。然而，目前大多数交易所都用经纪商身份证明来进行交易。当许多交易商使用同样的经纪商身份却没有通过 DMA 检查和记录，借出身份的经纪行或交易所便无法辨别哪个交易商造成了哪种类型的市场反应，使得现存的监管变得复杂。在下一节中讨论的法律实体标识（legal entity identifier，LEI），可能会通过授予交易所追踪和测量单独用 LEI 编号的终端交易商风险的能力来解决这个问题。一旦实施，LEI 倡议可能会导致 DMA 特权的复原，这样经纪商的干预甚至更小。

　　美国商品期货交易委员会还采取了主机托管和毗邻主机服务。正如在第 2 章所讨论的，主机托管意味着交易商的机器与交易所服务区处于同一个设施中。然而，毗邻主机寄存意味着交易商的机器在与交易所邻近的同一座大厦内，但具体不在相同的设施中。为了确保透明的定价和公平访问，2010 年 6 月美国商品期货交易委员会建议所有的主机托管和毗邻主机寄存对它们

的所有顾客收取设备使用费用,并且披露它们对所有现行和潜在的客户端的最长、最短和平均访问速度。⊖

自从闪电崩盘事件之后,美国证券交易委员会和美国商品期货交易委员会出台明确规则,规定哪些错误交易可以纠正或"开除"(busted)。该新规被成功地应用于2012年骑士资本惨败事件上。

欧洲监管机构通常遵循美国模式,它们投票反对裸访问、闪电订单和12章讨论过的虚假报价填充。它们还呼吁对算法系统和最低报价进行风险与错误控制,以及平等地访问主机托管设备。总之,欧洲人已经小心地踏上了高频交易之程。在欧洲金融危机的镁光灯下,高频交易已经被某些人视作所有免费的资金来源。由希腊国会议员推荐,以及更广泛的欧盟议会批准的一项交易税费建议,对所有交易活动征收一项小额税收。这项建议在欧洲金融市场上获得了大量的财富,并认为该项税收对交易活动影响甚微。

然而,考虑到当今国际资本的流动性,这样的税收很可能会适得其反。今天的交易系统大多使用金融交换协议(FIX)进行通信,我们在第6章详细讨论过这种计算机标记语言。从在一个国家交易转变到在另一个国家交易只需要改变固定FIX代码中的几行,在这样的一分钟变动后,交易商就可以在没有交易税的管辖范围内进行交易。即使世界上所有的国家都同意征收相同的交易税,这项措施也可能失败,因为违反协议的诱惑和瞬时利益太高——违背了协议的第一个司法管辖区将收集所有可以迅速移动的全球交易活动,并且产生巨大交易和结算费用。

英国监管机构采取了最积极的做法,即为计算机交易的未来制定规则。

⊖ 在本书成书之前,美国参议院银行委员会正在考虑不允许主机托管的想法,认为主机托管向技术娴熟的市场参与者提供了不公平的数据优势。参议院听证会往往只关注主机托管立场的消极方面,而忽视最积极的因素。然而,在第2章详细介绍过,主机托管向所有市场参与者提供了一个巨大的好处:交易通信的安全性。在主机托管操作中,交易商的机器有一个专用的专线到交易所的计算机。在今天的市场中,大多数交易流量都是以纯文本形式发送的,将其发送到同一地点的网络可以确保通信的保密性。没有主机托管,我们可以想象一个在金融市场上直接攻击计算机的强盗可以拦截交易通信,重新投资到他的个人账户,并在这个过程中彻底消灭交易场所、经纪交易商、交易商。因此,禁止主机托管将在全球金融体系的市场安全和稳定方面造成巨大的差距。

英国政府已经确定了以下计算机交易可能造成的四个方面的潜在不稳定性：

1. 非线性敏感性的变化，使小扰动的代码交易系统或撮合引擎有大的系统范围内的影响。

2. 不完全信息，一些市场参与者能够比其他人更准确地描绘市场。

3. 正常化的方差，意外和危险的事件可以越来越多地被视为正常。

4. 被全系统的反馈回路放大内部风险，包括风险管理制度、市场波动中的改变、市场消息、获得参考数据时的延时，如图 13-1 所示。

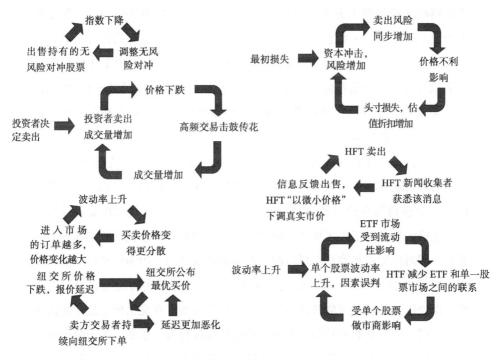

图 13-1　英国计算机交易前瞻计划的主要发现：问题放大反馈回路

资料来源：Zigrand, Cliff, Hendershott（2011）.

系统稳定性：检测易错算法

系统稳定性指的是市场的理想操作场景：没有不经意算法错误的交易。没有什么比近期的骑士资本集团"事件"更能说明有关错误算法的主机问题，当时一个测试不足和操作不力的算法在市场上造成严重破坏。多达 45 分钟的交易开始后,纽约证券交易所的员工注意到,骑士资本的系统平均每分钟损失 1000 万美元骑士资本的员工似乎仍然对当时的情况不以为然)。

在骑士资本这个案例中,骑士资本的投资组合自身的问题首当其冲。然而,很容易想象类似的情况会如何影响其他市场参与者。限制或消除这种盛行算法问题的发生,监管者考虑的自然是保证监管市场的稳定,就像高速公路上的巡逻警察对可能对自己和他人构成危险的驾驶员进行道路管理。

对错误交易算法监控的最好方法是实时进行。骑士资本的案例显示,即使在精确地找到骑士资本的问题之前,甚至有一个 45 分钟的延迟,骑士资本的股东也损失了 4.4 亿美元。然而,现代监管机构对这样的任务没有足够的准备。在美国,无论是 FINRA 还是 CFTC,都是在下一个工作日收集每一笔执行交易的分笔数据,或者"以 T + 1 为基础"。⊖而"T + 1"的数据虽然完全适合于操纵市场或其他活动需要多日的辨识,这将在下一小节讨论,下一日的数据不能实时检测算法问题。

然而,比起在监管机构的办公室用复杂的数据筛选系统进行实时监控,监管机构可能在其他领域更富有成效。例如,在结算机构的层面上,监管机构可以观察到所有的交易方和交易。然而,大多数结算发生在交易日结束时,这样的监控对于许多快速发展的市场会显得迟缓。在执行机构水平上的监控,即对经纪交易商也是可行的,但可能是复杂的,因为许多经纪商利用多个经纪人的服务,并通过经纪人来聚集交易,这对实时交易也是一个挑战。撮合级别的监控可能被证明是最好的解决方案,在交易所是最好的监管位置,可以实时观察和检测多个账户的市场违规行为。毕竟,关于骑士资本集团的崩溃,它所在的纽交所第一个对骑士的异常交易行为敲响了警钟。纽约证交建立的错误交易识别模式花了 45 分钟时间才发现,但现代技术能够在更短的时间内建立这种发现模式。

尽管如此,围绕交易所层面监控的未解决的问题仍然存在。例如,如何

⊖ 美国证券交易委员会(SEC)没有获得分笔数据,通常它们称因为缺乏资金才这样做。SEC 无意建立数据能力的部分原因是金融机构的隐性协议。目前,FINRA 检测到操纵市场的潜在实例并且转发给 SEC。SEC 平均起诉 FINRA 转发八个案子中的一个。

在交易所汇总数据以跟踪交叉资产交易策略。有些人提出同步利用全球定位系统（GPS）的同步时间戳。然而，时间同步的反对者认为，市场参与者会因担心丧失选择部署技术的自由。此外，也有反对者指出，基于 GPS 的同步所固有的延迟：根据交易所的位置，甚至 GPS 时钟的差别可能只有几微秒——这是当今快节奏的市场问题。

目前部署系统稳定性的措施

目前，大多数交易所已经启用了一些实时监控的形式。例如，如今所有的交易所都安装有断路器，可以在一个选定的金融工具盘中价格下跌了几个百分点后停止交易几分钟。像 CME 和美国洲际商品交易所（ICE）这样的期货交易所也推出了以下措施详细描述下：

- 区间价格限制；
- 无法撤单范围；
- 防护点；
- 系统断开时撤单；
- 消息节流限制；
- 最大数量限制；
- 实时头寸确认；
- 价格合理性。

区间价格限制 区间价格限制（IPL）是由极短期走势触发的断路器。通过 IPL 停止工作如下。每个交易的金融工具，交易所会在移动数据窗口中，计算该移动平均价格水平与一个"正常"变化确定的高点和低点。移动平均价加减变化参数定义的上部和下部的 IPL，如图 13-2 所示。在图 13-2 中，当价格下跌至低于 IPL 时，交易停止，直到出现下列两种情况之一：

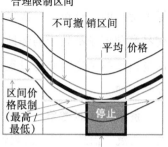

图 13-2 区间价格限制说明

资料来源：ICE.

- 价格恢复到一个更高的水平，高于低 IPL。

- IPL 计算周期的变化和新的 IPL 低于先前的限制，允许交易。

用于计算的价格上下轨道窗口的宽度是通过金融工具的交易频率决定的：一个频繁交易的工具的价格上下轨道，往往比那些很少活动的仪器更频繁地重新计算。

无法撤单范围　无法撤单范围是指限价订单不能在预定时间内取消的报价深度。当无法撤单范围仅包括最优买价和最优卖价，这一举措也被称为最小报价寿命（MQL）。例如，在外汇交易商间经纪商 EBS，限价订单在最优买价和最优卖价之间挂单后 250 毫秒内不能撤单。因此，在 1/4 秒之内，只有当限价订单与进入的市价订单相匹配，最优买价和最优卖价才可能改变。ICE 还制定了一项举措，限价订单进入无法撤单范围可能无法一起撤单。在 EBS 和 ICE 的情况中，只要限价订单由于自然价格的变动掉出无法撤单范围，限价订单就可以立即撤单。

MQL 的引入似乎对市场影响不大。例如，Chaboud（2012）的研究显示，相比 MQL 的引入，市场受 EBS 匹配算法的检修影响更大，无法撤单范围可以获得其他交易所的青睐，在不久的将来可能会强制执行。

防护点　防护点规定一个进入市场的大型市价订单可以在限价订单簿中扫掉的价格水平或分笔数据的最大值。当一个市价购买订单扫掉了价格水平最大值后，仍没有全部成交，该订单未成交的其余部分自动转换成限价买单。目前 CME 正使用防护点机制。防护点的创建是为了响应期货市场上常见的大订单，一次可以扫掉多达 100 个分笔数据的订单。扫单使得交易商和市场都处于弱势地位：交易员在大订单的平均价格上很弱势，而市场由于扫单变得交易量很少，或者没有流动性。如今，防护点受到交易界的欢迎。

系统断开时撤单　如第 16 章所述，交易所和经纪商都在连续监测客户的"心跳"信息。当未监测到客户正常的心跳，并且对下一步预定的探测没有反应，说明客户端连接已终止。交易所（如 CME）将断开连接客户订单撤单限制作为一种保护措施。限价订单撤单确保客户当他们无法监测他们的头寸时，不执行订单，以减少不必要的交易执行的发生率。

消息节流限制　消息节流限制,也被称为最小填充率,等于撤单数除以订单成交数的最大比率。例如,一个交易商可能被要求每撤单10笔必须执行至少1笔。在ICE中,消息节流限制在与每个交易商协商的基础上根据具体情况确定。适当的消息节流限制确保限制检测算法的问题,不会影响正确的操作交易策略。

最大数量限制　最大数量限制是指通过强制执行最大订单量和交易头寸来防止人类和算法"乌龙指"(fat finger)错误。为了确定交易系统的最佳操作,最大数量通常与算法设计者协商确定。

实时头寸确认　目前,期货市场具有独特的地位,能够经受住客户交易系统的冲击,如骑士资本。稳定期货市场的秘诀是持续实时检查头寸市场价值,以及交易账户的信用价值。当某个账户的市值超过临界保证金限额时,客户的交易算法被禁止建立新的头寸。在极端情况下,一些账户的持仓可能会被平仓,以满足保证金要求。在大多数股票市场,类似的检查只在每个交易日结束时进行。

价格合理性　在价格合理性中,交易所只允许价格水平在预定范围内偏离市场价格。在大多数美国交易所,交易商不得将限价订单高于或低于现行市价的10%。该规则建立于闪电崩盘事件后,以防止市价订单在危机中执行不合理的低价格,它被称为无成交意向报价。

总的来说,许多现有交易所的措施针对捕捉不当算法非常坚定。下面描述的广泛扩散的措施,以及额外的短期措施,将确保市场在问题发生之前识别和阻止不当的算法。

近期监测措施

监管机构和交易所都在寻求进一步完善下列市场监管和稳定的措施,预计将在不久的将来推出:

- 整批撤销;
- 法律实体标识。

整批撤销　整批撤销(kill switches)机制的设计用来自动封锁和解锁在以下层面进入市场的订单:

- 执行公司；
- 账户；
- 资产类别；
- 市场；
- 品种；
- 交易所。

在执行公司的层面，整批撤销允许终止来自经纪商已经确定被破坏的算法的所有流程。在骑士资本的案例中，如果有一个执行公司层面的整批撤销，就能够在发现失常行为后停止骑士资本的所有交易。一个账户层面的整批撤销可以禁止一个特定账户的交易，而资产类别的整批撤销不允许交易一个特定类型的金融工具，比如期权，但可能允许在其他市场交易的金融工具。市场层面的整批撤销能关闭买卖功能。品种的整批撤销封锁一个特定的金融工具的交易，而交易所的整批撤销取消一个给定的执行地点交易的能力。

在某些特定风险准则下，交易所可以操作整批撤销。此外，基于 API 的整批撤销可以到客户端直接编程算法，当超过该算法的特定风险容忍条件时，立即关闭交易能力。在第 14 章将描述各种风险容忍度量。

法律实体标识　交易所层面的实时监管监控还可能是由一个关键的监管新举措辅助：法律实体标识（LEI）。法律实体标识是分配给所有市场参与者的唯一标识：

- 金融中介机构；
- 银行；
- 融资公司；
- 所有上市公司；
- 对冲基金；
- 自营交易机构；
- 养老基金；
- 共同基金；

- 私募股权基金；
- 其他实体。

获得法律实体标识预计将没有门槛（资本总额或其他）。这种配置将扩展至基于法律实体标识的监视到的所有交易实体，除了自然人。

目前提出的法律实体标识是由20个字母数字字符组成，可以使用校验字符系统验证的特殊序列的数字。每个LEI将与法律实体的正式名称或汇集投资的基金经理、总部地址、注册成立地的国家、LEI第一次分配日期、LEI信息最后更新日期以及到期日（如果有）有关。

LEI系统将由国际标准化组织（ISO）管理。ISO将接受LEI应用程序的验证、LEI的分配、LEI注册表的维护以及LEI记录的年度审查。LEI系统有望在国际层面操作；除了美国监管当局，加拿大、中国香港和澳大利亚官方也已经表示有意在它们的相关辖区内申请法律实体标识系统。

法律实体标识有望在资产类别中逐步采用，从场外交易衍生工具（如信用违约掉期），扩展到所有的资产类别。美国商品期货交易委员会已经要求所有经销商执行场外衍生品交易时，使用法律实体标识。

投资者保护

保护投资者是几个监管机构的明确目标之一，如美国证券交易所。证券交易委员会和其他大多数监管机构试图通过减少市场中的下列活动来保护交易商和投资者：

- 操纵市场；
- 提前交易；
- 市场崩盘。

下面将讨论每个问题。

检测故意操纵市场

如第12章所讨论的，归因于高频交易导致市场扭曲的全部策略往往被证明是不正确的。不得不说，高频交易市场操纵原则上是可行的，可以通过筛选和检测，发现这种操纵行为。

从监管的角度来看，所谓市场操作需要两个原则：

1. 该活动应具经常性。
2. 该活动的目的是操纵市场。

换言之，为了可靠地检测市场操纵行为，监管部门需要建立：一个故意操纵市场的行为模式。要做到这一点，在观察到一个潜在的有害活动的实例后，监管机构需要考虑同一实体以前和随后的市场活动，并检测到沿相同轨迹的动作序列。

可以按照第 12 章的讨论来检测操纵行为。如前面关于系统稳定性的部分所示，市场操纵的程度可以通过相同规模的买卖市价订单之间的市场冲击的对称性来衡量。投资者和监管机构可以通过筛选不对称的市场冲击来实时监控市场，从而成功发现高频交易是否对市场进行操纵。接下来，不对称市场的账户层面交易可以用于检测高频操纵。

防止提前交易

很自然地，拥有订单流数据的无良经纪人，一旦发现一个即将到来的价格波动，他就可以选择抢在自己的客户前面交易。该法规试图解决这个问题。例如，在沃尔克规则（Volcker rule）下，银行被迫放弃自营交易业务，旨在尽量减少使用客户订单流信息的激励措施，以确保银行业的稳定。然而，在一些银行，高频性质的自营交易业务并未关闭。相反，高频交易直接移到执行部门，并有一个新的名字"交易前对冲"（prehedging）功能，其中用的是相同的高频交易策略，由银行代表用客户的钱来执行。《多德－弗兰克法案》进一步使这个问题复杂化，它提议免除经纪人履行客户利益第一的义务，主要是创造一个在任何券商都能执行提前交易运行的财源。为了防止提前交易，客户可以自己掌控并且有多个经纪人，这样就可以有效地限制每个经纪人拥有该客户的订单流程的信息。然而，散户却处于劣势，因为很少有人有足够的资金与各种经纪商建立头寸。

澳大利亚监管机构把市场诚信的目标置于所有其他问题之上。澳大利亚监管机构的关键举措是交易前透明度的要求，设计用于阻止提前交易。澳大利亚证券和投资委员会（ASIC）特别关心检测响应订单中的流动性转变，在交易商的订单得到执行之前，他们挂单之后推动了市场价格。

预测市场崩盘

继 2010 年 5 月 6 日的闪电崩盘事件之后，相当多的研究集中在对未来这种事件的进一步预测上。两个主要的崩盘可预见性流派已经出现：

1. 基于限价订单簿的流动性不对称。
2. 基于异常交易模式。

基于限价订单簿的流动性不对称的崩盘预测 第一种流派的研究最先由 Easley、Lopez de Prado 和 O'Hara（2011）提出，他们基于对 2010 年 5 月 6 日崩盘的观察，是在市场非对称流动的直接结果：例如，在电子迷你标准普尔 500 指数的买方限价订单簿，被涌入的市价卖单"吃掉"之后几小时，市场活动陷入全面崩盘。

为了估计一个事故的发生，作者开发了一个基于交易量的知情交易概率，或称为 VPIN 度量：

$$VPIN \approx \frac{\sum_{\tau=1}^{n} |V_\tau^S - V_\tau^B|}{nV} \tag{13-1}$$

式中，V_τ^S 和 V_τ^B 分别是由市价卖单和买单引发的交易量，在各自基于交易量的时间单位中计算。Lopez de Prado 和 O'Hara（2011）将交易量时钟定义为单位时间对应的 50 电子迷你合约数：在每个交易时钟单位 τ 中，有 $V_\tau^S + V_\tau^B$ =50 手合约。这表明，用 VPIN 度量的成交量极度不对称，能够在极端事件发生之前几小时做出预测。Tudor 投资公司已经为 VPIN 申请了专利，使用这种方法可能需要费用。

基于异常交易模式的崩盘预测 有一个单独的文献流派研究交易中的"正常"模式，并采用那些异常偏离作为崩盘的预测。对正常的市场走势进行拟合以符合曼德尔布洛特那样的生长参数，称为赫斯特指数（Hust exponent）。一个返回 0.5 的赫斯特指数描述了在一个完全随机的方式市场收益率的发展。一个较低的赫斯特指数表示均值回归市场，而较高的赫斯特值表明趋势市场。Florescu 等人（2012）的研究表明，大多数正常现实市场的赫斯特指数值已证明是 0.6。崩盘之前很可能出现高价值的赫斯特指数。例如，Florescu 等人 (2012) 表明的研究，2008 年 3 月金融服务业小型崩盘之前，赫斯特指数值在金融服务股中达到 0.85。Aldridge（2012f）开发了一种独立的崩盘预测方法，能够在市场崩盘前几小时（有时几天）前识别出来。

高效的市场撮合

监管机构正在积极鼓励内部化，并寻求最大限度地减少经纪交易商针对自己的订单进行交易的情况，这种事件被称为洗盘交易（wash trades）。洗盘交易的一个例子可能包括经纪交易商为一个客户以交易所的最高买价下单，只能将其与另一个客户的市价卖单相撮合。洗盘交易被认为洗钱是可行的，受到密切监测和禁止。

市场结构

围绕市场结构的监管规模目前跨越两个主要领域：新的市场（如掉期执行设施），以及"明"池与"暗"池。本节简要考虑表上的问题。

掉期交易设施

继《多德–弗兰克法案》之后，掉期（swaps）是一个在美国通过电子交易的新的资产类别。新成立的计算机化掉期交易由商品期货交易委员会管辖，并将在具有一个新市场结构的专门的掉期执行设施（SEF）中交易，由于其电子性质，必然会吸引高频交易商的关注，所以需要新的监管规则。

"明"池与"暗"池

美国证券交易委员会 1998 年引入的另类 Reg ATS 简化了明池与暗池的定义与适用性。术语"池"（pool）指的是一个吸引或"汇集"交易资本的交易场所，比监管机构监管的交易所要非正式。术语"明池"，通常指的是限价订单簿可以被所有市场参与者观察到的传统交易场所，如交易所。虽然明池的透明度可能会吸引一些投资者的兴趣，但是它可能会损害其他人，特别是那些希望交易量大并寻求避免订单相关的市场冲击和其他信息泄漏。正如第 11 章所讨论的，明池的订单簿包含许多市场参与者喜欢秘密保留的即将到来的市场价格和订单流向的信息。

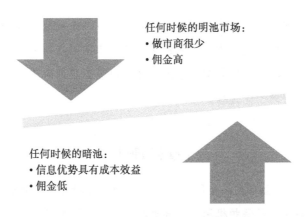

图 13-3　明池与暗池之间的做市平衡

暗池基本上是不受监管的交易场所，不披露其限价订单簿。通过让它们的订单"在黑暗中"，暗池为大型投资者和做市商创造了优势。与订单相关的有限信息信号对大型投资者极具诱惑力。只有当执行时订单才会被披露，传播给一个给定的市场的所有参与者。

大型投资者不只从暗池中受益。相比明池市场，在暗池中做市商也倾向于赚取更多。例如，我们在第 11 章介绍过的，根据 Boulatov 和 George (2011) 的研究，做市商可以隐藏自己报价的修改信息，以他们的信息交易很久。暗池的例子包括花旗的自动交易平台（ATD）和 Liquidnet 的产品。

即使相比明池市场，暗池往往向市场参与者提供更高的盈利能力，需要对从事暗池与明池交易操作的做市商之间的比例进行平衡控制。一旦大多数做市商移到暗池，明池市场就会变得不那么竞争激烈，而做市却可以在这些明池市场赚取更高的租金。当明池市场的做市商的价值超过了暗池市场的信息优势时，更多的做市商会从暗池移动到明池，直到平衡。图 13-3 说明了在暗池和明池市场之间实现平衡的机制。

加拿大监管机构已经指出，暗池交易市场作为交易场所只适用于交易金额大于"暗单规模门槛"（dark order size threshold）的大投资者。在美国，纽约证券交易所背道而驰，为中小投资者创建了一个隔离的暗池，其成功与否尚未确定。

| 总　结 |

　　世界各地的监管机构正在积极解决高频交易相关问题。为解决市场操纵和市场崩盘之类的问题，出现了新的实时监控市场问题的主意。在交易所层面扩大活动监控，有可能会对目前的措施做出最实质性的改进，法律实体标识的倡议必定有助于此过程。

| 章末习题 |

1. 美国最近的关键监管发展是什么？英国的呢？加拿大的呢？澳大利亚的呢？
2. 什么样的高频交易保护机制已经部署在美国指定的市场？
3. 什么是区间价格限制？它如何起作用？
4. 什么是消息节流限制？它是如何确定的？
5. 什么是法律实体标识？

High-
Frequency
Trading

第14章

高频交易的风险管理

正如第12章所述，媒体报道高频交易的风险倾向于集中和夸大市场操纵的风险。然而，它们很少或根本没有注意到的是，真正的风险在于许多高频交易策略的内在和减轻或减少风险的方法。这些风险包括高频交易商本身及交易地点及结算各方所招致的风险。第14~16章描述了此类风险的性质和处理它们的现有策略。第14章涵盖了高频交易商面临的风险。15章讨论了与市场冲击相关的风险缓解，比如可以通过高频交易和其他市场参与者，如机构投资者。第16章涵盖了高频交易开发的最佳实践，具体考虑了风险最小化嵌入的技术实施。第16章还讨论了操作风险的最小化，并提出了执行高频交易的最佳做法。

度量高频交易风险

纳斯达克和美国第三大交易所电子交易运营商BATS最近的问题说明，

运行不良的高频交易系统独立风险可能会在瞬间导致数百万美元的损失。因此，理解和管理嵌入高频交易的风险是保证高频交易企业经营成功的关键。

后面章节详细介绍了不同风险类型的风险敞口的量化和管理。第 16 章记录风险监控的最佳实践。度量风险的方法取决于所考虑的风险类型。所有风险可分为以下几类：

- 监管和法律风险；
- 信用和交易对手风险；
- 市场风险；
- 流动性风险；
- 操作风险。

监管和法律风险、信用和交易对手的风险、市场风险和流动性风险会在下面进行讨论。第 15 章介绍了如何缓解市场冲击的影响。第 16 章重点研究了操作风险。

监管和法律风险

监管和法律风险包括新的立法可能会影响高频交易对系统运行的要求。正如 13 章讨论的，最近的监管改革强化了对高频交易相关风险的控制，因此对市场和高频交易商都是有益的。不过，在最新的美国参议院听证会上，反对高频交易监管改革的风险依然存在，如禁止主机托管的想法（正如在第 13 章的脚注中所讨论的那样，为了保证计算机安全和市场系统的稳定，主机托管是必需的）。

信用和交易对手风险

信用风险指出了高频交易商确保安全杠杆能力的潜在问题。杠杆是指交易商为交易需要而借入资金的能力。高频交易商一般比其他交易商更具有加杠杆的能力。比如在股市，高频交易商通常能以他们的账户可用资金金额的三倍或更高的杠杆资金交易，即以 3∶1 或更大的保证金交易，这由保证金经纪交易商审慎决定。因为大多数高频交易不需要持仓过夜，他们的杠杆比长线投资者成本更低。从经纪交易商的角度来看，通常对长线投资者无监督的市场价值的隔夜变化，造成了经纪商杠杆的损失和违约。日内高频交易商的盘中保证金以及高频交易的头寸，会由负责高频交易监督的员工严格监督，至少在最佳实践配置中是这样的。在期货市场，保证金头寸是由交易所实时监控和执行的。

交易对手风险，反映了高频交易员的合作伙伴在交易方程中不能履行自己的义务导致资金损失的概率。举一个由于交易对手失败导致损失的例子，比如基金的资金由经纪商保管，而经纪商破产了。雷曼兄弟在 2008 年 10 月的倒闭是近期记忆中最惊人的交易对手失败的事件。据路透社报道，由于该银行倒闭，近 3000 亿美元的资金被冻结在破产程序中，这将许多著名的对冲基金推向破产的边缘。高频交易商可以通过跟踪他们的经纪商信用，防止类似的情况发生，以及与不同的经纪商合作，并在多个交易所进行交易来规避风险。

市场风险

市场风险是由于交易金融工具的不利价格变动而导致资本损失的风险。一个长线头寸在 1446.02 点买入电子迷你期货的多头，只要订单成交便开始承担市场风险。甚至在任何市场波动发生之前，该头寸的瞬时结算会使交易商的成本上涨：为了立即平仓头寸，交易商或交易系统需要支付买卖价差。

自动交易的大规模激增，其实并没有改变市场的做市商和其他盘中交易策略携带的市场风险的性质。然而，在每个交易的基础上，由于高频交易商有能力阅读市场的每一刻分笔数据，并在纳秒的时间内做出反应，所以高频交易商会比人类对手面对低得多的市场风险。

高频市场风险管理的大部分集中在以下四个关键方面：

1. 一阶风险管理：止损；
2. 二阶风险管理：波动性切断；
3. 三阶和四阶风险管理：短期风险价值（VaR）；
4. 高阶风险管理：用其他工具对冲。

此前提到的风险管理方法的顺序，是指与交易金融工具的价格的方法论关系。止损的价格是线性的，因此是"一阶"功能的价格。波动率用价格平仓偏差计算，被称为"二阶"度量。短期风险价值考虑的是交易收益的账户偏度和峰度，是为三阶和四阶的分布参数。最后，套期保值可能与任何形状函数的价格相关，因此是"高阶"。

下面详细讨论风险管理的每一部分。

一阶风险管理：止损

止损表示每个头寸的最高损失限额可以是固定或可变的、绝对或追踪的。固定止损是在给定的交易策略下，每个头寸都可能损失的最大绝对值。可变止损可以确定为每个交易的战略，可以是一个特定的市场波动和其他相关变量的功能。绝对止损指定一个策略，可以失去的价格相对于该头寸开仓的价格。不过，追踪止损规定了相对于该头寸开仓后已达到的最大收益，一个策略可能会亏损的相关价格。图 14-1 说明了固定止损和追踪止损之间的差异。

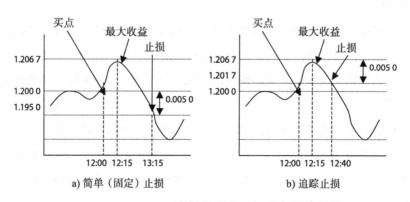

图 14-1 简单（固定）止损和追踪止损之间的区别

确定止损参数 最优的止损参数应该满足以下三个要求。

1. 止损应限制亏损交易，而不影响盈利的交易。
2. 如果只是单纯的市场自然波动，不应该触发止损。
3. 止损应立即执行。

上述要求转化为下列止损数学条件：

$$E[profit]>0$$

式中，$E[profit]=E(Gain)*\Pr(Gain)+E(Loss|Loss>StopLoss)$
$\quad\quad *\Pr(Loss|Loss>StopLoss)$
$\quad\quad +E(Loss|Loss \leqslant StopLoss)$
$\quad\quad *\Pr(StopLoss|Loss \leqslant StopLoss)$

收益的概率 $\Pr(Gain)$，以及累积损失概率 $\Pr(Loss|Loss>StopLoss)+\Pr(StopLoss|Loss \leqslant StopLoss)$，可能是来自模拟的估计，就像是平均收益 $E(Gain)$，以及平均损失的上方与下方的止损值 $E(Loss|Loss>StopLoss)$ 和 $E(Loss|Loss \leqslant StopLoss)$。

在高波动期间，市场价格的自然振荡可能触发"假"止损，严重影响交易策略的表现。解释变量波动最简单的方法是通过以下分析：

- 在样本回测中，在滚动窗口里估计波动率参数。在每个时间窗口，波动率参数可以被估计为一个简单的标准偏差，或者（更好）加权后观测的结果使用三角函数或指数加权函数。窗口的持续时间可以与策略的平均持仓时间相匹配。
- 上一步得到的波动率参数分布情况可以用来创建一个止损参数乘数：较高的波动率导致的止损的绝对值较大。
- 样本外的回测应该使止损策略具有更高的可行性。

二阶风险管理：波动切断

波动切断是指高频交易系统停止的与市场条件相关的规则。一些高频交易策略在高波动的情况下能够更好地运行，而其他策略最好在低波动下运行。为了优化资金的表现，当一组条件发生时，波动切断就会"通过"一些策略的订单，并且在实现了市场不同状态时允许其他策略的订单。通过计算一个滚动波动率估值，如标准资产短期收益的标准差或在某个过去数据窗口中的市场指数，可以从经验上确定"市场状态"的波动性。这种回顾式的波动率估计是有风险的，因为它们假设过去的波动条件将持续到未来（波动性倾向于"集群"或坚持很长一段时间，所以假设是合理的，如果不发生意外事件的话）。另外，波动切断可以连接到一个测量变量的前瞻性波动，如波动指数（VIX）或隐含波动率，这来自于期权的交易安全。由于波动切断与交易安全价值的平方变化相关，因此波动切断可被视为"二阶"风险度量。

确定波动切断 许多交易策略在某些波动条件下表现更好，不依赖于止损的参数。为了提高策略的表现，可能需要限制这种策略在不利波动条件下的执行。为了确定最优策略执行的波动条件，可以使用以下技术。

1. 在样本回测中，估计滚动窗口上的波动率参数。在每个时间窗口，波动率参数可以被估计为一个简单的标准偏差，或者（最好）稍后观测使用三角形或指数加权函数加权。窗口的持续时间可以匹配策略的平均头寸保持时间。

2. 使用下列方程获得波动率估计的回归策略收益：

$$R_t = \alpha + \beta \hat{\sigma}_t + \varepsilon_t$$

式中，R_t 代表在时刻 t 最新完成的双向交易实现的收益；$\hat{\sigma}_t$ 是估计在前一步骤中得到的移动波动率。R_t 可以是按照定期时间间隔抽样的逐日盯市策略增益。

3. 如果 β 的估计是正（负）和统计学显著，该策略执行更好的高（低）波动条件。在步骤 1 中获得的波动率估计的中位数可以用来作为一个开关波动开关的策略。

一个成功的风险管理过程应建立一个愿意操作的风险预算，当等式的一边失衡时，操作结束。风险应量化为最坏情况下每一天、一周、一月、一年可容忍的损失，应包括运营成本，如间接费用和人员成本。可以容忍的最坏情况损失的实例，可能是每个月组织权益的 10% 或硬钱的数额，例如每个会计年度的 1500 万美元。

事前测定波动切断 在许多交易程序中，预测波动率是很重要的。除了以期权为基础的直接对波动率套利的策略，一些现货和期货策略也可能在一些波动条件下可以比其他策略更好地工作。许多风险管理模型也要求对策略进行波动性依赖的对待：在低波动条件下，止损可能会更"严格"，而在高波动条件下，可能更"松散"。

预测波动率可以使用简单的原则。波动率已被证明在时间上"集群"：波动"集聚"成高峰，并逐渐逆转成低谷，导致高波动观测的群集。其结果是，波动率是直接预测：高波动的观察通常遵循或多或少的高观测值，而低波动的情况下，被同样低的波动率数字包围。

用于测量波动率的流行工具非常简单：一个标准差的收益（平方偏差的一个简单平均值）就是最基本的波动率指标的计算方法。由于最近的观测可以比过去的观测相关性更强，一些研究人员通过计算均值的平均偏差的加权平均值来衡量后续观测值。权重可以是线性或指数。另一种流行的测量波动率的指标是平方期内的平均收益，它已被证明是优于以标准差为基础的计算方法。

考虑到集群的波动性，假设下一阶段的波动性与上一阶段的波动性是一致的颇为合理；或者，可以计算最近的波动性观测是否形成趋势，然后将趋势推断到未来。流行的趋势波动性预测工具被称为广义自回归条件异方差（GARCH）估计器，并被内置到许多软件包中。

然而，当关键的研究问题是波动性高还是低时，Aldridge（2011）开发的另一种称为马尔可夫状态依赖（Markov state dependency）的技术可能最有效。马尔可夫技术将历史观测分为高波动态和低波动态，然后评估从高概率到低概率的过渡概率，反之亦然。具体来说，该技术可以如下使用。

1. 对过去的价格变化进行价格变化的线性回归。

2. 分析误差项的分布情况；基于任意且合适的分界点，将它们分为两组：低误差和高误差。

3. 根据从低到高的状态的顺序变化，确定历史"转变概率"（transition probabilities），反之亦然。

    a. 对于每个连续的误差观测值，确定误差是从低到高的变化，还是从高到低的变化，停留在低波动状态，还是高波动状态。

    b. 计算总数并以百分比的概率形式表示。

4. 在运行期间，评估当前波动水平是高还是低。鉴于步骤3中确定的转换概率，评估下一期波动变化的可能性，相应调整交易。

马尔可夫转换模型在高频交易应用程序和许多其他模型中，是非常快速和有效的。

三阶和四阶风险管理：短期风险价值

风险价值（VaR）是一种概率指标，用来将对高频交易中收益的潜在损失的分布性质考虑其中。日内的 VaR 通常用于高频交易程序中，以确定日内市场风险的上限以及日内市价损失的底线。如果该策略触及盘中的 VaR 阈值，则该策略将被转移到模拟交易中进行稳定性评估，直到再收到通知。VaR 考虑交易安全的整个历史分布，包括安全收益偏度和峰度，收益的三阶和四阶矩。因此，VaR 是一个"四阶"的风险度量。

风险价值的概念现在已成为市场风险管理评估中的主流指标。风险价值的基本框架下涵盖了两个基础的度量值——VaR 本身和预期损失（expected shortfall，ES）。如果发生具有特定概率的不利情况时，VaR 就是损失的值，这种情景的概率被确定为可以是策略或投资组合收益率的历史分布的百分位数。例如，如果当时是某特定策略的收益，并且所有的收益率按照实现的价值从最差到最优的升序排列，则 95% 的 VaR 对应于最差 5% 部分的临界收益值。换句话说，如果从最低到最高排列 100 个样本观测值，则 VaR 对应于第五个的最低观测值。

ES 的测量决定了所有场景中预期阈值或低于预定阈值的最差情况平均值。例如，95% 的 ES 是 5% 或更低百分比的所有收益的平均值。如果 100 个样本观测从最低到最高排列，则 ES 是观测 1～5 个样本值的平均值。图 14-2 说明了 VaR 和 ES 的概念。如果要计算 VaR，交易员或风险管理器可以使用以下步骤。

1. 计算每日净（扣除交易成本）历史收益的策略，无论是实盘还是模拟（回测）收益。

2. 确定对应的最差 5% 的策略收益的最低值。

3. 设置关闭阈值等于最低收益的 5 个百分点的策略，将"试用期"的策略放在模拟交易中，直到确定低收益的原因并调整策略。

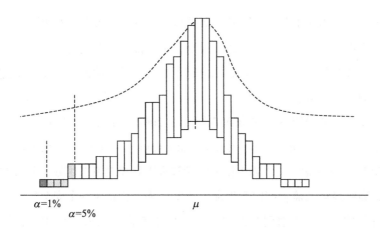

图 14-2 99% 的 VaR (α=1%) 和 95% 的 VaR (α=5%)，按样本收益率计算

通过参数化样本分布可以找到真实 VaR 的近似值。参数 VaR 模型假设观测值服从正态分布。具体而言，参数 VaR 模型假设观测值的 5% 左尾置信水平落在 μ–1.65σ 分布处，其中 m 和 s 分别表示观测值的均值与标准差。参数 VaR 模型用 μ–1.65σ 来计算 95% 的置信水平，而参数 ES 的 95% 的置信水平是以在区间 ($-\infty$, μ–1.65σ) 的所有分布值的平均值来计算的。平均值可以作为分布函数的一个积分来计算。同样，参数 VaR 模型用 μ–2.33σ 来计算 99% 的置信水平，而参数 ES 的 95% 置信水平是以在区间 ($-\infty$, μ–2.33σ) 的所有分布值的平均值来计算的。参数 VaR 是真实 VaR 的近似值；参数 VaR 模型的适用性取决于样本分布接近正态分布的程度。图 14-3 表明了这一点。

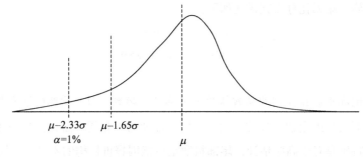

图 14-3 与分布为 μ–1.65σ 相对应的 95% 参数 VaR，以及与分布为 μ–2.33σ 相对应的 99% 参数 VaR

虽然 VaR 和 ES 指标总结了许多最坏情况下的位置分布和平均值，但这两个指标都表明，在绝对最坏的情况下，可以摧毁整个交易业务、银行及市场。大多数金融收益分布具有肥尾，这意味着非常极端的事件超出了正常的分布范围，而且可能是灾难性的。

VaR 方法的局限性几乎众人皆知。在 2009 年 1 月 2 日发行的《纽约时报》上，对冲基金绿光资本（Greenlight Capital）的创始人戴维·埃因霍温（David Einhorn）表示："VaR 作为风险管理工具相对没有用处，并且在使用时会给高级经理及监管部门产生虚假的安全感，这就像一个安全气囊，平时都是有用的，唯独你遇到车祸时，它才不再有用。"文章还引用了畅销书作者纳西姆·尼古拉斯·塔勒布（Nassim Nicholas Taleb）的话，称 VaR 指标是一个"欺骗性"指标。Jorion（2000）指出，VaR 方法是一个错误的风险度量方法，它积极推动决策者打赌极端事件。尽管如此，VaR 和 ES 一直是企业风险管理的支柱。最近，每日 VaR 模型已经被用于交投活动的风险管理，迅速成为许多交易大厅的首选工具。

为了缓解 VaR 的不足，许多定量机构开始参数化极端尾部分布，以开发出更完整的极端损失图。一旦基于可用数据将尾部参数化，可以从分布函数分析确定情况最坏的极端事件，即使在样本数据中没有观测到具有相当严重程度的极端事件。

使用极值理论（EVT）进行尾部参数化。EVT 是一个涵盖了一系列尾部建模函数的总称。Dacorogna（2001）等人注意到，所有肥尾分布属于帕累托分布族。帕累托分布族描述如下：

$$G(x) = \begin{cases} 0 & x \leq 0 \\ \exp(-x^{-\alpha}) & x>0, \alpha>0 \end{cases} \quad (14\text{-}1)$$

式中，尾部指数 α 是需要从收益数据中估计的参数。对于原始的证券收益数据，尾部指数因金融证券的不同而不同。即使对于相同金融证券的原始收益来说，特别是对于高频估计，尾部指数也可能因报价机构的不同而不同。

当尾部指数确定为 α 时，鉴于极端事件发生在样本中，我们可以估计在样本中发生的所有极端事件的级别和概率。图 14-4 说明了将尾部参数化的过程。

1. 从回测或实时结果中获取的样本收益观测值按升序排列。
2. 在样本收益率分布的底部 5% 处对尾部指数值进行估计。
3. 使用尾部指数得到的分布函数，估计的极端事件的概率。根据尾部指数分布函数，一个 –7% 收益率发生的概率为 0.5%，而 –11% 收益率发生的概率则为 0.001%。

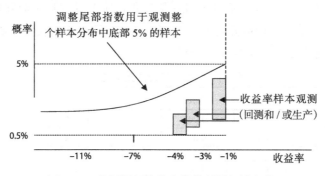

图 14-4　使用尾部指数参数化预测极端事件

尾部指数方法使我们能够从观测到的收益率的样本分布，推断未观测到的收益率情况。尾部指数方法虽然有用，但也有其局限性。一方面，尾部指数方法用理论观测值"填补"观测到的收益率数据，如果样本尾部分布稀疏（通常是），尾部指数分布函数可能不能代表实际的极端回报。在这种情况下，参数自助法（parametric bootstrapping）可能是适用的。

参数自动法模拟基于样本分布特性的观测值。该技术基于观测到的收益率样本"填补"未观测到的收益率。参数自动法过程如下：

使用一个基本市场模型将投资经理提供的观测到的收益率样本分布分解为三个组成部分。

1. 投资经理的技能，或阿尔法；
2. 投资经理的收益来自与基准相关的投资经理的投资组合；
3. 投资经理的特异性误差。

使用标准市场模型回归进行分解：

$$R_{i,t} = \alpha_i + \beta_{i,x} R_{x,t} + \varepsilon_t \qquad (14\text{-}2)$$

式中，$R_{i,t}$ 是投资经理在时间段 t 的原始收益率；$R_{x,t}$ 是时间段 t 选定的基准原始收益率；α_i 是对投资经理的资金管理技能的测量；$\beta_{i,x}$ 是投资经理的原始收益对基准收益的依赖程度。

4. 一旦参数通过式（14-2）估计出 $\hat{\alpha}_i$ 和 $\hat{\beta}_{i,x}$，就会产生三个数据池：$\hat{\alpha}_i$（给定投资经理、基准和收益样本）、$\hat{\beta}_{i,x} R_{x,t}$ 和 $\hat{\varepsilon}_{i,t}$（对变量"帽子"的标识，比如 $\hat{\alpha}_i$ 和 $\hat{\beta}_{i,x}$，表示参数估计来自样本分布，而不包含真正的分布值）。例如，如果 $\hat{\alpha}_i$ 和 $\hat{\beta}_{i,x}$ 估计值分别为 0.002 和 –0.05，那么原始收益和基准收益的样本组合池就可以在表 14-1 中查到。

表 14-1　生成自助法要素的例子

观测序号	$R_{i,t}$	$R_{x,t}$	$\hat{\alpha}_i$	$\hat{\beta}_{i,x} R_{x,t}$	$\varepsilon_{i,t}$
1	0.015	–0.001	0.002	0.000 05	0.012 95
2	0.006 2	0.003 4	0.002	–0.000 17	0.004 03

5. 然后，数据重新组样如下：

a. 从特异性误差数据池 $\{\varepsilon_{i,t}\}$ 中随机抽取 $\varepsilon_{i,t}^S$ 值；

b. 从数据池 $\{\beta_{i,x} R_{x,t}\}$ 中随机抽取 $\hat{\beta}_{i,x} R_{x,t}^S$ 值；

c. 所创建的新样本值为：

$$\hat{R}_{i,t}^S = \hat{\alpha}_i + \hat{\beta}_{i,x} R_{x,t}^S + \varepsilon_t^S \qquad (14\text{-}3)$$

其样本变量 $\varepsilon_{i,t}^S$ 和 $\hat{\beta}_{i,x} R_{x,t}^S$ 会返回到它们的数据池中（并不是从该样本中剔除）。

在步骤 a～c 中列出的重新抽样过程，之后会重复多次，直至被认为足以获得更好的尾部分布视图。根据经验，重新抽样过程应该重复至少与原始样本中的观测结果相同的次数。自助过程重复千次并不罕见。重新抽样值 $\hat{R}_{i,t}^S$ 随观测样本分布的不同而不同，从而根据原始样本的特性进行额外的观测来扩充样本数据。

6. 通过参数化过程获得的新的分布值，现在被视为其他样本值，并纳入尾部指数、VaR 和其他风险管理计算中。

参数自助法基于这样的假设,即原始收益率依赖于一个基准,以及投资经理的 α 值在时间上保持不变。这并不一定是事实。拥有不同资产类别和动态策略的投资经理可能在多个基准上有依赖关系。尽管有这样的缺点,在给定样本中观测到收益分布的情况下,参数自助法允许风险管理人员更充分地了解真实的收益分布。

为了将投资组合经理的基准引入 VaR 框架,Suleiman、Shapio 和 Tepla(2005)提出对投资经理收益超过其基准的"跟踪误差"进行分析。Suleiman(2005)等将跟踪误差定义为投资经理收益与投资经理基准指数之间的同期差异:

$$TE_t = \ln(R_{i,t}) - \ln(R_{x,t}) \tag{14-4}$$

式中,$R_{i,t}$ 是投资经理在时间 t 的收益;$R_{x,t}$ 是投资经理在时间 t 的基准收益,然后在跟踪误差观察中估计得出 VaR 参数。

除了 VaR,统计模型可能包括用来估计风险资本未来市场价值的蒙特卡罗模拟法。蒙特卡罗模拟法经常用来确定衍生产品的风险敞口。情景分析和因果模型也可以用来估计市场风险。不过,这些辅助类型的市场风险估计,过分依赖于定性评估,因此基于已实现的历史表现,它与 VaR 估计相比可能具有误导性。

高阶风险管理:对冲

对冲的目的在于建立一个投资组合,在风险最小化的同时,尤其是下行风险时,实现收益最大化。对冲也可以被认为是一个成功的收益匹配:将不同证券的正负收益"相抵"。

套期保值可以是被动的或动态的。被动风险对冲最类似于保险,投资经理根据金融证券风险特性建立头寸,从而来抵消长期负收益的操作。例如,一位投资经理主要的交易策略是在寻找做多美元/加元的机会时,考虑建立空头期货合约头寸,以抵消其美元/加元的风险敞口。与以往一样,做出这样的决定时,往往需要详细分析这两种证券的风险特性。

动态套期保值通常是通过一系列短期的、潜在重叠的、类似保险合约的金融工具进行的。短期保险合约的目标是用来应对交易收益的短期风险。在市场风险对冲的情况下,当交易系统的行为可能重复时,会针对特定的一套反复出现的市场条件开发动态对冲。有可能找到一套金融工具或交易策略,在特定的市场条件下,这些收益将抵消主要交易策略的下行风险。例如,在美联储关于利率水平的公告之后,美元/加元汇率可能会随着美国利率的上升而上升,而在同样的公告之后,美元债券价格可能会下跌。根据美元/加元和美国债券的收益率分布,为了抵消债券价格的下跌,为了抵消尾部风险,在美国公告利率期间,同时将美元/加元和美国债券进行组合交易,可能会有积极效果。如本章前面所述,绘制出广泛的收益分布,将有助于确定这种动态对冲操作的细节。

高频投资组合管理可以用于管理高频交易策略中投资工具的市场风险,同时也可以通过其他投资工具扩展其策略的效力。

对冲可以进一步细分为以下类别:
- Delta 对冲;
- 投资组合对冲。

Delta 对冲 在一个特定金融工具的 Delta 对冲高频交易中,投资组合系统会在一个与流动相关的工具中建仓和清仓。单一股票或商品现货的相关金融工具可以是以股票或商品为标的短期期货合约。与股票、大宗商品或期货相关的 Delta 对冲工具,可能是一种流动期权。大多数流动期权往往是接近到期日和平价期权,行权价接近标的资产的现价。

在 Delta 对冲中,对于每一个单位的高频交易标的,系统会购买特定数量的对冲标的。这个对冲量是由高频交易工具和套期保值工具的平均价格相对变动决定的:

$$Q_{hedging,\,t} = \frac{\Delta P_{HFT,\,t}}{\Delta P_{hedging,t}} \quad (14\text{-}5)$$

式中,$\Delta P_{HFT,\,t}$ 是每个选定时间单位计算的高频交易标的平均收益;$\Delta P_{hedging,t}$ 代表所选套期保值工具在同一时间单位计算的收益。为了使高频交易和对冲工具的单位标准化,这两种收益需以时间为基础;交易量和高频跳动不适用于对冲应用程序。在动态对冲中,需要在移动窗口规范中重新连续计算对冲工具的数量 $Q_{hedging, t}$，以保证能够准确捕捉到平均价格的变化。

在动态对冲中，当套期保值工具的最新数量 $Q_{hedging, t}$ 估计出来后，即面临一个新的挑战：在初级交易和对冲工具中执行交易。在高频交易策略依赖于限价指令的情况下，这种情况变得尤其苛刻，因为这两种工具中的非执行风险可能会完全危及对冲活动。一种可能的解决方案是，总是使用市价交易对冲工具，而且只有在基础工具的交易完全执行之后才会交易。一个可能的解决方案涉及使用市价订单的对冲标的，并且只有在主要工具交易完全执行的条件下。应注意确保这样的解决方案不会破坏高频交易策略的盈利能力。

投资组合对冲 高频战略动态对冲的主要挑战是速度：在市场发生变动，并且放弃刚刚计算的配置结果时，需要时间计算风险最小化配置。在快节奏的市场中，对冲问题逐渐变成了一个变动的目标，如图14-5所示。

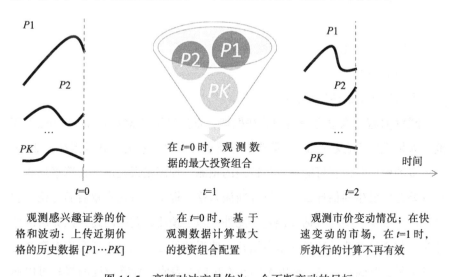

图14-5 高频对冲交易作为一个不断变动的目标

为了克服图14-5所描述的挑战，交易系统可以采用下面详细讨论的快速投资组合优化算法。

Markowitz（1952）提出了一个经典的投资组合套期保值策略，解决了以下问题：

$$\max xE[R] - Ax'Vx$$
$$s.t. \sum x_i = 1 \qquad (14\text{-}6)$$

式中，X_i 是证券 i 的组合权重，$i \in [1, \cdots, I]$，$E[R]$ 是证券 I 的预期收益向量；V 是一个 $I*I$ 收益的方差协方差矩阵；A 是系数反映的交易操作风险规避，为了简化求解，A 通常被假定为 0.5。一个动态依赖的对冲将重复式（14-6）的过程，但只返回一个特定的市场状态。

式（14-6）的解需要对方差 – 协方差矩阵 V 进行反转，其中的计算要求操作的执行时间已经显示出随着一个金融工具数量的平方根增长而增长。

目前已经提出了几种类型的算法，以简化和加快设置最佳的组合权重：
- 联立方程；
- 非线性规划；
- 临界线优化算法；
- 离散配对（DPW）优化算法；
- 遗传算法。

下面将详细描述每个算法。

联立方程 联立方程组的算法框架，直接沿用了 Markowitz（1952）规范。如果投资组合超过 10 个策略，它就被证明是低效的，并且当涉及 20 个或更多的资产时，它可能会产生错误的预测。预测错误是由于计算平均收益和方差时所发生的估计误差。贝叶斯误差修正框架，将在本章后面讨论，它可以用来减少一些输入估计误差。此外，除了预测误差的问题，该算法的估计时间与交易策略的数量呈指数增长，使得这种方法几乎不适合许多资产的高频交易。Tsagaris、Jasra 和 Adams（2010）表明，计算速度的提高可以通过更新投资组合权重，利用特征值分解的改进，而不是利用新的高频数据重新计算投资组合权重。

非线性规划 非线性规划是商业软件中流行的优化算法。在给定既定参数下，如投资组合分配权重，非线性算法采用各种最大化或最小化目标投资组合优化函数的技术。其中一些算法采用一种梯度技术，在任意给定的点上分析目标函数的斜率，并分别选择增长最快或减少最快的路径到达目标的最大值或最小值。非线性规划算法对输入方式的估计误差和收益的方差同样敏感。多数情况下，该算法计算太过复杂，在高频环境中行不通。Steuer、Qi 和 hirschberger（2006）最近提出了一个关于非线性优化的例子。

临界线优化算法 临界线优化算法是 Markowitz（1952）为优化自己的投资组合理论计算而研究的。该算法速度快，也比较容易实现。临界线优化算法不是在投资组合配置中考虑为每个单一证券提供点权重，而在有效边界上提供了一套证券投资组合，在适应这种方法的过程中，已经排除了许多商业公司。Markowitz 和 Todd 最近研发的算法（2000）解决了一些问题。根据 Niedermayer 和 Niedermayer（2007）的发现，当同时考虑至少 2000 个资产时，Markowitz（1952）和 Todd（2000）算法的性能优于由 Steuer、Qi 和 hirschberger（2006）所设计算法 1 万倍。

离散配对优化算法 现有的算法，无论它们的证券投资组合配置输出多么复杂或准确，都可能不太适合高频交易环境。首先，在以微秒计的延迟环境中，可能会导致百万美元的损失，当前形式的优化算法仍然会耗费大量时间和系统功率。其次，这些算法忽略了与当今交易设置相关的流动性因素，大多数交易以大宗交易的形式或者"剪辑"成特定规模的形式进行交易。规模大于正常规模的交易以及规模较小的大宗交易的交易成本较高，在高频的环境可能对系统的盈利能力造成较大的压力。

Aldridge（2010）开发的离散配对优化算法是用一个简单的高频方法替代复杂的优化算法。离散配对优化算法是同等权重的投资组合设置和全面优化机器之间的快速折中，该机器以预先设定的规模离散分解输出的投资组合权重。不考虑小数的权重。该算法的工作原理如下。

1. 将选择进入整个投资组合的候选证券使用夏普比率进行排序，按从最高到最低进行。这一步估计所利用的事实，即夏普比率本身是度量每个单一策略在有效边界上的标准。

2. 具有最高夏普比率的偶数个策略被选入投资组合。一半的选择策略应该与市场存在历史上的正相关性，一半存在负相关性。

3. 所有金融工具的选择都是基于夏普比率的特性，所有选定的策略根据它们目前的流动性进行排名。目前的流动性可以用过去几秒甚至几分钟的交易活动中被记录的报价或交易的数量来衡量。

4. 在所有策略基于它们的流动性进行排名之后，通过以下过程形成配对策略：所有的策略都是根据它们的流动性进行排名的对子是通过以下过程形成：每一对策略与市场存在反向历史关联。因此，与市场历史呈正相关的策略与历史上与市场呈负相关的策略相匹配。此外，应根据策略流动性排名进行匹配。与市场呈正相关的最具流动性策略，应与市场呈负相关的最具流动性策略进行匹配，以此类推，直到与市场呈正相关的最差流动性策略和与市场负相关流动性最差的策略进行匹配。基于流动性匹配要确保由相关性捕捉到的高频动态是由策略的特殊波动导致的，而不是因为策略缺乏流动性。

5. 接下来，对于每一对策略，两个策略的证券投资组合的高频波动是以在各个策略中的离散头寸规模来计算的。例如，在外汇中，一个普通交易分解规模为100万美元，离散配对优化算法中的离散头寸规模大小可能是 –300万美元、–200万美元、–100万美元、0美元、100万美元、200万美元和300万美元，其中负号表示空头头寸。在每一对策略中选择各组合的波动性后，选择投资组合波动率最低的头寸规模。

6. 在给定的每个策略允许的配置约束下，先后执行所得的成对投资组合。多头和空头的最大配置限额预先设定与约束如下：每个策略的累计持仓不能超过一定的规模，并且累计净持仓不能小于所有策略的限额总量的限制。持有较小的净头寸条款确保了一定程度的市场中性。

离散配对优化算法特别适合于高频的环境，因为它具有以下特性：

- 通过减少每个投资组合配置决策中的策略数量，离散配对优化算法避免了输入估计误差的冲击。
- 证券的负历史相关性确保在匹配策略的每一对策略中，最小方差将导致在两策略中长时间持有多头头寸。历史显示，策略中的多头头寸能够在每单位风险中获取最高收益，正如在夏普比率排名阶段所确定的那样。当系统致使一个或多个策略持有空头头寸时,很可能是由特殊的市场事件所致。

- 与其他投资组合优化算法相比,离散配对优化算法运行速度非常快。该算法"节省"以下计算时间:
  - ◆ 如果在夏普比率排序选择策略的总数是 $2K$ 个,该算法只计算 K 个相关性。大多数其他的组合优化算法需要计算每一对策略中 $2K$ 个证券之间的相关系数,即需要计算 $2K(K–1)$ 个相关系数。
  - ◆ 采用网格法搜索在每一对投资组合中搜索只在两组策略或两个维度之间进行优化的每个策略的最优化投资组合规模。一个标准的算法需要 $2K$ 维度优化。
  - ◆ 最后,网格搜索只允许赋予少数几个离散组合权重值。在介绍的主要例子中,有七个投资组合考虑权重:–300 万美元、–200 万美元、–100 万美元、0 美元、100 万美元、200 万美元和 300 万美元。这限制了迭代次数,由此产生的计算结果从无穷大到 $7^2=49$。

Alexander(1999)指出,相关性和波动性不足以保证长期投资组合的稳定性,通常采用短期收益计算相关性与波动性,这只部分地反映了价格的动态性,并要求频繁地投资组合再平衡。相反,Alexander(1999)认为,在投资组合优化中更应该注意的是构成策略的协整关系。可以将衍生证券(如期权和期货),添加到基于协整分析的投资组合中去,从而进一步强化交易操作的风险收益特征。协整增强型投资组合可以在为了优于特定的金融基准的交易操作中表现非常好。

遗传算法 遗传算法是通过所谓的贝叶斯方法从过去的预测中"学习"。具体而言,贝叶斯自校正模型将投资组合的实际表现与预测值进行比较,并且从比较中发现错误来调整未来预测。贝叶斯方法不断重新计算投资证券组合的价格轨迹,并更新最优投资组合权重。在很多情况下,遗传算法调整不能完全重新计算投资组合权重,从而节省了大量的计算时间。

在贝叶斯方法中,某个特定证券的平均收益估计被认为是一个随机变量,从概率上被看作是以前获得的信息或先验信息。随后产生的所有预期都与估计中的分布相关。有可能代表多个投资者或分析师的多重先验信息，能够提高估计分布的准确性。

根据贝叶斯规则，所有均值与方差－协方差估计都与测量预测精度的置信区间有关。准确的预测具有窄置信区间，而不准确的预测具有宽置信区间。在确定了先前预测的准确性之后，根据这些证券的置信区间宽度，对证券的组合权重进行调整。参数估计的置信区间越宽，证券组合的权重越小。当置信区间接近零时，权重与标准均值－方差优化组合的权重相似。

Jorion（1986）将传统的贝叶斯方法应用于均值－方差优化组合，工作原理如下：投资组合的均值与方差估计是基于当前样本数据计算的，它们根据从历史（先前）的观测数据获取的经验进行修正。

随着时间的推移，收集和分析的观测样本越来越多，真实均值与方差分布的离差逐步收缩。如果 $R_{p,t}$ 是均值－方差优化投资组合方程式从时间 t–1 到时间 t 的收益率，且 $\hat{E}[R_{i,t}]$ 是证券 i 的平均收益估计值，$\hat{E}[R_{i,t}] = \frac{1}{t}\sum_{\tau=1}^{t} R_{i,\tau}$，对于均值－方差优化投资组合在时间 t+1 使用的单一证券 i 的预期收益与方差的"贝叶斯收缩估计法"，计算如下：

$$E[R_{i,t+1}]_{BS} = (1-\phi_{i,BS})\hat{E}[R_{i,t}] + \phi_{i,BS}R_{p,t}$$

$$V[R_{i,t+1}]_{BS} = V[R_{i,t}]\left[1+\frac{1}{t+v}\right] + \frac{v}{t(t+1+v)}V[R_{i,t}]$$

式中，v 是对均值估计的精度：$v = \frac{(N-2)}{t}\frac{V[R_{i,t}]}{(R_{p,t}-\hat{E}[R_{i,t}])^2}$；$N$ 是在时间 t 观测样本数；ϕ_{BS} 是均值的收缩因子：$\phi_{BS} = \frac{v}{t+v}$。零精度（$v=0$）的情况下，符合完全扩散估计。

尽管高频对冲的计算方式复杂，但基于以下的高频数据特征——任何两个金融工具之间的相关性低，高频交易的套期保值作用也可以非常有效。图 14-6 基于对标准普尔 500 指数和 iShares MSCI 指数（EFA）经验相关性的观测,阐述了这一点。交易数据相关性特别低,当抽样本频率为45毫秒时,相关性仅为3%,当抽样本的频率到200毫秒时,相关性减至0。报价数据相关性要高得多,但抽样频率为45毫秒时,约30%。报价数据相关性在抽样频率为200毫秒时,也会急剧降低至大约7%。MS的相关性要高得多,约30%时,每45毫秒抽样。随着抽样频率的降低,报价相关性也急剧下降,约7%与200毫秒抽样。相对较高的报价数据相关性可以说明高频数据的相关信息,报价数据可能反映了市场做市商在交易数据中无法获得的信息。标准普尔500指数ETF和iShares MSCI指数(EFA)的日常密切相关性通常达到65%。

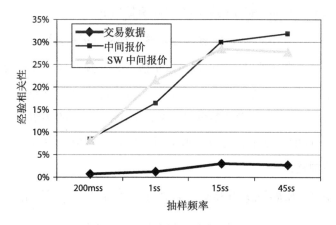

图14-6 高频交易数据间的相关性

资料来源:Aldridge(2010).

流动性风险

流动性风险可能会在正常的日内交易或结束清算期间影响高频交易商。流动性风险度量的是公司在目前的市价下无法及时平仓或对冲头寸。无法平仓,通常是由于相对于头寸的市场流动性水平较低。某种特定证券的市场流动性越低,则与该证券相关的流动性风险就越高。流动性水平因证券不同而不同,它取决于愿意在所考察的证券中进行交易的市场参与人数。Bervas(2006)进一步提出了交易流动性风险与资产负债表流动性风险之间的区别,后者无法通过清算或借款为资产负债表进行短缺融资。

在温和的情况下，流动性风险会由于交易执行的延迟导致轻微的价格下跌，会导致极端的市场体系的崩溃。例如，1998年长期资本管理（LTCM）公司的崩溃可归因于公司未能及时卖出其持有的股票。要正确评估投资组合的流动性风险敞口，有必要考虑所有潜在的投资组合的清算成本，包括与执行延迟有关的机会成本。流动性成本在市场小波动时期是稳定的，也容易估计，但在市场大波动时期，却变化很大。例如，Bangia等人（1999）发现，1997年5月流动性风险占长期美元/泰铢头寸市场风险的17%；Le Saout（2002）估计，流动性风险可能超过CAC40股票中某些证券总风险的50%以上。Bervas（2006）提出的流动性风险衡量如下：

$$VaR^L = VaR + 流动性调整 = VaR - (\mu^S + z_\alpha \sigma^S) \qquad (14\text{-}7)$$

式中，VaR是本章之前讨论的市场风险价值；μ^S是预期买卖价差均值；σ^S是买卖价差标准差；z_α是与所要求的α-VaR估值百分比相应的置信水平。μ^S和σ^S都可以通过原始买卖价差数据或Roll（1984）模型估计出来。

使用Kyle的λ度量，可以类似地通过估算交易量的均值和标准差计算VaR流动性调整：

$$VaR^L = VaR + 流动性调整 = VaR - (\hat{\alpha} + \hat{\lambda}(\mu^{NVOL} + z_\alpha \sigma^{NVOL})) \qquad (14\text{-}8)$$

式中，运用Kyle（1985）的OLS回归方程对$\hat{\alpha}$和$\hat{\lambda}$进行估计，可得：

$$\Delta P_t = \alpha + \lambda NVOL_t + \varepsilon_t \qquad (14\text{-}9)$$

式中，ΔP_t是订单的市场冲击造成的市价变化；$NVOL_t$是在时刻t买方和卖方市场深度之间的差额。

Hasbrouck（2005）发现，Amihud（2002）非流动性指标能够充分表明成交量对价格的影响。类似于Kyle对VaR的调整，Amihud（2002）调整可以如下应用：

$$VaR^L = VaR + 流动性调整 = VaR - (\mu^\gamma + z_\alpha \sigma^\gamma) \qquad (14\text{-}10)$$

式中，μ^γ和σ^γ分别是Amihud（2002）非流动性指标γ的均值和标准差；

$\gamma_t = \frac{1}{D_t} \sum_{d=1}^{D_t} \frac{|r_{d,t}|}{v_{d,t}}$，其中 D_t 是在时间 t 内执行的交易笔数，$v_{d,t}$ 是时间 t 内 d 交易之后的相对价格变化，$v_{d,t}$ 是 d 交易中的交易执行数量。

流动性风险也适用于不对称高频交易的建仓。当策略要求通过限价订单同时买入多个证券时，流动性较差的证券可能会危及策略，因为它们可能很难获得。在这种情况下，先报送非流动性证券限价订单，如果执行，再提交流动性证券订单。

总　结

恰当的风险管理能够保护配置资金，降低风险，并且能够提升高频策略的整体表现。高频交易的风险管理框架应考虑到高频交易操作的所有方面，包括高频交易供应商和政府层面。

章末习题

1. 高频交易操作面临的主要风险是什么？
2. 如何度量和缓解市场风险？
3. 高频交易的信用风险和交易对手风险是什么？
4. 高频投资组合优化的关键问题是什么？
5. 什么是流动性风险？如何度量？

High-Frequency Trading

第15章

市场冲击最小化

算法系统执行交易,通常也叫作算法执行或智能下单方法,是指一套用于确定小额交易与执行下单的最优方式的程序化计算机方法。一个理想的算法执行,将会不断地在指定时间内以最低价执行客户买入委托,并在最高价时自动转为卖出委托,以实现"最优的交易执行"。鉴于在一段时间内精确定位价格的最低点和最高点比较困难,良好的算法会根据预先确定的最优条件实现一定的价格改善。最优条件的设定可能是基于交易商的风险规避、并行市场状态、由交易商选择的基准以及一系列其他因素,本书对这些问题进行了详细的论述。执行算法可由买方交易商从"内部"建立,也可从算法供应商处购买"现成算法",或者从交易商的经纪商处获得一次性执行许可。经纪商可以提供算法来赚取佣金,或者提供某些与执行基准相关的算法来节约部分成本。

算法执行交易是从人为最优执行交易实践中自然演化而来的。几十年来，经纪公司通过承诺用自己独特的能力来确定市场的高点与低点，并为客户协商优先条款来争夺客户订单。算法执行是以人类经纪商开发的一种自动化、无人化方法为实践基础的。

从古典金融和定量投资组合管理的角度来看，最优执行算法的存在是用来弥补自然市场的缺陷。

为什么选择执行算法

执行算法对所有投资者来说已是必不可少的交易方法，因为它能够通过将大订单分解为多个小订单，减少市场冲击和降低订单的可见性，来帮助交易商积累或清算交易头寸。为了避免"漏单"，在订单执行失败时，限价订单算法会取消许多订单。随后，这些订单通常又会以接近市场的价格迅速被重新提交。

不同的算法可以以不同的方式大幅降低执行成本。执行成本包括交易所及经纪交易商费用、买卖差价、未执行限价委托单的机会成本和冲击成本等。根据 Engle、Russell 和 Ferstenberg（2007）的研究，例如，算法产生的成本取决于算法执行订单的激进程度：被动订单虽然可以通过避免交易价差"节省"投资者的资本，但是，当被动订单无法执行时，却可能会加大执行成本。另外，像小额交易的执行时间、与市场深度相对应的小额交易的规模等方面的算法设计，也会影响交易的执行成本。

除了执行净成本，交易商可能会考虑与算法风险相关的成本。订单未执行的风险是算法执行交易中最大的风险，但是这类风险可以以更高的市价订单执行成本作为代价来实现最小化，其中该订单成本的提高主要由价差、较大的冲击成本以及交易成本等混合因素所导致。算法执行中的其他风险度量方法，可能包括分批订单执行价格的变动性计算，以及将执行成本限定在一个最大值的风险价值度量方法。

为了比较几种算法的执行情况，Almgren 和 Chriss (2000) 提出了有效交易边界的概念。例如，资本资产定价模型（CAPM）框架下的有效市场边界，它以一个实用的图形描述了不同算法的交易情况，以及每种算法所产生的每单位风险情况。有效交易边界示例见图 15-1。经过分析，它可以表述为下列方程式：

$$\min Cost(\alpha) + \lambda Risk(\alpha) \qquad (15\text{-}1)$$

式中，α 是订单激进程度，例如，计算市场上每个偏离市价的子订单数量；$Cost(\alpha)$ 是指在激进程度 α 下，所有子订单策略都被执行的预期执行总成本，包括预期的冲击成本；$Risk(\alpha)$ 是指在激进程度 α 下，所有子订单进行委托时的累积风险；λ 是风险规避程度，具体指交易商的风险规避程度。当 $\lambda=0$ 时，为不关心执行风险的交易商；当 $\lambda=0.5$ 时，为风险规避交易商。

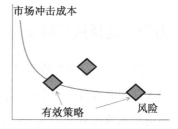

图 15-1　有效交易边界的图例

订单路由算法

订单路由算法主要是用来无缝地监测证券市场之间的各种情况的差异，并为投资者提供一份适合其风险状况的成本效益执行计划。因此，路由算法的目标如下：

- 执行成本最小化；
- 获取最优交易价格；
- 最大限度地提高交易执行速度；
- 交易痕迹最少化；
- 交易规模最大化。

算法会选择合适的交易场所和恰当的市场条件，以实现执行成本最小化。交易场所的选择可以简化收费结构，选择合适的交易执行时间可以捕获买卖价差小的时段，以及减少或消除滑点，或者消除随后的冲击成本（稍后详述）。为了获取最优的交易价格，复杂的算法会进行短期的预测，以确保卖单能够在较高的市场价格时被执行，反之亦然。为了最大限度地给那些渴望捕捉目前市场状况的客户提升交易执行速度，该算法会寻求一个市场参与度较为适当且交易影响最小的交易场所。为了实现交易规模最大化和交易痕迹最少化，该算法会根据最新的科技进步以及投资者偏好，将订单分解为一系列小额订单或"子订单"。大规模交易对于持有大仓位或战略能力较强的基金尤为重要。最少的交易痕迹可使外部交易商对订单信息的察觉程度降低，并且可以阻止外部交易商试图推断订单的信息内容。

算法执行性能的测量通常与某些基准相关。这项基准可以是交易日尾盘的收盘价，也可以是每日开盘价、盘中高价与低价以及收盘价平均值，也可以是每日开盘价或其他更为复杂的指标，如一些常用的执行算法。

算法的某些基准以及每日收盘价是最为常用的算法基准。任何投资者都将日收盘价作为自己依据日交易数据建立预测模型的一个简单参考因素，通常在建立低频定量模型时也是如此。每日收盘价几乎是投资者在对日交易数据进行分析时常收集的数据，而且它通常也是成熟预测模型的预测对象。因此，一贯优于以日收盘价为基础的模型的算法在使用该类模型的交易员中存在着很高的需求，而且他们也愿意将算法中所获取收益的一部分支付给算法提供商。

然而，众所周知的是，交易商很难实现对收盘价的改进。与其他基准不同的是，收盘价是事先不知道的，想提前近似预测它们的唯一方法，就是采用短期价格预测模型。短期预测模型需要利用在第 8 ~ 11 章所探讨的高频交易模型，同时还需要深入了解高频交易的复杂性。因此，交易商通常将其他常用的算法基准作为合适的算法性能基准。

下面将对执行算法的每一个目标进行详细的探讨。

执行成本最小化

交易成本包括以下几个主要部分：
- 经纪商佣金，包括固定佣金与可变佣金；
- 交易费用；
- 税费；

- 买卖差价；
- 滑点；
- 机会成本；
- 冲击成本。

获取最优交易价格

获取最优交易价格的核心准则就是"低买高卖"。由于自然价格的波动，价格趋势有时难以预测，从而需要采用高级短期预测模型来实现这一目的。

最优价格的执行会因为一些额外的因素变得更为复杂。考虑下面的例子：在上午 9:00，一位客户想以当天交易日下午 4:00 的收盘价至多买入 10 000 股 IBM 的股票。根据交易中产生的问题提出以下问题：

- 鉴于市场的不确定性，当天下午 4:00 的股票执行价格是多少？
- 客户所期望的执行交易规模要比正常规模交易大得多。订单是否应该被拆分为较小的订单？如果是的话，应该怎么拆分？
- 如果客户的 10 000 股订单被分解为更小的子订单，那么这些子订单进行交易执行的频率是多少？
- 每一个买入交易（卖出交易）都会消耗报价方（买方）的部分流动性，由此产生的流动性缺口将导致后续子订单以不利价格成交。这种影响，被称为冲击成本，是否能够被消除或最小化？
- 其他市场参与者可能观测到客户的交易痕迹，并决定以同样的方向进行交易，这会进一步导致价格向不利的方向变动。那么，可以实现交易痕迹最小化吗？

最大限度地提高执行速度

快速执行有利于捕捉当前市场状况。市价订单在流动性最大的市场中执行得最快。为了最大限度地提高市价订单的执行速度，投资者可以对各交易所进行调研，确定自己可用的流动性，然后以最大的流动性向交易所报送订单。然而，限价订单在流动性最低的情况下执行得最快。因此，限价订单最好在可用限价订单最少的市场上执行。图 15-2 描述了对多个交易所的流动性水平进行探询，以及如何为给定的订单或零碎的订单选择合适交易所的过程。

如图 15-2 所示，有以下三个交易所：交易所 1 可用的报价方流动性为 2000 个交易单位（包括可以最好的报价进行交易的股票、合约等）；交易所 2 可用的流动性为 3000 个交易单位；交易所 3 可用的流动性只有 500 个交易单位。为了实现交易痕迹最少化，交易员将会首先在交易所 2 进行 3000 个交易单位或更少的卖单委托。当订单等于或小于从交易所可获得的相匹配的流动性时，可以确保市场秩序不会波动，或者仅轻微地波动，从而使交易留下很少或不留下足迹。

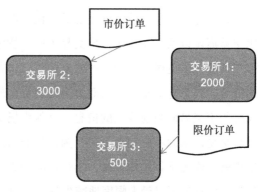

图 15-2　最大限度地提高执行速度

在交易所 2 的账面流动资金用尽之后，市价订单交易商将转向下一个流动性最大的交易所：在我们的案例中，交易所 1 具有最高的买入价，报价方流动性等于 2000 个单位。然后交易商将在交易所 1 下单 2000 个单位或更少，然后进入交易所 3，并在那里进行可用的流动性交易。

然而，希望执行限价买单的交易商将首先向交易所 3 发出限价订单，因为该交易最优买入价可获得的限价买单的总体规模最小。交易商接下来将在交易所 1 委托限价买单，交易所 1 是一个以最高买价买入限价订单量总体规模第二小的交易所。按这种观点，限价订单交易商可能会或者也可能不会向交易所 2（目前是在买入限价订单方面最具有竞争力的交易所）报送限价订单。

选择交易所的基本原理是：向限价订单最少的交易所报送限价订单，并向限价订单最多的交易所报送市价订单。这样的操作确保了订单被快速执行的概率最高。这一过程被称为市场冲击成本算法。

交易痕迹最少化

除了可以实现交易执行速度最大化，市场冲击成本算法也同样可以最少化交易痕迹以及减少市价订单交易中的干扰因素。市场干扰的确切原因已在第 5 章进行了论述。市场干扰的动因可以解释如下：每个订单都是一个可靠的信号，因为它揭示了交易商对交易商资金的真实信念。因此，每个订单都载有关于交易商当前观点的信息。其他市场参与者也可能希望依据这些观点进行交易，从而不必知道下单行为以外的信息内容。委托与最优买卖报价订单规模一样的子订单规模时，不仅可以最大限度地减少由此产生的市场行情变化，而且还可以最大限度地减少各子订单信息的披露。

交易规模最大化

处理大量交易量的能力对投资者在其投资策略中部署大额资本至关重要。例如，一个大型养老基金为了成功地重新分配养老基金的头寸，需要具有购买和出售大量证券的能力，且无须承担太多的额外成本。为了最大化交易规模，大型交易商可以在处理每个订单时使用市价订单和限价订单的组合。为了做到这一点，一个寻求执行大买单的交易商可以通过轮询可用的最优卖价订单规模，或从最具流动性的交易所开始，配售等于或少于最低卖价时的流动性，直至用完所有可交易市场的账面流动性。随后，交易商可能转向限价订单，通过在各大交易所配售最优买价订单，从流动性最小的交易所开始，然后在各大交易所滚动交易，以此提高卖方的流动性。图 15-3 显示了该策略。

大多数研究人员按照以下顺序开发执行算法：

1. 研究人员探讨发表和尚未发表的关于最优执行算法设计与实现领域的学术研究。一些交易商可能对使用已公开的研究持怀疑态度，担心市场已经利用已知的研究进行相关的套利活动。实际上，算法参数的变化可能导致算法结果输出完全不同，但其结果仍是有用的。

2. 研究人员用 Matlab 或 R 中的计量经济学语言来模拟算法，然后将代码转化为更快的编程语言，如 C++ 或优化的 Java。

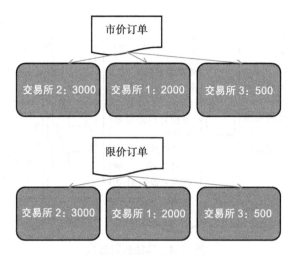

图 15-3 交易规模最大化执行算法的实现

3. 该算法使用对算法或订单交易产生的价格变动的假设和预测，对历史记录数据进行测试。

4. 如果上一步能够得到令人满意的执行计划、价格、成本和风险结果，该算法就会投入实际应用中，它能凭借报价接收如 FIX、ITCH、OUCH、FAST 等语言发送实现实时通信。

分解大订单是交易商所采取的必要手段。1995 年 Chan 和 Lakonishok 的研究显示，如果一次性执行一个标准的机构订单规模，它大约占日交易量的 60%，即使可能，也会导致执行困难，成本昂贵。然后，在一定时间段内一次执行较小的"子订单"。

根据 Gatheral、Schied 和 Slynko（2012）的研究，算法执行可以分解成三个不同的层次，如图 15-4 所示。

第一层，可以描述为宏观交易商，让我们解答以下问题：

- 如何分解订单，算法分解订单的背后机制是什么？
- 当用算法进行交易时，算法多久以及在一天中的什么时间提交子订单？
- 算法应该交易多大的订单规模，子订单的规模应该多大？
- 算法应该交易多长时间：算法的范围是多少，什么时候算法停止？

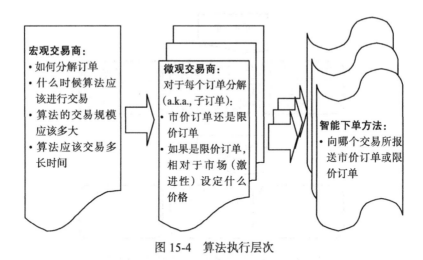

图 15-4　算法执行层次

资料来源：Gatheral, Schied and Slynko (2012).

第二层，可以描述为微观交易商，它定义每个子订单的额外特征。特别地，微观交易商负责决定是否将子订单作为限价订单或市价订单执行；对于限价订单，要设定什么样的价格。

第三层，智能下单方法，决定向哪些交易所报送子订单。

在过去两年中，在开发最优执行数学解决方案方面取得了重大进展。宏微观交易商的决定，并且智能下单方法都可以非常精确地定制给定的市场条件。最优执行解决方案可分为静态和动态策略组。静态策略是在交易前确定的：它是基于过去的市场情况。成交量加权平均价格（VWAP）是静态策略的一个例子。相比之下，动态策略在执行过程中进行确定并改进，因此动态策略取决于当今的市场条件。无风险对冲是动态策略的一个例子。首先，动态策略似乎总是优于静态策略，因为动态策略会响应当前的市场状况，而静态策略则不会。在现实中，某些静态策略表现不错，但只是在特定的市场假设下表现良好。

通常使用基准测试来比较静态策略和动态策略的性能，如以下简单指标：

- 平均实际价格比较了不同算法下每单位收到订单交易的实际价格：

$$\overline{P} = \frac{1}{\sum V_j} \sum V_j P_j \forall_j \in J \qquad (15\text{-}2)$$

式中，P_j 为分解订单或子订单的实际价格；V_j 为子订单 j 的大小。

- 预售价格 P_0 是在订单 j 委托时的市场价格。
- 交易后价格 $P_{j,post}$ 是由交易流量引起的临时流动性影响消失后的证券价格。为了确定 $P_{j,post}$，2005 年，Almgren 等人对 ΔP 进行了关于 Δt 的回归，指出在时间 Δt_{post} 上，ΔP_t 对 Δt 的依赖性不再具有统计学意义。然后，时间 t_{post} 的价格 P 即 $P_{j,post}$。
- 总交易量 $V = \sum V_j$，可以用于处理大交易量相对于可用流动性的算法比较。在这种情况下，一些算法可能比其他算法更好。
- 类似地，调整的成交量交易规模为 V/V_{Daily}，其中 V_{Daily} 是特定交易日的总交易量，它可以用来比较算法利用可用流动性的能力。

另外，用于评估执行算法性能的通用基准还包括其他常见执行算法类型，如时间加权平均价格（TWAP）、成交量百分比（POV）、冲击成本（MI）、成交量加权平均价格（VWAP）、执行落差以及各种日内价格基准等，这些将会在本章的后续章节中讨论。

根据 Kissell 和 Glantz（2005）的观点，订单执行基准可分为三大类：盘前交易、盘中交易、盘后交易。表 15-1 对这一分类进行了总结。

表 15-1　订单执行基准

盘前交易	盘中交易	盘后交易
决策价格	VWAP	未来收盘价
前一交易日收盘价	TWAP	
开盘价	OHLC	
到达价格		

资料来源：Kissel and Glantz (2005).

盘前交易类别包括执行前已知如下基准：

- 交易决策价格，交易商或投资组合经理决定的有利交易价格；
- 前一交易日的收盘价，可以作为日常交易商的基准；
- 每日开盘价；
- 到达价格，执行经纪商收到订单时的价格。

盘中交易包括以下基准：
- VWAP，通过日内价格确定。
- TWAP，也是在全天的价格基础上确定。
- 日均开盘价、最高价、最低价和近期平均价格（OHLC）。

盘后交易包括未来收盘价，价格未知。

时间加权平均价格

时间加权平均价格（TWAP）试图通过将大订单分解成相同大小的小订单来隐藏订单流，然后以相等的时间间隔报送。在数学上，TWAP 在每个预定时间单位上执行的订单量是固定的，为每个订单的 $1/T$。

由此产生的 TWAP 价格是在常规单位时间间隔内样本价格的算术平均值：

$$TWAP = \frac{1}{T}\sum_{1}^{T} P_t \qquad (15-3)$$

TWAP 算法如图 15-5 所示。当交易商选择使用 TWAP 执行订单规模为 S 的大订单时，交易商还需要决定子订单或者分解订单的执行总数量 N，然后订单的 S/N 以每 T/N 时间报送给市场，直到订单规模为 S 的所有订单都成交。订单分解的总量 N 和订单执行市场价格 T 最好使用特定于交易证券的特征来确定。这些特征可能包括整个交易日的成交量的历史变化、执行开始时的市场深度以及许多其他变量。最重要的在于将订单分解为足够小的订

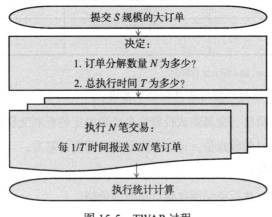

图 15-5　TWAP 过程

单，如此一来，每个子订单都可以不被察觉地报送给市场，而订单足够大或者交易足够频繁，整个大订单就可以在合理的时间 T 内交易完毕。TWAP 订单流如图 15-6 所示，每个子订单都绘制为箭头。

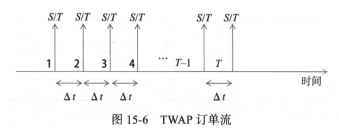

图 15-6　TWAP 订单流

成交量加权平均价格

成交量加权平均价格（VWAP）算法目前是最流行的执行方法之一。VWAP 的原理很简单：当成交量较高时，子订单较大；成交量较低时，子订单较小。较高的成交量可能会提供更大的匹配订单池，从而更快地实现更高的成本效益。

为了确定执行时间表，VWAP 算法使用了日成交量变动的历史平均值图，如图 15-7 所示。该图是利用前一个月股票交易数据的计算绘制的：VWAP 图显示的是过去交易月份中每个交易日每隔 15 分钟（或其他持续时间）间隔的平均成交量。根据 VWAP 图，子订单的大小确定如下：在整个交易期间，总订单大小 S 按照该时间段历史上观测到的成交量 VWAP 比例进

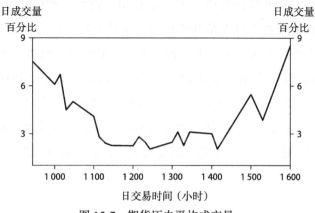

图 15-7　期货历史平均成交量

行划分，如式（15-4）所示。图15-8绘出了VWAP算法。

$$s_t = S \frac{\overline{V}_t}{\sum_{\tau \in T} \overline{V}_\tau} \quad (15\text{-}4)$$

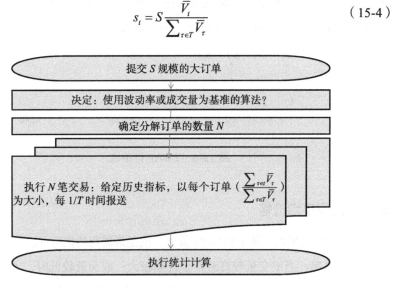

图15-8 VWAP过程

基准VWAP的价格可以确定如下：

$$VWAP = \frac{\sum_{\tau \in T} \overline{V}_\tau P_\tau}{\sum_{\tau \in T} \overline{V}_\tau} \quad (15\text{-}5)$$

VWAP图完全基于历史数据，不能准确反映市场状况。即使如此，一般来说，VWAP算法可以实现有效利用日内流动性的子订单的分配。VWAP算法的相对有效性是基于日内成交量的持续性的：特定的市场有自己的日内数量变化，从这个月到下个月小量波动。例如，图15-9显示了Eurobund期货的小时VWAP图，使用2009年4月和2010年4月的数据计算。虽然2009～2010年Eurobund期货的平均每小时交易量都有所增长，但VWAP图的形状仍然基本相同：在欧洲和美国开盘交易时段成交量上涨，随后，美国午餐时间交投平稳，成交量稳定，最后尾盘成交量飙升。

第 15 章 市场冲击最小化

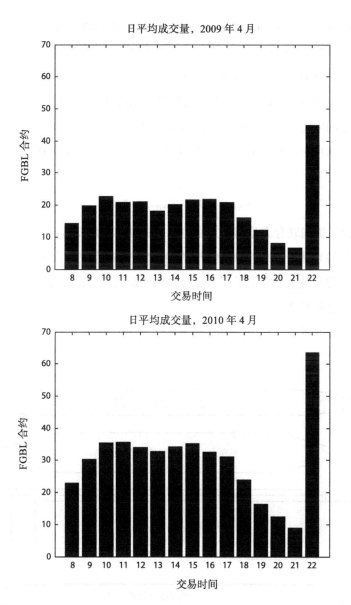

图 15-9 日成交量分布的持久性，Eurobund 期货（FGBL）POV

根据美国联合商品期货交易委员会和证券交易委员会 2010 年就闪电崩盘的原因进行的报告，2010 年 5 月 6 日，正是 POV 算法造成了市场的混乱。调查发现，POV 算法在前一分钟设定的交易量为 9%，而"重要的大型交易算法"提交了41亿美元的电子迷你合约,所以市场价格首次出现大幅波动。图15-10说明了POV背后的算法。和TWAP和VWAP一样,POV算法以规律的时间间隔向交易所提交子订单。与TWAP和VWAP不同,每个POV子订单的大小是动态确定的,并在之前预定的时间段内(如10分钟)被设定为成交量的固定百分比。执行算法直到整个大订单全部成交才会进入下一阶段。上一期用于计算POV子订单的交易量应排除由POV算法自己产生的交易量:

$$S_{POV,t} = (V_{t-1} - S_{POV,t-1})(POV) \quad (15\text{-}6)$$

然而,美国联合商品期货交易委员会和证券交易委员会报告中没有提及大型交易算法中,POV算法是否能够解释自身产生交易量的原因,也未能解释自己的交易量会导致子订单呈指数级增长的原因,以及说明可能导致闪电崩盘的危机程度。

当被正确编程时,与TWAP和VWAP相比,POV具有一个明显的优势:POV能够动态调整以呈现市场状况、即时响应流动性变化等事件。

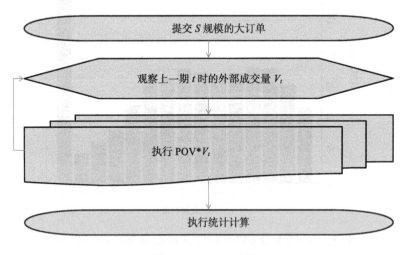

图15-10 POV过程

基础模型的问题

上一节讨论的 TWAP、VWAP 和 POV 执行模型是在 20 世纪 90 年代发展起来的，现在仍然广泛流行，但它们存在着严重的缺点：

1. 只有在特定的市场条件条件下，这些模型才能被证明是最优的。
2. 使用高级数学工具才能简单地建立这些模型。

早期模型的优化条件

在有限的市场动态假设下，如鞅定价方法（martingale pricing）、布朗运动算法（ABM）、TWAP 和 VWAP，已被证实是市场上最优的定价模型。然而，鞅定价方法与布朗运动算法假设市场不具备趋势性，这是一个严重脱离现实的假设。这也可以显示，VWAP 在市场快速趋势中是最优的模型，其趋势完全主导短期噪声引发的波动。

然而，在大多数趋势和波动幅度相当大的市场条件下，这些模型失去了最优性。本章后面部分将介绍最新的适用于大多数市场条件的高级执行模型。

早期模型的安全性

像 TWAP、VWAP 和 POV 这样的常用模型也缺乏安全性。模型的主要任务是分解和隐藏一般市场的订单流。由于这些策略发送的子订单所具有的常规性质，这些子订单可以用诸如自相关等简单工具和傅里叶分析等高级工具轻松发现这些子订单交易痕迹。

例如，TWAP 几乎没有隐藏来自任何熟悉数字信息处理基础知识的人的订单流，数字信息处理是电气工程的一项核心研究，通常用于修复损坏的 CD。如图 15-6 所示，TWAP 包括大小相同的有规则间隔的订单。为了观察高频数据中 TWAP 市价订单，因此需要：

1. 将所有最近市场交易中的高频数据标记为买单和卖单，如第 4 章所述。
2. 按交易规模的大小将所有买单放入虚拟的"桶"（bucket）中，卖单也如此。

3.在每个桶中,识别彼此在相同时间间隔内发生的交易。

该过程可以实时连续重复,并允许系统预测下一个TWAP算法运行的时间和成交量大小,从而消除TWAP订单的原始目的。

由于交易规模的不同,VWAP可能看起来更安全;相反,VWAP交易量按照前一个交易日观测到的时间特定成交量或波动幅度,或者前一周或每月的成交量平均值来衡量。虽然这种尺度化似乎可以防止VWAP订单流的逆向工程,但实际上VWAP订单流可以与TWAP一样透明。

为了识别VWAP安全性的局限,要考虑股权VWAP的过程,如图15-11所示。成交量或波动尺度函数是VWMP生成过程的所用函数,对用相同的这两函数所观测到的交易数据进行非尺度分析后,能够运用TWAP类的算法来识别订单流,图15-8显示了VWMP转化为TWAP的过程。

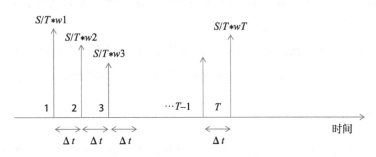

图15-11 股票样本的VWAP订单流

不同交易商使用的VWAP尺度函数可能会因任意一个平均成交量、平均波动率以及计算日内成交量平均值的时间间隔宽度而异。即便如此,对整个订单流重复进行多次非尺度分析,使用不同的预先计算的尺度函数将能识别出给定的尺度函数所报送的订单流。

通过POV算法发送的订单流可以类似地被识别。融合订单规模的可预测函数、订单的规则分布,可以减少订单流程。在POV的情况下,订单流的函数形式取决于自上一个POV订单以来所执行的成交量。

为了应对这些安全问题,一些市场参与者和经纪自营商会随机选择订单的规模和交易时间,以降低基础算法的透明度。虽然随机化可能会限制其他市场参与者使用前面所描述的基本方法观测订单流的能力,但是使用先进的数字信号处理技术仍然可以追溯订单足迹,如傅立叶分析法。

傅里叶分析法通常被用来识别"被掩盖"在噪声中的重复信号。数字傅里叶分析模型通常用于恢复损坏的音乐光盘或给流行歌手"纠音"。同样,傅立叶分析可以用来观测基本算法的较为随机的订单流。

傅立叶分析的关键概念是傅立叶变换,这是一种连接时域和频域的数学结构。傅立叶变换的连续(相对于数字)形式具体如下:

$$f(x) = \int_{-\infty}^{\infty} F(k) e^{2\pi i k x} \mathrm{d}k \quad (15\text{-}7)$$

$$F(k) = \int_{-\infty}^{\infty} f(x) e^{-2\pi i k x} \mathrm{d}x \quad (15\text{-}8)$$

式中,x 为基于时间的变量;$F(k)$ 为频域函数。图 15-12~15-15 说明了傅里叶分析的功能。

图 15-12 显示了一个简单的连续循环过程,它可以通过频率为 50 Hz(或每秒 50 个周期的重复)的与时间相关的正弦函数产生。图 15-13 显示了与傅立叶分析转变相同的过程。在时域上的重复周期变成频域里一个明显的尖峰。此外,尖峰直接落在 50 Hz 周期频率上。

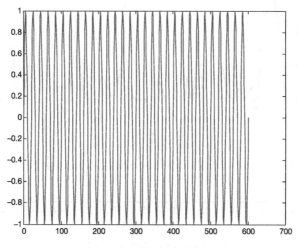

图 15-12　样本循环过程

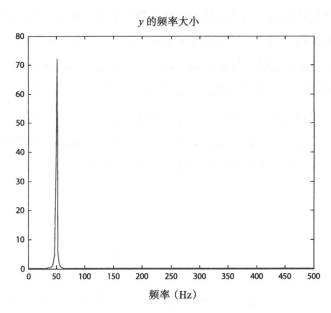

图 15-13 傅里叶分析过程的再现

图 15-14 显示了一个基于时间的不同函数:在 50Hz 和 120Hz 处产生

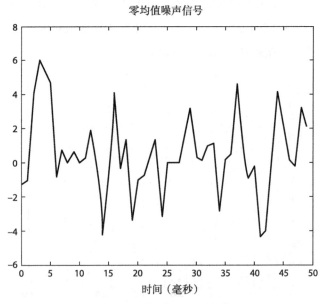

图 15-14 零均值随机噪声信号

的两个正弦被噪声破坏。噪声可能表示随机的数据流，例如与 TWAP 或 VWAP 混合的其他交易商订单。图 15-14 中的周期很难通过眼睛来识别。然而，通过傅立叶变换的传递提供了一个明确的周期性描述，如图 15-15 所示：在频域 50Hz 和 120Hz 处的尖峰很明显。类似的想法延伸到了"噪声"订单里周期订单流的识别中，致使 TWAP 和 VWAP 的有用性受到了市场交易商的质疑。

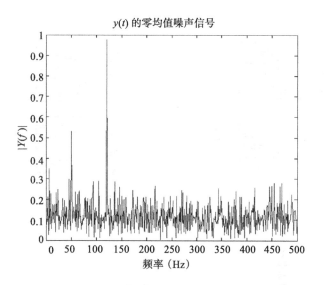

图 15-15　$y(t)$ 的单侧振幅频谱

在过去几年中，市场上已经开发了很多高级模型来解决 TWAP、VWAP 和 POV 算法中的问题。最新的算法将在下一节讨论。

高级模型

为了使用切合实际的市场假设，以及降低由基本的 TWAP、VWAP 和 POV 算法引起的订单流透明度，研究人员已经开发了在趋势与波动混合的正常市场条件下运行的高级模型。在这些条件下，可以看出最优交易策略可以使订单补充率保持不变。

订单预定补充是指按照市场秩序重新下单的过程，图 15-16 显示了在限价订单中补充订单的实例。

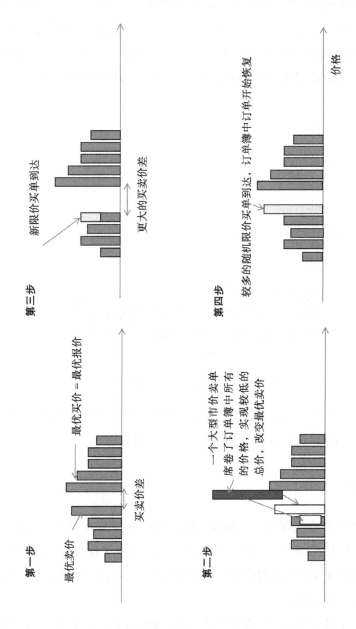

图 15-16　限价订单补单过程

程式化的补充函数假设订单拥有一个"影子"的形式,即当流动性用完之后,订单又得到补充的一种结构。假定影子订单的存在独立于当前价格水平——影子订单随着价格的变动而沿着价格轴上下滑动。订单中的流动性回归到订单的影子形式被称为订单弹性(resilience)。

订单弹性 $h(E_S)$ 是关于交易过程的一个函数,可以描述为:

$$E_t = X_t - \int_0^t h(E_s) \mathrm{d}s \tag{15-9}$$

式中,E_t 是在时间 t 距离当前市场价格 P 的 p 分笔时的可用限价订单的总规模;X_t 是总订单流量,在 $0 \leqslant t \leqslant T$ 时,$E_0 = 0$ 且 $\Delta X = \Delta E_t$;$h(E_S)$ 函数测量的是订单按照 ΔX_t 的订单规模从 p 分笔恢复到市场价格 P 的速度,并且它满足以下特性:

- 函数中,X 是严格递增的。
- 该函数是开区间的莱布尼茨函数,满足 $[0, \infty)$:对于所有的 x 和 y,满足 $|h(x) - h(y)| \leqslant C|x-y|$ 式中,C 是独立于 x 和 y 的常数,且该函数具有一阶导数 $\frac{\mathrm{d}h}{\mathrm{d}X} < \infty$。交易商执行策略 X 衡量市场上总订单数量,总订单数量需要变换求出。如此,$x_0 = X$,$x_T = 0$。交易商的交易率定义为

$$v_t = -\frac{\partial x_t}{\partial_t} \tag{15-10}$$

交易工具的价格过程 S_t 可以假设遵循任何连续性过程。独立于价格过程 S_t,策略 X 对价格 S 的预期影响可以以成本 C 来衡量:

$$C = \int_0^T S_t \mathrm{d}x_t \tag{15-11}$$

冲击成本的期望值可以通过以下部分汇总得出:

$$\mathbb{E}[C] = \mathbb{E}\left[\int_0^T S_t \mathrm{d}x_t\right] = \mathbb{E}\left[S_T x_T - S_0 x_0 - \int_0^T x_t \mathrm{d}S_t\right] \tag{15-12}$$

关于最新的最优交易执行研究方向,主要集中于在以下严格假设下开发最优执行算法:

1. 几何布朗运动是现代资产定价模型最为常用的假设。

2. 广义价格函数可用于描述冲击成本框架中任何可凭经验观测到的价格变化。本节回顾了基于两种价格演变模型建立的最新模型。

价格波动遵循几何布朗运动

大多数证券定价模型假设价格波动遵循几何布朗运动，价格增量 dS_t 依赖于当前价格水平 S_t 以及漂移项 μ：

$$dS_t = \mu S_t dt + \sigma S_t dZ_t \tag{15-13}$$

设定与采取任何风险优化措施无关，普通执行成本函数可以表示如下（见 Forsyth 等人推导过程，2011）：

$$C = \eta \int_0^T v_t^2 dt + \lambda \sigma \int_0^T S_t^2 x_t^2 dt \tag{15-14}$$

式中，与先前一样，最优执行率为 $v_t = -\dfrac{\partial x_t}{\partial t}$。在服从几何布朗运动的假设下，由此得到的成本最小化最优解依赖于价格波动路径。然而，如 Forsyth 等人 2011 年所证实的，许多交易策略都会得出一致的结果。

建立欧拉 – 拉格朗日（Euler-Lagrange）方程，得出成本最小化交易策略下最优闭式解：

$$x_t^* = \frac{T-t}{T}\left[X - \frac{\lambda T}{4}\int_0^t S_u du\right] \tag{15-15}$$

由此产生的预期最小成本，$\mathbb{E}[C_{\min}(x^*)] = \mathbb{E}[\int_0^T ((v_t^*)^2 + \lambda x_t^* S_t) dt]$，变为

$$\mathbb{E}[C_{\min}(x^*)] = \frac{X^2}{T} + \frac{\lambda T X S_0}{2} - \frac{\lambda^2}{8\sigma^6} S_0^2 \left(e^{\sigma^2 T} - 1 - \sigma^2 T - \frac{\sigma^4 T^2}{4}\right) \tag{15-16}$$

过程见 Forsyth（2011）等人的推导。

价格波动遵循以广义冲击成本为基础的函数

然而，大多数传统的资产定价模型，如布莱克 – 斯科尔斯（Black-

Scholes）期权定价模型，假设证券价格的波动过程服从几何布朗运动，而新一代模型则提出在建立短期价格波动模型时要更切合它们以往的经验。在这些模型中，T 时的价格水平波动预期如下（见 Gatheral，2011）：

$$S_t = S_0 + 前一交易的影响 + 风险（噪声） \tag{15-17}$$

式中，风险或噪声分量在价格水平上是独立的，为 $\int_0^t \sigma dZ_s$。前一交易的影响可以使用执行策略 X 交易率变化以及 $u_t \equiv -\dfrac{dx}{dt}$，以及测量订单弹性函数 $h(E_t)$ 将其量化。预期执行成本可以表示为

$$\mathbb{E}[C] = \frac{1}{2}\int_0^T\int_0^t h(E_s)dX_s dX_t \tag{15-18}$$

为了最小化预期执行成本 $\mathbb{E}[C]$，需要计算下列方程：

$$\frac{\partial}{\partial t}\frac{\partial \mathbb{E}[C]}{\partial u_t} = 0 \tag{15-19}$$

可以解释如下：成本最优值的计算要求交易率的成本不变。由于成本直接依赖于交易量冲击成本 E_t，最优条件的设定要求交易量冲击成本保持不变。

$$E_t = const \tag{15-20}$$

详细介绍可见 Obizaeva 和 Wang（2005）、Alfonsi 和 Schied（2010），以及 Gatheral（2011）发表的文章内容。

案例 1：指数型市场弹性

当市场弹性可以假设服从指数形式 $h(E_t) = e^{-\rho t}$ 时，式（15-17）可以写成

$$S_t = S_0 + \eta\int_0^t u_s e^{-\rho(t-s)}dx + \int_0^t \sigma dZ_s \tag{15-21}$$

式中，交易策略 X 的期望执行成本可以表示为

$$\mathbb{E}[C] = \eta\int_0^T u_t \int_0^t e^{-\rho(t-s)}ds dt \tag{15-22}$$

为获取 E_t 的适合条件，Obizhaeva 和 Wang（2005）指出，E_t 可表示为

$$E_t = \int_0^t E_0 + e^{-\rho(t-s)}ds \tag{15-23}$$

式中，E_0 测量所选时间 0 以前交易的残余影响情况，部分积分得出

$$E_t = E_0 e^{-\rho t} + \rho \int_0^t e^{-\rho(t-s)} ds \qquad (15\text{-}24)$$

标准化 E_0 通过 $E_0=1$，恒定交易量冲击成本的最优条件为

$$E_t = E_0 = 1 \qquad (15\text{-}25)$$

式（15-25）转化为

$$e^{-\rho t} + \rho \int_0^t e^{-\rho(t-s)} ds = 1 \qquad (15\text{-}26)$$

式（15-21）执行成本的原始最优条件可以扩展为

$$\frac{\partial \mathbb{E}[C]}{\partial u_t} = \eta \int_0^t u_s e^{-\rho(t-s)} ds + \eta \int_t^T u_s e^{-\rho(t-s)} ds = \eta \int_0^T u_s e^{-\rho|t-s|} ds = const \qquad (15\text{-}27)$$

将式（15-27）交易量冲击成本要素 $\int_0^T u_s e^{-\rho|t-s|} ds$ 代入式（15-26），可以得到以下结果：

$$e^{-\rho t} + \rho \int_0^t e^{-\rho(t-s)} ds = \int_0^T u_s e^{-\rho|t-s|} ds \qquad (15\text{-}28)$$

最优交易率 u_t 可以表示为

$$u_t^* = \delta(t) + \rho + \delta(t-T) \qquad (15\text{-}29)$$

式（15-29）可以解释如下：当市场弹性函数假定为指数时，最优执行策略包括：

- 执行过程初始时，大宗交易规模为 δ。
- 执行过程终止时，大宗交易规模为 δ，时间为 T。
- 时间加权平均价格类小型委托单在交易率 ρ 时的连续性，ρ 是指数市场弹性函数的参数，即 $h(E_t) = e^{-\rho t}$。

图 15-17 所示的是 $T=1$ 时最优执行策略和 $\rho=0.1$ 时指数市场弹性。图 15-18 所示的是不同交易频率的最优执行策略。

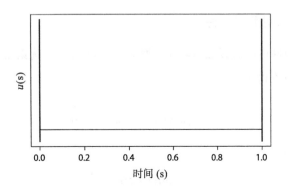

图 15-17　线性永久冲击以及指数临时冲击衰退算法的最优执行

资料来源：Gatheral, Shied and Slynko (2011).

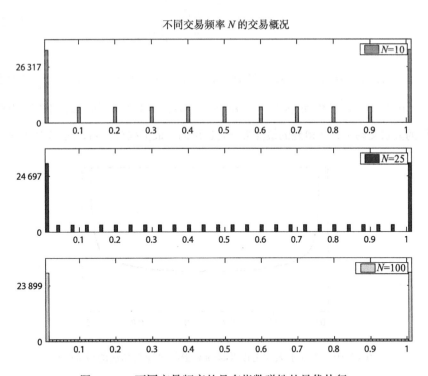

图 15-18　不同交易频率的具有指数弹性的最优执行

资料来源：Obizhaeva and Wang (2005).

案例 2：幂律型市场弹性

当市场弹性可以假设服从幂律函数 $h(E_t)= t^\gamma$ 时，最优策略可以通过恒定交易量冲击条件得出：

$$E_t = \int_0^T u(s)|t-s|^{-\gamma}\mathrm{d}s = const \quad (15\text{-}30)$$

最优交易率为

$$u_t^* = \delta[t(T-t)]^{-(1-\gamma)/2} \quad (15\text{-}31)$$

式中，γ 为 $h(E_t) = t^\gamma$ 的参数化常数，δ 由下式决定：

$$X = \int_0^T u(t)\mathrm{d}t = \delta\sqrt{\pi}\left(\frac{T}{2}\right)^\gamma \frac{\Gamma\left(\dfrac{1+\gamma}{2}\right)}{\Gamma\left(\dfrac{1+\gamma}{2}\right)} \quad (15\text{-}32)$$

对于离散 n，γ 函数被定义为关于离散 n 的 $\Gamma(n)=(n-1)!$ 函数，以及关于连续 z 的 $\Gamma(z) = \int_0^\infty e^{-t}t^{z-1}\mathrm{d}t$ 函数。在初始执行时间 0 到结束执行时间 T 时所进行的大宗交易中，所得到的最优策略是连续的。最优执行计划如图 15-19 所示。

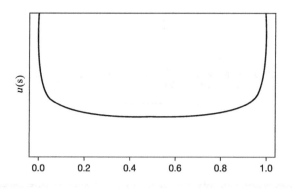

图 15-19　线性永久冲击以及幂律衰退临时冲击算法的最优执行

资料来源：Gatheral, Shied and Slynko（2011）。

案例 3：线性市场弹性

当市场弹性为直线时，市场的弹性函数为 $h(E_t)=(1-\rho t)^+$，最优策略可以根据恒定交易量冲击条件再次被推导出来：

$$E_t = \int_0^T u(s)(1-\rho|t-s|)^+ \mathrm{d}s = const \quad (15\text{-}33)$$

最优交易策略中包括大宗交易之间没有交易间隔的谐波大宗交易，如图 15-20 所示。

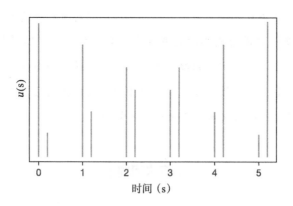

图 15-20　线性永久冲击以及线性临时冲击衰退算法的最优执行

资料来源：Gatheral，Shied and Slynko（2011）.

总体交易执行计划可分为 $2N$ 笔交易，且每一交易规模为 $\delta\left(1-\dfrac{i}{N+1}\right)$，因此总体交易规模 X 满足

$$X = \int_0^T u(t)\mathrm{d}t = \delta \sum_{i=0}^N 2\left(1-\frac{i}{N+1}\right) \quad (15\text{-}34)$$

最优执行策略的实现

为了确定上一节提出的每一框架下的最佳订单分解方法，执行交易商可以通过以下步骤：

1. 估计经验冲击成本函数。
2. 选定符合交易安全性的临时性和永久性分布。
3. 基于步骤 1 得出最优分配。
4. 执行策略测试。

5. 将策略应用于现实生产环境。

由此产生的执行策略在选定的市场条件表现良好。

总　结

订单执行算法与当今市场是密不可分的。它对于广大投资者来说是必不可少的,它能够为或大或小的投资者提供巨大的价值。随着技术成本的下降,大多数投资可以负担得起建立或使用以前只提供给少数市场参与者的先进下单技术和最优执行算法技术。在服务上,例如协同定位的服务为广大投资者带来了安全上以及交易速度上的额外好处。

章末问题

1. 交易所 A 提供的最优证券报价单位中包含 300 个 X 证券,交易所 B 最优报价单位中包含 500 个单位,交易所 C 最优报价单位中仅包含 100 个单位。客户想让你以他的名义购买 550 个 X 证券。你将怎么分解客户的订单?如何以影响最小的算法对它们进行委托?
2. 什么叫作 TWAP、VWAP 和 POV?请解释。
3. TWAP、VWAP 和 POV 主要有哪些不足?
4. 如何弥补 TWAP、VWAP 和 POV 的缺点?
5. 什么叫作订单弹性?

High-Frequency Trading

第16章

高频交易系统的实施

高频交易系统往往是"关键任务的应用程序"(mission-critical applications),与使用NASA穿梭机启动的软件一样,几乎没有错误的余地。本章介绍了实施精确可靠的高频交易系统的最佳实践。

模型开发的生命周期

高频交易系统的性质,需要毫不犹豫地快速决策和执行。在这些"关键任务"交易中,特别是在艰险的市场条件下,经过编程的计算机系统通常胜过人力交易商,参见Aldridge(2009b)。因此,计算机交易系统正在迅速取代世界各地交易所的传统人工交易商。

完全自动化交易系统的开发,遵循与标准软件开发流程相似的路径。开发过程的典型生命周期如图16-1所示。

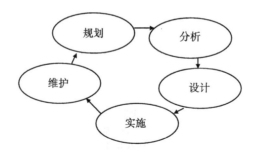

图 16-1　典型的交易系统开发周期

一个合理的开发过程，正常情况下包括以下五个阶段：

1. 规划；
2. 分析；
3. 设计；
4. 实施；
5. 维护。

该过程周而复始的循环属性，表明了该系统开发中，需要持续提升质量的特点。当系统的某个版本感觉快完成时，新的问题又需要进行更高级的修改和增强，从而导致一个新的开发周期。

规划阶段的目的是确定项目的目标，以及对完成后的项目会是怎样一个情况有更高层次的看法。规划伴随着一项可行性研究，要从经济、操作模式和技术要求方面对该项目进行评估。经济性的评估，主要探讨该项目是否具有充足的损益潜力，而操作模式和技术问题则是从合规、人力资源和其他日常问题来处理项目的可行性。规划阶段的产出，包括为项目确定的具体目的和目标、已制定的时间表和整个系统的预算。

在分析阶段，团队将总结各个方面对系统功能的要求，确定项目的范围（在当前版本中，包含哪些功能特性和不包含哪些功能特性），并征求用户和管理层的初步反馈意见。分析阶段可以说是开发流程中最关键的阶段，因为只有在这里，项目的各个利益相关者才能在分配预算允许的条件下，最大限度地塑造系统功能。

设计阶段是将系统功能的详细规格具体化，包括流程图、业务规则、界面以及日常报表和其他文档的输入格式等。设计阶段的一个目的，就是将整个工程分成各个模块，并分配给各个软件开发团队，各个模块都有良好的接口，不同软件开发团队开发的模块可以无缝拼接起来。这种对内部计算机模块软件包的早期规范，能让将来不同软件开发团队之间的沟通更为流畅，项目也能得以平稳运行。设计阶段还要列出测试用例，即功能路径，这在将来会用作验证代码正确性的蓝本。

实施阶段就涉及实际编程了。软件开发团队或个人程序员按照设计阶段的要求开发软件模块。开发团队先按照之前定义的测试用例，对每个模块进行测试。当项目管理对每个开发的单独模块都满意后，就可以开始项目的整合工作了。顾名思义，整合就是将各个单独的模块组装到一起，形成一个新的功能系统。

尽管计划周密的项目在整合阶段不会遇到太大的问题，但是仍然会有剩余工作需要处理。为了保证系统不同模块之间的正确沟通，可能需要编写一些脚本，另外还可能需要开发安装包，最重要的是要对系统进行详尽测试，以保证正常运行。测试工作通常涉及开发代码的人员之外的专业人员。测试人员要根据设计阶段中定义的测试流程，认真地监控每个功能的运行情况。然后，测试人员记录每个"漏洞"（bug）——预先设定的测试性能和观测到的性能之间存在差异。然后，将这些漏洞发送给开发团队进行解决，随后再返回到测试团队。

实施阶段成功完成之后，就进入了整个系统的部署和维护阶段。在维护阶段，将解决系统中所有与预期不相符的问题，例如新发现的漏洞等。

系统实施

实施高频系统的关键步骤

绝大多数系统交易平台的结构都如图 16-2 所示。本节详细讨论流程的每个组成部分。

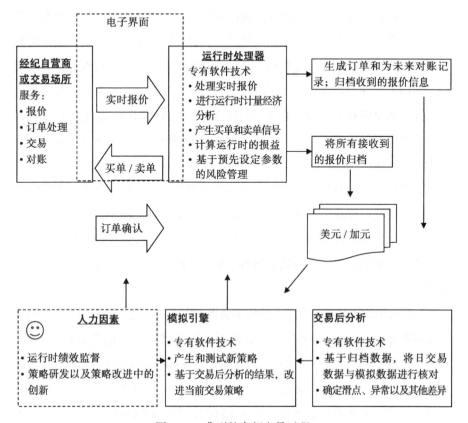

图 16-2 典型的高频交易过程

步骤1：核心引擎

核心引擎由一个或多个运行时处理器组成，包含了交易机制的核心逻辑，并且履行以下职能：

- 接收、评估和归档传入报价。
- 进行运行时计量经济分析。
- 实施运行时的投资组合管理。
- 启动和发送买卖交易信号。
- 等待并接收执行的确认。
- 计算运行时的损益。
- 基于目前的投资组合配置和市场状况，动态管理风险。

大多数高频交易的产品系统都是用 C++ 语言编写的,尽管据我们所知也有一些高频交易公司使用 Java 和 Q 语言,这是由 Kx Systems 分发的语言语法和数据库组合的商业融合。例如,据说纳斯达克 OMX 的撮合引擎是用 Java 编写的,但代码禁用了"垃圾收集机制",这是 Java 的核心功能,它将其与 C++ 区分开来,但也会降低系统的速度。C++ 通常被认为比 Java "更轻"和"更快",这也就是说,C++ 程序占用运算的能力不像 Java 所需的这么多。因此,C++ 系统的工作速度通常比基于 Java 的系统要快。

接下来,核心引擎和投资组合的管理框架会启动,并向经纪自营商发送订单。在收到并执行订单后,经纪商会将客户的订单状态和订单完成情况,包括价格和成交数额等发回给客户。然后,系统计算出收益情况,并评估反馈到投资组合管理部分的风险管理参数。

运行组合管理的设计和实施,反映了核心计量经济学的引擎。除了原始报价输入外,投资组合管理框架还包含计量经济模型、当前头寸(仓位)规模、与投资组合多元化相关的其他信息,以及投资组合回报最大化的投入,同时最小化投资组合的风险。

经纪自营商与客户或交易所之间彼此传递报价、订单以及其他信息,主要是通过用于传输实时财务信息的财务信息交换(FIX)协议传送,同时还使用其他协议,如 FAST 和 Nasdaq 专有的 ITCH 和 OUCH。

据 FIX 行业网站(www.fixprotocol.org)的资料,FIX 于 1992 年诞生,起初是作为美国富达投资集团(Fidelity Investments)与所罗门兄弟(Salomon Brothers)之间股权交易的双边沟通框架。目前它已成为各经纪商、交易所和交易客户之间的主要沟通方式。事实上,根据 fixprotocol.org 进行的调查,2006 年,有 75% 的买方公司、80% 的卖方公司和超过 75% 的交易所利用 FIX 进行系统交易。

FIX 是一个由全球指导委员会监督的编程语言,该全球指导委员会的成员分别来自世界各地的银行、经纪商、交易所、行业公用事业和协会,机构投资者和信息技术提供商的代表。FIX 的标准是开放且免费的。然而,通过 FIX 实施通信的过程,需要仔细地规划和专门的资源分配,并且可能耗资巨大，就像任何其他系统的开发过程一样。

一条典型的 FIX 信息由头部、正文和尾部组成。头部通常包含以下三个域：（1）标识信息开头的字符串（FIX 域 # 8）；（2）紧跟信息头部之后的正文的字符个数（FIX 域 # 9）；（3）信息类型（FIX 域 # 35）。其中，许多消息类型中都有报价和订单执行、订单指示和确认，以及旨在确保系统正常和良好运行的看家信息。

例如，MsgType = 0 是"心跳"（heartbeat）信息——这个信息被发送到另一个通信方，以确保通信仍保持连接，并且没有由于任何不可预见的技术问题而中断。心跳信息通常在预先指定的不活动时间超过秒数后发送。如果任一通信方没有从另一方接收到心跳信息，它就会发送一个测试请求（Test Request）信息（MsgType = 1）来"询问"另一个通信方。如果在发出测试请求消息后还没有收到心跳信息，则认为连接已经丢失，需要采取措施重新启动连接。

MsgType = 6 被称为"兴趣指标"（indication of interest）。交易所和经纪自营商使用兴趣指标信息，来传递他们以专有自营身份或代理身份买入或卖出的兴趣。MsgType = R 表示一个"报价请求"（quote request）消息，经纪自营商的客户利用该信息来请求报价流。在正常情况下，经纪自营商会用连续的报价信息（MsgType = S）来响应报价请求消息，其中包含实时报价信息，如卖价和买价等。

其他信息类型包含的订单，如单名订单、列表订单、日内限价订单、多日订单、各式取消请求以及确认等。头部中的所有域都有如下格式：

[Field #] = [data]

例如，要表达此信息中包含某一订单的状态，我们使用如下序列：

35 = 8|

所有域序列都用一个特殊字符作为结尾，此字符的计算机值为 0x01，该字符在屏幕上显示为"|"。

信息的正文部分包含信息的详细内容，即它是一个报价请求，还是报价本身，还是订单和交易信息。信息正文还指明了交易所，包含毫秒数的时间戳、证券代码，以及其他一些必要的交易数据。跟头部一样，正文中所有的域也有如下格式：

[Field #] = [data]

并且每个域序列都以特殊计算机字符 0x01 作为结尾。

最后，每条信息正文尾部都是"校验和"（checksum），即信息中所有字符的数字值之和，信息包含此校验和主要是为了验证信息是否全部到达。FIX 信息的示例在本书的第 2 章已做出说明。

风险管理功能一般包括以下组成部分：如果突破了绩效盈亏限制，则跟踪系统性能的基本组件并生成警告消息。适当的风险管理参数可能包括每单位时间的消息计数限制，损益参数以及本章后面详细讨论的其他变量。

步骤 2：报价归档

大多数报价信息都会使用专有的 FIX 引擎进行接收和存档，而这些引擎在各种消息场景中都进行了测试。下面的报价数据将用于对账和仿真交易。

如第 2 章所述，公共网络上的报价信息可能不可靠：用户数据报协议（UDP）所公布的一些报价不能保证点对点传送。因此，没有进行主机代管的高频交易可能会丢失报价信息。此外，一个实体到下一个实体的报价接收技术的变化不能保证每个实体的记录数据流与下一个实体的数据流相同。在某些情况下，所购买的高频数据可能不能完全展现出数据购买方从他自己的报价界面进行报价信息归档的过程。当研究者缺少数据时，其所购买的历史数据填补了重要信息的空白。最佳的执行表明，每个交易实体将从内部归档的数据中获益最多，因为这些数据是系统在生产过程中所收到的数据中最具代表性的。

大多数拥有高频交易系统的公司需要以文本或二进制文件格式归档所有接收到和已发送的消息。文本文件，被称为行业中的平面文件，是最简单的存储形式。平面文件是可读的，无须特殊翻译。文件中的字段可以用逗号或制表符分隔，并且可以轻松地加载到 Excel 中，也可以使用 PC 上的记事本或 LINUX 上的纯文本编辑器打开。通常称为大二进制对象或 BLOB 的二进制文件，以机器可读的十六进制（十六进制）字符进行记录。以牺牲可读性为代价，BLOB 比平面文件更快、更紧凑。例如，交易经纪商经纪人 ICAP 外汇撮合引擎在连续的每周 BLOB 中记录所有高频数据。随同外汇市场，每个 ICAP 的 BLOB 从周日晚上开始，并在纽约时间周五晚上结束，每个这样的 BLOB 可以占用多达 1TB 的存储空间。这样的存储要求在 10 年前可能非常昂贵，但今天这样的存储却是非常合理的。存储区域网络（SAN）的各种形式允许无缝访问已存储的数据。

许多数据库试图打破存储实时高频数据的市场，并用其产品取代平面文件。大多数数据库不适合高频交易，因为在高频交易中最具时效性的功能是数据归档。降低输入/输出操作速度会延迟交易引擎的执行，从而破坏高频交易系统的性能。高频数据仅在执行时间不是关键参数的模拟交易中进行检索。然而，大多数数据库经过优化，可有效地检索数据，而不是将其输入系统。Kx Systems 发行的 KDB 已被证明是一个有前途的工具，已被多家公司采用。

步骤 3：交易后分析

最好的高频交易系统不会就此止步。交易后分析引擎将产生的结果与使用相同代码以及相同数据下的模拟结果一致，并更新收益分布、交易成本、风险管理参数，以反馈到主要处理引擎、投资组合优化过程，以及风险管理组成模块中。

步骤 4：模拟

模拟是指一个交易策略的虚拟执行。模拟很重要，其关键原因如下：它允许研究人员在短时间内测试一个策略，而不用冒险动用实际资本。在模拟中运行良好的策略，可以在"生产"步骤中使用真实资本进行交易。相反，在模拟中运行失败的策略，将难以在实际交易环境中获得积极的成果。

模拟引擎是一个独立的模块，可以测试关于过去和运行时数据的新交易策略，而无须真正执行交易。不同于仍处于用 MatLab 甚至 Excel 进行编码的开发初期的理念，在模拟引擎测试中通常使用生产语言（C++ 或 Java）进行编码。

模拟近似于真实的交易，并且只有当模拟的执行部分被正确地编程时才会发生。具体来说，需要区别对待市价订单和限价订单的执行。在模拟中提交的市价订单可以假定在市价订单提交时按当时的报价执行。因此，假设市价买单可以以最低卖价全部成交，那么则可以假设市价订单规模小于最低卖价挂单规模；同样，小规模市价卖单可以假设以最低卖价进行交易执行。

然而，关于执行市价订单的最优报价的假设，大部分时间都会夸大交易系统的表现。在实时交易中，市价订单将产生市场冲击或滑点，从而导致价格坏于最高买价和最低卖价的预测价格（有关市场影响的更多详情，参见第5章）。为了更好地接近实时交易结果，高频交易研究人员估计每单位交易规模平均市场冲击，然后调整最低报价的市场冲击估计值。考虑市价买单会以当前市场询价加上基于订单规模的预期市场冲击来执行，以期进一步接近真实的市场交易环境，同时以期在模拟交易中很大程度地应用保守主义交易理念。同样，可以预期市价订单会以较小的市场冲击估计的最低卖价来执行。

限价订单的模拟执行也很复杂。只有当市场价格"交叉"订单价格时，才能考虑执行限价订单，如图10-1所示。当市场价格等于限价订单的价格时，限价订单可能会也可能不会在实时交易中被执行。因此，限价交易的模拟通常考虑：当市场价格下跌到买入限价订单的价格以下时，或者当市场价格上涨超过限价卖单的价格时，才执行限价订单，这样限价订单才能得以保证被执行。

策略的模拟可以在样本内和样本外进行。样本内模拟会以同一样本运行首先开发的策略。然而，一些自然问题困扰着样本过程：数据可能过量；结果可能在正常的市场条件下不能成立。

为了确保该策略在现实交易中有机会执行，该策略需要进行样本测试。样本外测试包括运行策略中大量以前未使用的数据量。样本外测试通常按以下顺序进行：

1. 回测（back-test）；

2. 纸上模拟交易（paper trading）；

3. 生产（production）。

回测 用历史数据运行的策略称为回测。回测通常使用至少两年的最新高频数据。测试两年的数据是最低要求，而这些数据可能是低频月度绩效评估日的突出数据：24个月提供了一些月度观测数据，几乎足以在统计学中的中心极限定理下进行统计学显著性推论。

理论上，正如第6章所讨论的那样，夏普比率决定了能够充分证明策略绩效的最低观测数据。然而，在实践中，较小的数据集倾向于更多的观测数据，因为观测次数越多，评估战略绩效的机会就越多，对策略结果的信心就越高。

大量的历史数据（至少两年的连续高频数据）确保了该模型能够最大限度地减少数据抽样偏差，即在模型超过数据中的偶发误差时，这种情况才会发生。

在模型研发阶段会使用一组新的历史数据进行回测，这被称为做"样本外推断"。

回测也可用于估计给定交易系统的风险。用于高频交易风险量化模型中的输入变量优先收益分布，是从基于实时资本的系统运行中获取的。用至少两年的高频数据运行该模型，可以获取交易收益的回测分布，而这些高频数据也可以用于风险管理应用程序，即使回测分布可能产生误导的结果：回测可能无法考虑到系统正在进行交易时发生的所有极端收益和隐藏成本。

为了减少意外和低概率的极端收益，即为黑天鹅（Taleb，2007），高频交易研究人员可以考虑通过组合"压力测试场景"的历史或模拟数据运行高频交易代码。2010年5月6日的闪电崩盘数据是压力事件的历史例证。然而，可以模拟一些与全球金融市场假设同时失效相关的数据。

需要对样本外的回测结果进行评估。至少，评估过程应计算测度交易理论表现的基本统计参数：累积和平均收益、夏普比率和最大回撤，如第6章所述。

一旦确定策略在回测中的表现令人满意，那么这个策略将会运用到纸上模拟交易中。

纸上模拟交易 基于实时数据实时运行但没有进行真正交易的策略，即为纸上模拟交易。纸上模拟交易阶段将所有订单记录在文本文件中。订单和交易记录应至少包括：

- 订单的粒度时间戳，最少为 1 毫秒，或更精确；
- 交易性金融工具代码；
- 最后所观测的最优买价和最优买价规模、最优卖价和最优卖价规模，以便订单和数据的日后调节；
- 订单数量；
- 假设执行价格。

实时交易模型和回测模型之间的主要区别在于报价数据的来源；回测系统包括历史报价流模块，它从归档中读取历史记录数据并将其按顺序馈送到具有主要功能的模块。在纸上模拟交易系统中，不同的报价模块从交易场所和经纪商处获取实时高频数据。

除了接收报价信号的差异外，纸上模拟交易和回测系统应相同；可以对它们同时构建，并且使用相同的代码进行核心功能编程。本章回顾了系统的实施过程，假设回测和纸上模拟交易引擎都是并行构建和测试的。以下部分总结了高频系统开发过程中的关键步骤，详细介绍了系统开发过程，包括常见故障，并讨论了开发交易系统测试的最佳执行。

生产 基于实时资本运行的策略通常称为实时交易或生产。生产订单通过 FIX 或其他消息协议发送到实时交易所。生产中，高频交易系统运行仍然需要本地归档所有的订单，正如上文所讨论的纸上模拟交易。纸上模拟交易记录和实时交易记录将有助于完成订单和对账分析，并有助于评估该策略的执行绩效。

实时战略与纸上模拟交易之间的绩效差异，被称为执行落差。通过对实际市场中获得的价格及其模拟对手进行直接观测，执行落差提供了最可靠的滑点和其他潜在成本的措施。

步骤 5：人力监督

需要对该系统进行持续的人力监督，以确保其不会成为某些恶意活动的受害者，例如计算机病毒或模型本身未予说明的市场事件。然而，人类交易商的角色通常只限于确保系统的性能能够控制在特定范围内。一旦突破界限，人类交易商应该有权在当天关闭交易或直到导致破坏的因素都已解决。

系统实施中的常见缺陷

信息确认循环

市价订单通信过程包括以下步骤：

- 客户向经纪人或交易所发送市价订单；
- 交易所接收订单／经纪商将订单转交给交易所；
- 交易所发出订单确认；
- 客户端收到订单确认；
- 执行交易订单；
- 交易所发出执行确认；
- 客户端收到执行确认。

时间在客户端发送订单与客户端接收到订单执行确认信号之间流逝。在美国，市价订单的往返执行速度在10毫秒以内；在欧洲，可能会达到50～100毫秒；在亚洲，则可能还需要1～2分钟。无论执行过程的速度如何，在订单发起和执行确认之间经过的有限时间内，都足以发生偏离算法的事件。

新手因位置计算器编程错误而导致系统运行失控。考虑下面的逻辑：交易算法根据具体的市场情况发出订单，直至总投资组合达到一定的上限。当位置计数器仅在接受执行确认进行调整时，交易系统会在订单执行期间发出订单指令，这可能会导致执行数量超限，远高于设定的执行数量限制。这个错误既常见又很容易解决。一个解决方案是保留两个位置计数器：一个用于发送命令；另一个用于确认执行位置。然而，对于缺乏高频交易经验的人来说，则可能想不到这个方案。

时间失真

模拟按自身的时间运行时，使用在另外一个进程运行时间内收集及存储的报价信息。收集现为历史数据的进程中所记录的报价频率可能会有很大差

异,主要因为以下两个因素:

1. 原始进程中收集报价的金融工具的数量。
2. 原始进程中计算机系统运行的速度。

它们的影响是由报价过程的性质和它在大多数交易系统中的实现所造成的。大多数系统包括用于接收报价和服务器信息(提供报价的经纪自营商应用程序)的客户端(报价收集和/或交易应用程序)。客户端通常是在"本地"运行"本地"应用程序:在交易商完全控制的计算机硬件上。代理商服务器几乎总是一个远程应用程序,这意味着客户端必须通过远程连接与服务器通信(如互联网)。要接收报价,客户端应用程序通常必须与服务器进程进行以下通信。

1. 客户端向服务器发送消息或一系列消息,其中包含以下信息:(1)客户身份认证(由承包服务器的代理商给予客户的);(2)请求报价的金融证券名称。

2. 服务器将响应,确认客户端的消息。服务器的响应也将指示客户端是否接受基于某些原因下所请求的任意报价。

3. 服务器开始向客户端发送报价。报价通常以"异步"的方式传输,也就是说,一旦新的报价可用,服务器将向客户端发送报价。一些证券的报价频率比其他证券要高。例如,在围绕经济信息公告的高波动期间,像欧元/美元汇率每秒钟可以发送多达300个报价的现象就非常常见;同时,一些模糊期权只能在每个交易日产生一个报价。在设计报价接收部分的应用程序时,记住报价的预期频率是非常重要的。

4. 之后经常发生报价失真。一旦报价信息到达客户端计算机,客户端就有责任收集和处理所有报价。这里可能会出现几个问题。在客户端机器上,所有传入的报价按其到达顺序排列成队列,最早到达的报价排在处理器最前列。这个队列可以被看作是机场登机队列,然而,与机场队列不同,此队列通常具有有限的长度或容量,如果队列已满,任何已到报价都会被丢弃。因此,第一个问题:如果客户端系统具有不同长度的队列,所有其他系统特性相同,报价时间序列可能因客户端而异。

一旦报价在队列中,系统从队列中选出最早的报价来进行处理,然后队列中的所有报价都将更接近处理引擎中的报价。如前所述，报价到达的速度要快于能够处理这些报价的客户端，从而能够补充报价队列并引导系统处理完较早的报价之后再处理新的报价单。即使一个看似简单的操作，例如将报价复制到存储在计算机系统上的文件或数据库中，都需要花费计算机时间。虽然报价存储时间可能是一小部分时间，并且从人为时间标准角度看，可忽略不计，但时间可能会因计算机计时而重要，并减慢传入报价的处理速度。

客户端系统可以指定报价的达到时间，即从达到队列中获取报价的时间。因此，时间戳可能与服务器引用的时间戳不同。根据报价所收集的证券数目及在某一特定时间内市场的波动情况，时间戳失真可能由于报价处理延迟的结果而显著不同。如果在数学上进一步操纵报价以产生交易信号，则时间戳的失真可能更加显著。

5. 当然，在处理能力较慢的计算机上运行的系统会比在较快的计算机上运行的系统遇到更多的时间戳。较快的计算机能够以更快的速度传输顺序报价信息，从而实现较少的报价信息丢失。即使是系统功率中最为微小的差异也可能导致产生不同的报价流，从而产生不同的交易信号。

可以通过以下四种方式提高报价传输的可靠性：

1. 在将报价放入队列之前，每个报价一到达市场，就立即标记时间戳。
2. 增加报价队列的规模。
3. 考虑到成本 / 效益分析，将系统内存增加到最大可用性。
4. 减少任意给定客户收集报价的证券数量。

当客户端应用程序从头开始设计和构建时，特别是当使用 FIX 协议进行报价传输时，用于提高报价传输可靠性的这四个步骤可以轻松实现。然而，许多现成的客户端，包括执行代理商分发的客户端，可能难以或不可能进行定制。对于计划使用现成客户端的企业，可以谨慎地询问软件制造商如何在客户端解决上述问题。

执行速度

执行时间可以使高频交易模型有效或无效。例如，许多用于市场临时出现错误报价时套利的交易策略，都取决于以闪电般的速度获得订单的能力。

无论谁发现市场存在价格偏差，并首先在交易所上发布订单的，都可能获取最大的利润。

执行速度由以下交易平台组成部分决定：
- 应用产生交易信号的程序速度。
- 应用程序向执行代理生成交易信号的邻近程度。
- 执行代理平台发送执行请求的速度。
- 执行经纪商相对于交易所的邻近程度。
- 交易所处理执行命令的速度。

图 16-3 说明了执行过程的时间依赖性流程。

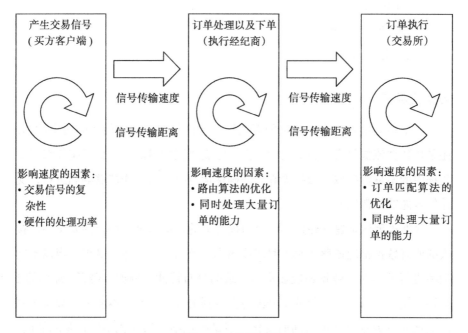

图 16-3　执行过程

为了提高消息的安全性以及降低客户与经纪商或交易所之间由于交易信号物理传输造成的延迟，依赖于执行速度的客户经常选择在邻近中心内进行主机代管或安置其服务器。主机代管或邻近安置主机服务通常配备能够在系统或电源故障的情况下恢复服务的系统管理人员，从而确保客户端应用程序至少能够工作 99.999% 的时间。本书第 2 章详细讨论了主机代管和邻近安置主机。

测试交易系统

推出包含程序错误或漏洞的系统的成本可能很大。因此，在模型被广泛推出来之前，对系统进行全面测试至关重要。测试包括以下几个阶段：
- 数据集测试；
- 单元测试；
- 整合测试；
- 系统测试；
- 回归测试（回测）；
- 自动化测试。

数据集测试

数据集测试是指测试数据的有效性，无论是在回测中使用的历史数据，还是从数据流提供者获得的实时数据。数据测试的目的是确保系统能够减少数据中的不良影响以及数据失真，并确保运行时分析工作能够顺利进行，交易信号能够正常生成。

数据集测试是建立在这样一个前提之上的，即为某个特定的安全性而接收的所有数据都应该落在整个时间段内都一致的统计分布区域里。当以不同频率进行抽样时，数据还应显示出一致的分布特性。例如，美元/加元的 1 分钟数据，应与过去一年的 1 分钟历史数据的分布一致。本质上，数据集测试应该允许数据分布随时间而变化，但是所观察到的变化不应该是剧烈的，除非它们是由大规模的市场中断引起的。

测试数据的一种方法是基于自相关的一致性测试。操作如下：

1. 以给定的频率（如以 10 秒为间隔）对数据集进行抽样。
2. 对 30 ~ 1000 个观测值的移动窗口进行自相关估计。
3. 将获得的自相关映射到分布中，确定异常值，并检查其原因。对分布属性进行分析可以进一步回答下列问题：
- 在过去一个月、一个季度或一年中，分布属性是否发生变化？
- 这些变化是由于代码的版本或者在生产过程中添加或删除程序造成的吗？

应在不同的抽样频率下重复测试，以确保不会发生系统性偏差。

单元测试

单元测试用于验证系统的每个单独的软件组件是否正常工作。将应用程序的可测试部分称为单元，单元定义的范围包括用于最低级功能或方法的代码或者用于中级的功能模块。例如，交易后分析引擎的等待时间测量组件。从头开始测试小模块中的代码，能够确保整合过程中所发生的任何错误在早期被捕获，从而避免昂贵的系统在后期阶段发生崩溃。

整合测试

单元测试之后就是整合测试。顾名思义，整合测试是对代码组件互操作性的测试；当系统从模块化组件建立到其完成状态时，该测试被应用于越来越大的代码聚合。再次测试模块化互操作性，可以确保任何代码缺陷都能够被及早捕获和修复。

系统测试

系统测试是对整个系统的后整合测试。系统测试包含了几个测试过程，具体描述如下：

图形用户界面（GUI）测试，确保系统的人机接口能够使用户（如负责监控交易活动的人员）执行其任务。GUI 测试通常确保屏幕上显示的所有按钮和显示器都能按照设计阶段开发的规范和正确的功能相连接。

可用性和性能测试，本质上与 GUI 测试类似，但不限于 GUI，并且还可能包括特定功能的速度等问题。例如，系统处理"系统关机"请求需要多长时间？从风险管理的角度来看，这个时间是否可以接受？

　　压力测试，是高频交易系统测试的关键组成部分。压力测试过程试图记录并量化极端假设情景对系统性能的影响。例如，如果某个特定证券的价格在很短的时间内下降10%，系统将如何反应？如果不可抗力导致交易所关闭，致使系统持有头寸，该怎么处理？如果其他最糟糕的情况呢，它们如何影响系统的性能和后续的损益？

　　安全测试，是测试过程中另一个不可或缺的组成部分，但它经常被忽略。安全测试旨在识别可能的安全漏洞，并提供克服违规行为的软件解决方案，或者在发生违规事件时创建违规检测机制和应急计划。高频交易系统可能容易受到来自互联网的安全威胁，不法用户可能会试图盗取账号、密码及其他机密信息，企图窃取交易资金。但是，组织内的威胁也不应被低估，一旦恶意员工或心怀不满的工人以不当的途径进入交易系统，可能对系统造成巨大的破坏，造成巨大的损失。我们必须对所有这些可能性进行测试和考虑。

　　可扩展性测试，是指对系统的容量进行测试。在不会产生重大的损益影响下，系统可以同时处理多少只证券？这个问题的答案可能看起来微不足道，但实际情况却并非如此。在系统中添加的每个安全措施都需要对计算机电源和网络带宽进行分配。在同一台机器上同时处理大量证券可能会显著降低系统性能，导致报价、交易信号及损益异常变动。可允许的最大证券交易量是根据每个交易平台的特征来确定的，如系统可用的计算能力。

　　可靠性测试，是用来确定系统故障的概率。可靠性测试试图回答以下问题：系统在什么情况下会发生故障？我们预计这些情况多久发生一次？故障情况可能包括意外的系统崩溃，由于内存空间不足导致的关机，以及导致系统停止运行的其他事件。任何精心设计的高频交易系统的故障率不应超过0.01%（即保证系统正常运行99.99%的时间）。

　　恢复测试，是指在不利的情况下，无论是不可抗力还是系统崩溃，这个记录恢复程序可以确保系统的完整性得到恢复，并在预先设定的时间内运行。恢复测试还能确保在系统意外终止的情况下，维护数据的完整性。恢复测试应包括以下场景：当应用程序正在运行而计算机系统突然重新启动时，应用程序应该在重新启动时具有有效数据。类似地，如果网络电缆被意外被拔下，然后插回，应用程序应该能够正常运行。

用例测试

用例测试是指根据在系统开发设计阶段期间所定义的系统性能指标体系对系统进行测试的过程。在用例测试中，专门的测试人员遵循系统使用步骤，记录所观察到的行为和应该发生的行为之间的差异。用例测试确保系统在其预定的参数内运行。

用例测试通常由专业软件测试人员执行，而不是编程人员。测试人员的部署很重要，原因有以下几个：

- 测试人员经过培训，可以记录给定情景与系统模块实际性能之间的差异。
- 测试人员没有参与代码开发，并且对发现的错误是公正的。
- 测试人员的劳动成本远低于程序员的劳动成本，从而为组织节省成本。测试人员报告的差异或"漏洞"通常分为三个层次：严重、中度和无关紧要。严重的错误会严重影响预期的系统性能，并需要以最高优先级进行处理；中度的错误是比较大的问题，需要解决关键功能中的错误；无关紧要的错误更多是外观类的，可能直到编码器的行列发生报错，才需要解决。

| 总 结 |

高频交易系统执行是一个耗时过程，而且报错的成本非常昂贵。外包系统的非关键组件可能是一个审慎的策略。然而，测试是根据为软件开发建立的最佳执行而进行的最重要活动。

| 章末问题 |

1. 高频交易系统的开发包括哪些阶段？高频交易执行包括哪些阶段？
2. 什么是回测？回测有哪些特点？
3. 假设在市场价格为 125.14 时，回测系统以 125.13 的价格提交限价买单。在什么市场价格水平时，研究人员才能假设限价订单被执行？
4. 假设一个系统在回测中的夏普比率为 12，这个系统需要进行多少次纸上模拟交易测试才能确定其性能？
5. 数据测试中可以采用哪些方法？
6. 什么是用例测试？为什么它有价值？

高频交易之道

书号	书名	定价	作者
978-7-111-58850-4	TradeStation交易应用实践：量化方法构建赢家策略（原书第2版）	75.00	（美）乔治·普鲁特 约翰·希尔
978-7-111-47472-2	主动投资组合管理：创造高收益并控制风险的量化投资方法（原书第2版）	100.00	（美）理查德 C. 格林德、雷诺德 N.卡恩
978-7-111-58630-2	高频交易（原书第2版）	65.00	（美）艾琳·奥尔德里奇
978-7-111-53729-8	打开量化投资的黑箱（原书第2版）	69.00	（美）里什·纳兰
978-7-111-57532-0	量化炼金术：中低频量化交易策略研发	59.00	杨博理 贾芳
978-7-111-56517-8	波动率交易：期权量化交易员指南（原书第2版）	69.00	（美）尤安·辛克莱
978-7-111-51299-8	暗池：高频交易及人工智能大盗颠覆金融世界的对决	59.00	（美）斯科特·帕特森
978-7-111-46986-5	定价未来：撼动华尔街的量化金融史	69.00	（美）乔治 G. 斯皮罗
978-7-111-48758-6	可视化量化金融	59.00	（美）迈克尔·洛夫雷迪
978-7-111-50565-5	高频交易之战：金融世界的"利器"与"杀器"	45.00	（法）弗雷德里克·勒雷艾弗、弗朗索瓦·比雷

期权投资策略

书名	作者	ISBN	价格
期权投资策略（原书第5版）	（美）劳伦斯 G. 麦克米伦	978-7-111-48856-9	169.00元
期权波动率与定价：高级交易策略与技巧（原书第2版）	（美）谢尔登·纳坦恩伯格	978-7-111-58966-2	128.00元
麦克米伦谈期权（原书第2版）	（美）劳伦斯 G. 麦克米伦	978-7-111-58428-5	120.00元
波动率交易：期权量化交易员指南（原书第2版）	（美）尤安·辛克莱	978-7-111-56517-8	69.00元
期权波动率交易策略	（美）谢尔登·纳坦恩伯格	978-7-111-48463-9	45.00元
高胜率期权交易心法	蒋瑞	978-7-111-67418-4	49.00元
期权入门与精通（原书第2版）：投机获利与风险管理	（美）W. 爱德华·奥姆斯特德	978-7-111-44059-8	49.00元
走进期权(原书第2版)	（美）迈克尔·辛西尔	978-7-111-50652-2	59.00元
商品交易之王	（美）凯特.凯利	978-7-111-50753-6	59.00元
奇异期权	张光平	978-7-111-47165-3	200.00元
期权交易实战一本精	陈松男	978-7-111-51704-7	59.00元